KB059161

조용헌의 산사로 가는 길

조용헌의 산사로 가는 길

개정판 1쇄 인쇄일 2023년 12월 5일
개정판 1쇄 발행일 2023년 12월 29일

지은이 조용헌

발행인 윤호권
사업총괄 정유한

편집 최솔 **디자인** 정효진 **마케팅** 윤주환, 이종호
발행처 ㈜시공사 **주소** 서울시 성동구 상원1길 22, 7-8층(우편번호 04779)
대표전화 02 - 3486 - 6877 **팩스(주문)** 02 - 585 - 1755
홈페이지 www.sigongsa.com / www.sigongjunior.com

글 ⓒ 조용헌, 2023

이 책의 출판권은 (주)시공사에 있습니다. 저작권법에 의해
한국 내에서 보호받는 저작물이므로 무단 전재와 무단 복제를 금합니다.

ISBN 979-11-7125-097-4 03180

*시공사는 시공간을 넘는 무한한 콘텐츠 세상을 만듭니다.
*시공사는 더 나은 내일을 함께 만들 여러분의 소중한 의견을 기다립니다.
*잘못 만들어진 책은 구입하신 곳에서 바꾸어 드립니다.

WEPUB 원스톱 출판 투고 플랫폼 '위펍' _wepub.kr
위펍은 다양한 콘텐츠 발굴과 확장의 기회를 높여주는
시공사의 출판IP 투고·매칭 플랫폼입니다.

조용헌의
산사로 가는 길

조용헌 지음

시공사

산사에 들어서며

"궁색할 때는 홀로 자신을 돌보는 데 힘쓰고窮則獨善其身, 일이 잘 풀릴 때는 세상에 나가 좋은 일을 한다通則兼善天下."『맹자』의 가르침이다. 인생살이에는 궁窮과 통通이 있게 마련이다. 궁만 있고 통이 없을 수 없고, 통만 있고 궁이 없을 수 없다. 잘 풀릴 때는 그렇다 치더라도, 문제는 궁색할 때이다. 구석에 몰렸을 때 자기를 보존하고 자신을 가다듬을 방법을 생각해두어야 한다. 좋은 방법의 하나가 산山과 사寺에 가는 것이다. 산에 가면 절이 있고, 절에 가면 산이 있다. 둘은 불가분의 관계이다. 우리 땅의 7할이 산이다. 국토의 7할이 산으로 이뤄진 나라는 네팔이나 스위스 빼고는 별로 없는 것 같다. 그 7할도 아주 양질의 산이다. 한국의 산들은 해발 1천 미터 내외이다. 4~5천 미터가 되면 인간이 쉽게 접근할 수 없다. 동식물도 살기 어려운 죽은 산에 지나지 않는다. 그러나 한국의 산들은 살아 있다. 나무도 무성하고, 계곡 물도 그냥 퍼마실 수 있다. 지천에 꽃이 핀다. 어느 숲에서나 새소리가 끊이지 않는다.

조용헌의 산사로 가는 길

그러니 우리는 버스 요금만 가지고도 얼마든지 자기를 돌볼 수 있다. 산에 가면 된다. 산에 가면 생기를 회복할 수 있다. 능선 중간 중간에 솟아 있는 너럭바위에 기대 앉아 땀을 닦아보라. 그러고는 고개를 들어 한가하게 떠다니는 구름을 보자. 어디 구름뿐인가. 옆에는 소나무가 있다. 바위에 앉아 솔향기를 맡으며 둥실 떠가는 흰 구름을 볼 때, 우리는 번뇌를 잊게 된다. 산이 언제 우리를 거부한 적이 있던가! 못났더라도, 이번 생은 틀렸다고 푸념할지라도 산은 여전히 우리를 기다리고 있다. 신은 말없이 품어줄 것이다. 산의 품에 안기면서 우리는 위안과 힘을 얻는다.

내게 왜 산에 가느냐고 다시 묻는다면, 나는 '사람이 그리워서 간다'고 대답한다. 산에는 사람이 있다. 산사람들이다. 산사람을 만나러 산에 간다. 시시해진 세상을 버리고 산에 들어온 사람, 세상에서 버림받아 들어온 사람, 운명에 이끌려 자기도 모르게 들어온 사람…… 약초 캐는 사람, 백일기도하는 사람, 산을 좋아해 사업을 정리하고 자청해 들어온 사람, 도를 닦으려고 들어온 사람. 그렇게 산사람에겐 저마다의 사연을 지닌 채 산에 살면서 깨달은 나름의 소식들이 있게 마련이다. 나는 그 이야기들을 좋아한다. 아궁이에 장작을 지펴놓은 허름한 양철 지붕의 토굴 방에서 이런저런 이야기를 하다 보면 어느새 밤이 되고 문밖에선 소쩍새 소리가 들려온다. 그렇게 세상 사는 지혜를 배운다.

제일 들을 만한 이야기는 역시 수행자에게서 나온다. 특히 선禪을 수행하는 스님들에게 많은 것을 얻는다. 무無 화두에서 오는 자유가 전달되기 때문이다. 내가 그토록 절대시하던 속세의 가치들이 상대적 가치로 전환되면서 막혔던 것이 뻥 뚫린다.

산을 좋아하다 보면 사찰을 좋아하게 된다. 절은 산에 있기 때문이다. 그뿐인가. 한국의 절에는 산수가 있고 출가한 산사람이 있다. 선조의 문화와 사상이 있고, 깊고 너른 불교의 가르침이 있다. 초 단위로 빠르게 변하는 한국 사회이지만, 우리에겐 천 년 넘게 지속해온 문화유산이 있다. 바로 불교이다. 다른 것은 남아 있는 게 거의 없다. 그 역사의 비바람 속에서도 아직 버티고 있는 게 산속의 사찰이다.

과거의 유산은 우리의 현재가 기댈 에너지원이다. 과거의 유산은 전통이자 신화이고, 우리의 무의식이다. 이게 잘 남아 있어야 인간은 병에 걸렸을 때 치유받을 수 있다. 외국에 나가서 지내다가도 김치찌개라도 먹으면 몸이 풀리는 것처럼. 아궁이에 장작을 지펴 데워 놓은 구들장에서 하룻밤 자고 나면 몸이 개운한 것처럼, 돌아갈 고향이 있어야 삶이 건강해진다. 다른 것은 다 없어졌어도 산과 사찰은 아직 우리에게 선물처럼 남아 있다.

그동안 한국의 절은 주로 미술사 쪽에서 많이 소개됐다. 탱화의 구도가 어떤가, 불상의 형태가 어떤가, 탑의 양식이 어떤가 등등. 미술사라고 하는 게 다분히 서구적인 시각에서 불교와 사찰을 보는 방식이지만, 미술사를 통해 이제까지 우리가 모르고 있던 부분을 새롭게 인식할 수 있는 시야도 확보했다. 그러나 왠지 아쉬운 감이 있다. 외부적인 시각이 지니는 한계가 여전하기 때문이다. 우리 내부에서 절을 보는 시각은 소개되지 못한 감이 있다. 그 시각으로 천 년 넘게 이 땅의 절에 깃들어온 이야기와 면면히 이어온 우리의 삶을, 동시에 살필 필요가 있다. 바깥이 있으면 안도 있는 법이다.

절은 번뇌를 없애기 위한 장소이다. 거기에는 불교 사상이 있다. 사찰과 종교적 영험을 분리할 수 없다. 한국의 절에는 영험이 서려 있다. 어떤 절에서 도를 통하고, 어떤 절에서 병을 고쳤는가도 무시할 수 없는 부분이다. 절에는 그 배면에 풍수가 있다. 땅과 인간이 어떤 방식으로 교감했는가는 절에 가보면 안다. 영험이 어려 있는 사찰엔 지령이 깃들어 있다. 절에는 수천 년 넘게 이어져온 우리 조상들의 민속 신앙이 숨어 있다. 산신이 있고, 칠성이 있고, 용왕이 있다. 천년 고찰에는 그 절만의 독특한 문화와 역사가 온축되어 있다. 절에는 고승들의 행적이 배어 있다. 그 행적을 추적하다 보면 우리의 삶은 풍족해진다.

이 책의 전신은 2005년에 발행된 『조용헌의 사찰 기행』이다. 그 사이 또 세월이 흘렀다. 사찰에 찾아가 머물며, 이야기를 귀담아듣고 사료를 공부해가며 그 내면의 이야기를 다시 묶어 세상에 내놓는다. 산과 절의 이야기는 천 년을 변치 않지만, 변치 않기에 역설적으로 찰나를 사는 우리에겐 늘 새로울 수밖에 없듯이, 이 책이 세월을 뛰어넘어 조금이나마 산과 절을 찾는 이들에게 보탬이 되길 기대해본다.

조용헌

차례

서울 북한산 승가사

『동국여지승람』의 5대 명산
북한산의 기운이 깃든 기도 도량

삼국시대 당시 고구려 · 백제 · 신라는 한강과 북한산을 차지하기 위해 국운을 걸었다. 뺏고 뺏기는 일진일퇴가 계속되었다. 최종 승자는 신라였다. 진흥왕은 한강이 내려다보이는 북한산의 한 바위 봉우리 위에 순수비를 세웠다. 이 바위 봉우리 아래, 북한산의 대표적인 사찰인 승가사가 있다. 서울에 있기에 저평가되고 있는 북한산은 사실 예부터 빼어난 명산으로 꼽혀왔다. 『동국여지승람』에 의하면 북한산은 해동 오악 중의 하나에 속한다. 북에는 백두산이, 동에는 금강산이, 서에는 묘향산이, 남에는 지리산이 있고 그 가운데에 북한산이 있다고 했다.

빼어난 명당 서울을 둘러싼 산과 물의 이야기

한국의 명산에는 악산惡山이 많다. 악산이란 바위가 돌출된 험한 산을 말한다. 하지만 험한 산이 영양가가 높다. 사람도 '성질 있는 사람이 성질 값을 한다'는 말이 있는 것처럼, 산도 악산에 먹을 것이 많다. 여기서 먹을 것이란 '기도발'과 '영험靈驗'을 가리킨다. 기도발과 영험이 있어야 진부한 속세를 초월할 수 있다. 기도발과 영험이 있어야 구원과 해탈이 가능하고, 구원과 해탈을 구하기 위해서는 바위산을 좋아해야 한다. 바위산은 악산이다. 그러므로 악산을 찾아다녀야 한다는 결론이 나온다. 한국에서 이름난 악산으로 강원도의 설악산이 있다. 설악산 다음의 악산은 어디인가. 내가 보기에는 서울의 북한산이다.

북한산은 설악산 다음가는 악산이라 할 만큼 장엄함과 위용이 있는 산이다. 그래서 예로부터 북한산을 일컬어 '산형절어천하山形絶於天下 지덕도어해동地德渡於海東'이라 했다. "산의 형상을 보니 천하에 으

승가사 9층석탑

조용헌의 산사로 가는 길

뜸가는 산이요, 땅의 덕은 해동에 널리 퍼질 곳이다"라는 뜻이다. 북한산은 원래 삼각산三角山 · 한산漢山 · 화산華山 등으로 불렸으나 북한산성이 축성된 이후로 북한산이라는 명칭이 공식화되었다고 한다.

『동국여지승람』에 따르면 삼각산은 해동오악 중의 하나에 속한다. 북에는 백두산이, 동에는 금강산이, 서에는 묘향산이, 중에는 삼각산이, 남에는 지리산이 있다. 삼각산은 한반도의 중악中嶽으로 인식될 만큼 비중이 높았다. 서울 사람은 북한산을 평범하게 보는 경향이 있지만, 만약 북한산이 지방에 있었더라면 훨씬 더 평가받았을 것이다. 단지 서울에 있어서 그 값어치가 평가절하되고 있을 뿐이다. 다른 한편으로 생각하면 수도 서울이 그만큼 천혜의 자연조건을 갖추고 있는 것이 된다. 설악산 다음가는 아름답고 기운 센 명산이 서울의 병풍 역할을 하고, 한국의 제일가는 강인 한강이 동남쪽을 둘러싸고 있으니 조후용신調候用神을 갖추고 있는 셈이다. 북한산의 바위 봉우리에서는 불기운이 타오르고, 한강은 유유히 흐르면서 화기를 식혀주니, 서울이라는 대도시의 조후調候가 조절되는 것이다. 이처럼 절묘하게 불과 물을 두루 갖춘 수도는 세계에서도 드물다. 유럽을 가나 러시아를 가나 미국, 중국, 인도를 가보더라도 서울만 한 입지 조건을 갖춘 곳이 어디 있던가? 서울은 그만큼 빼어난 명당이라는 사실을 알아야 한다.

서울을 둘러싸고 있는 산세를 보면 크게 내사산內四山과 외사산外四山으로 나뉜다. 안으로 둘러싼 산이 내사산이고, 멀리 외곽으로 둘러싼 산이 외사산이다. 풍수적으로 볼 때 도읍지에 해당하는 곳은 네 군데의 방향에 산이 있어야 한다. 신라의 천 년 수도 경주를 보아도 동서남북에 산이 있다. 동쪽에는 명활산이, 서쪽에는 옥녀봉과 선도산이, 남쪽으로는 금오산(남산)이, 북쪽으로는 금강산(북악)이 자리 잡고 있다. 후백제 견훤이 도읍지로 잡았던 전주 역시 동서남북 사방에 산들이 포진하고 있기는 마찬가지이다.

하필 네 군데를 고집하는 이유는 하늘의 28수宿를 4로 나누면 청룡·백호·주작·현무라는 형상이 나타나기 때문이다. '하늘에서 이뤄진 일이 땅에서도 이뤄진다'는 주기도문처럼 하늘의 청룡·백호·주작·현무는 지상에서 그대로 구현돼야 한다. 그러자면 네 군데 산이 있어야 한다. 네 군데에 산이 있다는 것은 사신사四神砂를 갖추었다는 것이고, 사신사를 갖추면 우주의 중심에 있게 된다. 우주의 중심에 있어야 창조와 재생이 이뤄진다. 말하자면 '풍수적 만다라'가 형성되는 셈이다.

서울의 내사산은 북악산·낙산·인왕산·남산이다. 이들 네 개의 산을 연결해 서울의 도성을 쌓았고, 경복궁을 중심으로 종로와 육조거리를 만들었다. 내사산을 연결하면 그 안에 형성되는 면적이 5백만 평이라고 한다. 그렇다면 외사산은 어디인가. 북한산·관악산·아차산·덕양산이다. 외사산을 연결하면 그 면적이 627평방킬로미터가 된다. 광화문 비각을 중심으로 컴퍼스를 돌리면 반경 2킬로미터 내에 내사산이 있고, 반경 8킬로미터 내에 외사산이 있다.

이렇게 놓고 보면 서울은 내사산과 외사산이라고 하는 천연의 그린벨트 두 개를 가지고 있는 셈이다. 내사산 가운데 남산은 끊어져 있다. 이어지지 못하고 고립돼 있다. 녹색의 죽은 섬과도 같다. 북한산은 물이 부족하다. 마구잡이로 들어선 주택들이 계곡을 침범하고 있어 수량의 흐름이 왜곡된 탓이다.

북한산을 거의 빨치산 수준으로 오르내리는 전문 산꾼들 사이에서는 '불수사도북'이라는 전문 용어가 통용된다. 하루 동안에 불암산-수락산-사패산-도봉산-북한산을 완주하는 코스를 말한다. '불수사도북'은 도상 거리로는 45킬로미터이지만 실제 도보로 60킬로미터 거리가 된다. 이 거리를 하루 만에 주파하는 것이다. 수락산 밑의 아파트를 거쳐서 회룡역 옆을 지나서 사패산으로 올라간다. 사패산 정상에서 도봉산의 포대능선으로 가고, 오봉-우이암-우이동에서 다시 위문衛門으로 올라간다. 그다음에 북한산 백운대-주능선-의상능선에서 끝내거나 아니면 비봉능선으로 가서 불광동에서 끝낸다. 발이 빠른 사람은 10시간이 걸린다. 철인3종경기처럼 거의 뛰는 수준이다. 어지간한 프로는 12시간, 보통 사람은 20시간 정도 걸린다.

바위의 기운으로 삶의 번뇌를 씻다

북한산 등반에서 가장 위험한 코스는 인수봉과 염초봉이다. 인수봉에서는 바위 타다가 사고가 자주 난다. 염초봉 역시 마찬가지이다. 등산 용품으로 유명한 회사 K2의 사장이 2003년에 염초봉에서 바위 타다가 안타깝게도 사고를 당한 적이 있다. 원래 바위 타기를 즐겨하는 꾼들은 총각 때 열심히 타다가 결혼하면 그만두는 수가 있다. 그렇지만 요즘에는 나이 먹은 사람들이 거꾸로 바위를 타기 시작한다. 남자들뿐만 아니라 여자들도 바위를 많이 탄다. 요즘 바위 타는 사람들의 50퍼센트는 여자이다. 바위 타는 여자들의 연령대는 평균 30~40대이다. 남자들은 50대도 많이 탄다. '사오정', '오륙도'와 같은 명예퇴직의 증가와도 상관관계가 있다. 바위 절벽에 3~4시간 매달려 있다 보면 모든 번뇌가 사라진다. 여차하면 절벽 밑으로 떨어지는 상황에서 돈 문제, 자식 문제, 노후 문제를 생각할 여유가 없다. 꾼들은 몇 시간 바위를 타고 나면 집에 돌아가 샤워를 하지 않는다는 이야기를 들었다. 바위에 매달리면서 받은 '바위 기운'을 저장하기 위해서이다. 샤워하면 바위 기운이 방전돼버린다고 믿는다.

바위 기운의 실체는 있다. 지구가 하나의 거대한 자석이라면, 이 자석에서는 자력 기운이 끊임없이 밖으로 분출되고 있다. 자력 기운은 분출될 때 광물질을 통과한다. 바위 속에는 광물질이 함유돼 있다. 사람이 이러한 바위에 오래 앉아 있거나 접촉하면, 그 자력 기운이 몸으로 흡수된다. 인체에도 자력 기운을 흡수할 수 있는 철분이 있기 때문이다. 바위에서 흐르는 자력 기운이 혈액 속의 철분을 매개체로 해서 인체로 흡수되는 것이고, 혈액이 온몸을 순환하면서 자력 기운도 온몸을 따라서 순환하는 셈이다. 자력 기운이 온몸을 따라 돌면 그야말로 빵빵하게 충전이 이뤄진다. 휴대전화 충전하듯이 인체도 바위를 통해 충전할 수 있다. 그 충전이 머리의 뇌에서 이뤄지면 기도발이 발생한다. 바위산의 종교적 영험이 이렇게 해서 발생하는 것이다. 나는 20년 동안 바위 기운을 연구하다가 이러한 가설을 세우게 되었지만, 일반 산꾼들도 바위산을 타면 몸이 빵빵해진다는 사실을 경험적으로 알고 있으므로, 집에서 돌아가 샤워하지 않는 지혜(?)를 갖게 된 것 같다.

조용헌의 산사로 가는 길

산을 타다 보면 지리산처럼 3박 4일 코스도 있다. 일정이 힘들다 보니 중도에서 포기하는 사람도 발생한다. 포기하는 연령대를 보면 흥미롭다. 나이와 반비례한다. 장거리 종주에서 10대가 포기를 가장 많이 한다. 그다음에는 20대가 포기를 많이 한다. 가장 포기하지 않는 연령대는 의외로 50대이다. 50대는 살아온 연륜과 경험을 축적하고 있다. 어려움을 인내할 줄 안다는 뜻이다. 육체적인 지구력은 40대 후반에서 50대 초반이 최고인 것 같다.

북한산 종주 코스는 도선사에서 시작해 백운대를 거쳐 주능선을 타고 가다 보현봉 분기점에서 의상봉 쪽으로 가거나 형제봉 쪽으로 가는 코스 중에 선택할 수 있다. 거꾸로 국민대 뒤의 형제봉 능선이나 상명대 뒤의 탕춘대 능선에서 시작해 백운대를 거쳐 도선사 쪽으로 내려오거나 백운대에서 영봉을 거쳐 우이동 계곡으로 하산하는 방법도 있다.

북한산에서 가장 전망이 좋은 지점은 어디인가. 내가 생각할 때는 '사모바위'에서 바라보는 전망이 제일이다. 사모바위에서 바라보면 인수봉, 만경대, 백운대 세 봉우리가 좌측 끝머리에 얼굴을 내민 모습이 보인다. 이 세 개의 바위 봉우리가 마치 뿔처럼 솟아 있다고 해서 '세 개의 뿔'이라는 의미의 삼각산三角山이라는 이름이 붙었다. 삼각의 형상은 이북의 개성에서 보면 규봉窺峯(숨어서 엿보고 있는 것처럼 보이는 산봉우리)으로 보인다고 한다. 고려조에서는 이 삼각의 규봉을 풍수적으로 방비하기 위해서 12마리의 개를 쇠로 주조해 삼각봉을 제압했다고 한다. 언젠가 개성에 가면 삼각산 쪽이 과연 어떻게 보이는지 꼭 한번 바라봐야겠다.

점심을 먹고 한가할 때면 청와대 뒤쪽의 북악스카이웨이를 따라 팔 각정에 가본다. 팔각정에서 북한산 쪽을 바라보면 8부 능선쯤의 높 이에 절이 하나 자리 잡고 있다. 북한산에는 수십 개의 사찰이 있지 만, 북악스카이웨이의 팔각정에서 정면으로 마주 보이는 사찰은 승 가사이다. 나는 팔각정에서 바람을 쐴 때마다 승가사터가 좋다는 생 각을 하곤 했다. 팔각정 쪽에서 보자면 북한산의 좌청룡 우백호의 한 가운데에 자리 잡고 있는 데다 높이도 어느 정도 되는 8부 능선쯤이 라서 아주 알맞은 위치에 있는 절이라는 판단이 들었다. 언제 하룻밤 유숙하고 싶은 절이었지만, 비구니들이 거처하는 절이라는 이야기를 듣고는 마음을 내지 못했다. 그러다가 친구인 춘산春山의 소개로 인연 이 닿아 드디어 하룻밤을 묵을 수 있게 되었다.

사찰도 그렇지만 지구상에 존재하는 모든 영지靈地는 반드시 잠 을 자봐야 한다. 낮에 휙 둘러보기만 하는 것하고, 밤에 잠을 자면서 그곳의 지기地氣와 자신의 무의식이 교감하는 것하고는 차원이 다르 다. 땅의 지기와 인간의 무의식이 교감할 때 특별한 비전이 나타나는 수가 있기 때문이다. 낮에는 그게 없다. 밤이 주는 특혜가 따로 있다. 영지에서 입는 특혜는 바로 꿈이다. 영지는 선몽이 있다. 영몽을 꾸는 곳은 자기와 인연이 있는 곳이라고 판단한다. 승가사에 도착해서 먼 저 살펴본 것은 바위 맥이 어느 지점으로 내려와 뭉쳤는가이다. 그리 고 그 바위 맥이 뭉친 곳에 어떤 건물이 자리 잡고 있는가, 아니면 비 어 있는가를 본다. 대개는 뭐든 자리 잡고 있게 마련이다. 정신세계에 입문한 고단자가 머물렀던 사찰이라면 정기가 뭉친 자리를 그대로 비워놓았을 리가 없다. 맥이 뭉친 곳으로는 네 곳이 우선 눈에 들어왔다.

첫째는 대웅전 자리이다. 대웅전 지붕 위쪽의 바위 맥을 쭉 거슬러 올라가니 '사모바위'가 보인다. 형상이 옛날 벼슬아치들이 쓰던 모자인 사모와 같은 모습이라고 해서 붙여진 이름이다. 절에서는 이 바위를 '승가봉'이라 부른다. 대웅전 지붕의 한가운데 위로 사모봉이 보인다. 사모봉의 기운이 대웅진 위로 떨어지고 있는 형국이다. 이런 상황에서 사모바위는 일종의 안테나이자 발전기로 간주되는데, 그 조준 방향이 대웅전을 향하고 있다. 애초에 대웅전 자리를 잡을 때 정조준되는 자리를 알고 잡은 것 같다.

둘째는 마애불이다. 대웅전 왼쪽으로 108계단을 올라가면 거대한 암벽에 새겨놓은 마애불이 있다. 고려 시대 초기 작품으로 추측되는 이 마애불은 상호도 위엄이 있고, 머리 위의 화개華蓋도 잘 보존돼 있어 보기가 좋다. 아주 잘생긴 부처이다. 이 마애불을 새겨놓은 자리 역시 지맥이 뭉친 곳이다. 사찰의 경내에 이처럼 거대한 바위가 서 있는 것 자체가 영험을 상징한다. 입석은 그 자체로 기도발을 잘 받기 때문에 우리나라 곳곳에 '선바위', '입석리' 등의 지명이 산재해 있는 것이다. 입석에 새겨놓은 부처는 쳐다보기에도 좋고 신앙적으로도 의미가 있다.

셋째는 산신각 자리이다. 산신각으로도 바위 맥이 내려와서 멈췄다. 이 정도 되는 바위 맥에 위치한 산신각이라면 영험이 대단할 것이다. 어떤 경우에는 대웅전 기도보다도 산신 기도의 효과가 속발하는 수가 있다. 모든 기도가 그렇지만 산신 기도 때 지켜야 할 사항은 개고기 먹지 말고, 초상집이나 아이 낳은 집에 가지 말고, 성관계를 삼가야 한다. 기도하는 사람의 생체 리듬에 변화를 줄 수 있는 요인들이기 때문이다.

넷째는 108계단 초입에 위치한 약사전이다. 신라 시대부터 '승가굴'로 널리 알려졌으며, 사찰에서는 법장法藏 혜인慧忍이 수도한 곳이라고 한다. 석굴 안으로 들어가보니 두건을 쓴 승가 대사의 앉아 있는 모습이 돌로 조성돼 있다. 머리에 두건을 쓴 것은 중국의 풍습으로, 겨울에 좌선하려면 춥기 때문에 두건을 쓰는 것이다. 중국 고승들의 초상화를 보면 두건을 쓴 모습이 많다. 불상 뒤의 석조 광배光背도 온전히 보존돼 있다. 이처럼 석굴 안의 석조 광배가 온전하게 보존된 사례는 보기 드물다. 문화재로 지정돼 있다고 한다.

미술사학자에게는 문화재가 눈에 들어오겠지만, 강호 동양학을 연구하는 필자의 관점에서는 문화재보다도 이 석굴 안에서 석간수가 솟아나는 부분이 더 중요하게 보인다. 그뿐만 아니라 11월인데도 동굴 안의 온도가 그렇게 차게 느껴지지 않는다. 자연 석굴이면서, 그 내부에 먹을 수 있는 물이 나오고, 춥지 않은 조건을 갖춘 곳이라면 원시 동굴 법당에 해당한다. 원시 동굴 법당이란 사찰 건축물이 들어서기 이전부터 존재했던 수행터를 가리킨다. 도교에서는 이러한 조건을 갖춘 동굴을 동천洞天이라고 부른다. '통천'이라고도 발음하는데, 이는 하늘과 통한다는 의미에서이다. 도교의 신선들도 도를 닦을 때 동굴을 선호했다. 중국 천태산 국청사國淸寺에서 밥을 얻어다 먹으며 도를 닦았다는 한산寒山과 습득拾得. 이들이 수행했던 터는 천태산 자락의 바위 동굴이었는데, 이 동굴 역시 이러한 세 가지 조건을 갖추고 있었다. 그런가 하면 중국 강서성江西省 여산廬山의 1천 미터 고지에 있는 선인동仙人洞도 동일한 조건을 갖춘 원시 동굴 법당이었다. 선인동은 당나라 때 신선으로 이름난 여동빈이 수행한 장소로 유명하다.

　　승가사의 승가굴도 이러한 맥락의 동굴 법당이다. 바위 동굴은 집을 지을 필요가 없다. 비와 추위를 대강 피할 수 있다. 석굴은 또한 압력밥솥처럼 지기가 꽉 차 있는 곳이다. 손실이 없다. 따라서 수행의 진전이 빠르다. 문제는 물이다. 물이 없으면 수도를 못 한다. 물은 하루도 안 빠지고 마셔야 하므로 미네랄이 많이 포함된 물이 필요한데, 석굴에서는 나오는 물은 대체로 미네랄이 풍부한 석간수에 해당한다. 석간수는 수행자에게 아주 좋은 물이다. 몸의 건강 상태나 삼매에 들어가는 상태에서도 물은 중요한 변수로 작용한다. 그래서 고단자들은 수행터를 잡을 때 먼저 그 터의 물맛이 어떤가부터 살핀다. 약사전(승가굴)은 이러한 조건을 갖춘 전형적인 성소이다.

　　입구 암벽에는 '靈泉영천'이란 각자가 새겨져 있다. 승가굴 안의 약수가 많은 병자를 치료한 영험이 있었음을 알려주는 글씨이다. 세종대왕비 소현 왕후가 병이 들었을 때 백약이 무효했다. 마침내 이 물을 먹고 나았기 때문에 도성의 한양 사람들에게 널리 알려졌으며, 이때부터 승가굴은 약사전으로 호칭되었다. '靈泉'이라는 글씨는 추사 김정희가 새겨놓은 것이다. 승가굴 앞의 바위에도 '可養天神가양천신'이라고 새겨져 있는데, 추사가 북한산의 진흥왕순수비를 발견하고 글자 풀이가 어려워 7일 기도를 드리면서 새겨놓은 글씨라고 한다. 조선 시대에 해동의 유마 거사라는 별칭이 있었던 추사는 유학자임에도 불구하고 불교에 깊은 관심이 있었으므로, 승가굴과 같은 영험한 장소에 오면 7일 동안 기도를 드렸을 가능성은 충분하다.

절터에서 또 하나 눈여겨볼 것이 맞은편에 보이는 안산案山이다. 절 앞에 과연 어떤 모습을 한 산이 보이는가가 중요하다. 삼각형 모양의 목체산木體山이 있는가, 테이블처럼 평평한 토체산土體山이 있는가, 바가지 엎어놓은 모양의 금체산金體山이 있는가, 뾰쪽뾰쪽한 바위로 이뤄진 화체산火體山이 있는가에 따라 기운이 다르다. 기도에는 화체가 좋고, 삼각형의 목체가 안산으로 있으면 학승學僧이 나오고, 평평한 토체가 있으면 왕사가 머무를 만한 품격이 있다. 승가사에서 바라본 앞산은 팔각정이 있는 북악산 능선으로 토체 형태로 보인다. 흔히 일자문성一字文星이라고 하는 산 형태가 토체에 해당한다. 여기서는 북악산이 이 모습이다. 절터 앞에 한 일一 자의 토체가 안산으로 자리 잡은 경우는 드물다. 이러한 토체가 있는 형세라면 가히 국사國師나 왕사王師가 머무를 만한 터이다. 고려조나 조선조에 국사급 인물들이 승가사를 드나들면서 인연을 남긴 것도 토체 안산과 결코 무관하지 않다는 생각을 해보았다. 당시는 풍수의 시대였으니만큼 이러한 토체 안산이 있는 귀격貴格의 절은 고승들 또한 선호했음은 당연하다.

추사 김정희가 판독해낸 진흥왕의 발자취

승가사의 현주소는 서울특별시 종로구 구기동 산1번지이다. 삼각산(북한산) 문수봉의 서남쪽 줄기에, 승가봉과 비봉 사이 해발고도

승가사 마애불

580미터에 자리 잡고 있다. 한강이 저 밑으로 내려다보이며 1천만 인구의 수도 서울의 불빛을 조망할 수 있는 곳이다. 옛날부터 도성 북쪽으로는 삼각산의 승가사, 서쪽 진관사, 남쪽 삼막사, 동쪽 불암사를 한양 근교의 4대 사찰로 꼽았다. 「승가사 연혁기」를 보면 승가사는 신라 경덕왕 15년(756)에 수태 선사秀台禪師가 창건한 것으로 기록돼 있다. 그러나 재야 사학자인 임춘택 씨의 주장으로는 그보다 2백년이 소급된다. 그 근거는 진흥왕순수비이다.

진흥왕순수비는 승가사의 주봉인 승가봉에서 서남쪽으로 불과 8백 미터 거리에 있다. 순수비가 있다고 해서 붙여진 이름이 비봉碑峰이다. 조선 시대에는 사람들 사이에서 몰자비沒字碑라고 불리면서 접근을 꺼리던 비였다고 한다. 그러다가 순조 16년(1816)에 금석문의 대가였던 추사 김정희가 당대의 명사였던 조인영과 함께 승가사에 참배하러 왔다가 스님으로부터 역사가 매우 오래된 고비古碑가 있다는 이야기를 듣고 비봉에 올라가게 되었다. 이끼를 털어내고 보니까 진흥왕순수비였음을 발견하게 된 것이다. 추사는 비문의 글자 해독을 위해 승가사에서 7일을 정진 기도하며 판독했으나 오직 68자만을 판독하는 데 그쳤다. 같이 갔던 조인영이 청나라 연경에 동절사로 파견될 때 이 비문의 탁본 판독을 당대의 금석학자인 유연정劉燕廷에게 의뢰해, 드디어 120자를 알게 되었다. 그러나 이후로 이 비문은 잊혀 있다가 일제강점기 때인 1910년 일본 사학자 나이토 토라지로內藤虎次郎 박사가 학계에 발표함으로써 다시 세인의 주목을 받게 되었다.

비문 가운데 주목을 끄는 부분은 '견석굴도인見石窟道人'이라는 대목이다. 석굴은 승가사의 승가굴, 즉 약사전을 가리킨다. 그런데 '도인道人'이 과연 누구인지가 그동안 수수께끼였다. 임춘택 씨의 주장은 그 도인이 당시 승가사에서 수도하던 법장 혜인이라는 것이다. 서기 555년에 진흥왕은 북한산에 왔을 때 승가굴을 방문했던 것이고, 승가굴에서 수도하던 도인인 법장 혜인으로부터 비문의 내용을 받았다는 내용이다. 그래서 뒤에 진평왕이 할아버지인 진흥왕의 뜻을 받들어 북한산의 승가굴을 참배했다는 논지이다. 그렇다면 승가사는 진흥왕이 북한산에 왔을 때인 555년부터 존재했다고 볼 수 있다. 승가사의 기원은 555년이 된다. 임춘택 씨는 이때부터 승가사가 널리 알려지게 되었다고 주장한다. 이게 사실이라면 승가사는 6세기 중반부터 군왕이 왕래하던 사찰이었다. 진흥왕순수비와 승가사의 인연과 그 내용은 33명의 위원으로 구성된 '승가사지 편찬위원회'가 서기 2000년에 발간한 『승가사연기사지僧伽寺緣起寺誌』에 자세하게 소개돼 있다. 승가사의 역사와 중장에 관한 자세한 사항은 이 사지를 참고하면 된다.

상륜 스님과 삼 형제의 8년 정성이 깃든 목탱 이야기

방문 당시 뵈었던 주지는 1928년 무진생인 비구니 상륜 스님이었다. 고령이지만 첫눈에 기도를 많이 한 분임을 직감할 수 있었다. 기도를 많이 한 사람들은 맑은 기운을 띠면서도 범접할 수 없는 위엄이 있다. 예산 수덕사 견성암에서 출가했고, 1972년에 처음 승가사에 부임한 이래로 30년이 넘는 세월 동안 불사에 매진했다. 비구니가 이만큼의 불사를 성취하려면 도력이 뒷받침되지 않고는 불가능하다. 평지에서 불사하는 비용에 비해서 승가사와 같은 고지대에서의 불사는 두세 배가 더 들어간다. 생년월일시를 물어보니 12월 30일생이고 시는 인시寅時, 만세력에서 환산해보니 무진년戊辰年 갑자월甲子月 갑진일甲辰日 병인시丙寅時이다. 동짓달의 얼어붙은 나무인 만큼 따뜻한 불기운이 필요하다. 불이 어디 있는가. 시상時上의 병화丙火가 불이다. 병화는 식신食神에 해당하므로 베푸는 것이 다시 재물로 되돌아온다. 무토戊土와 진토辰土가 모두 재물이다. 그런 데다 여덟 글자 전체 간지가 모두 양으로 이뤄진 양팔통陽八通이다. 양팔통이면 담력이 세고, 고집이 강해서 초지일관하는 기질이다. 여장부 사주이다. 이만한 그릇을 타고났으니까 이처럼 터도 세고 불사하기 어려운 승가사에 와서 30년 동안 남자 스님도 하기 힘든 불사를 이뤄낸 것 같다. 그 초지일관한 정성과 신심에 절로 고개가 숙여진다.

주지의 방에는 '백초시불모百艸是佛母'라는 액자가 걸려 있다. 만공 스님 필체를 탁본한 것이라고 한다. "백 가지 풀이 모두 부처의 어머니"라는 뜻이다. 어느 것 하나 버릴 것이 없다는 말이다. 이것은 옳고 저것은 틀리고가 아니다. 모두가 다 의미가 있다. 결국 분별을 하지 말라는 메시지이다. 부정으로 들어가는 방법은 처음에는 쉽지만 갈수록 어렵고, 긍정으로 들어가는 방법은 처음에는 어렵지만 갈수록 쉽다고 한다. '백초시불모'는 대긍정으로 들어가는 노선이다.

"이만한 격국을 지닌 터에 자리 잡은 승가사는 남자 스님들이 욕심을 낼 만한 도량인데요, 서울을 저 아래에다 두고 내려다보는 터 아닙니까? 어떻게 여자 스님들이 터를 누르고 살 수 있었습니까?"

"비구 스님들은 이 터에 맞지 않는다는 전설이 내려옵니다. 승가사 왼쪽의 좌청룡 형상이 옷을 벗은 여자가 비스듬히 누워 있는 모습의 '나부반와형裸婦半臥形'이라고 전해집니다. 그래서 남자 스님이 들어오면 오래 있지 못하고 나간답니다. 풍수설에 의하면 비구승은 나부반와형의 산 기운을 받아 정신이 혼미하고 정진 기도가 흐려져 결국 파계한다는 이야기가 있어요. 그러다 보니 비구니들이 살기에 알맞은 터가 된 것이죠."

상륜 스님의 말을 듣고 청룡의 맥을 자세히 쳐다보니 보현봉을 여인의 머리로 해, 두 젖가슴, 배꼽, 대퇴, 무릎까지, 흡사 배부른 여인이 누워 있는 모습이다. 이러한 풍수설은 보통 속인들이야 받아들이기 힘든 부분이지만, 산에서 기도 정진하며 오랫동안 살아온 스님들은 무의식 속에서 산과 인간이 서로 호환되는 경험을 겪기 때문에 무시하지 않는다. 수도에서 중요한 부분이 신심이고, 신심은 부처의 영험한 가피加被를 통해 두터워진다. 신심은 논리가 아니다.

상륜 스님에게 승가사의 영험담을 하나 소개해달라고 하니까 1995년에 발생한 서울 삼풍백화점 붕괴 사건을 이야기해준다. 승가사에 열심히 다니는 대원화 보살이라는 여신도가 있었다. 그녀의 첫째 딸인 민지는 간호사였다. 1995년 6월 29일 오후에 두 모녀는 삼풍백화점에서 만나 혼수에 필요한 쇼핑을 하기로 약속이 돼 있었다. 민지는 삼풍백화점에 기기 위해 일찍 병원을 조퇴하고 막 나오려는 시점이었다. 이때 어머니에게서 전화가 걸려 왔다. '민지야, 나 오늘 몸이 아파서 같이 쇼핑 못 하겠다'는 내용이었다. 갑자기 약속 취소를 들은 딸이 섭섭한 마음으로 집에 돌아와보니까 몸이 아프다는 엄마는 멀쩡한 상태였다. 대원화 보살은 몸이 불편한 상태가 아니었다. 점심을 먹은 후에 잠시 소파에서 잠이 들었는데, 꿈속에서 승가사 부처님이 나타나 손을 흔들었다. 그런데 손 흔드는 그 모습이 반가운 분위기가 아니고, 무엇인가 다급하게 말리는 모습이었다. 꿈을 깬 어머니는 꺼림칙해서 외출하지 말아야지 생각하고 딸과의 약속을 갑자기 취소해버렸다. 조퇴하고 일찍 집으로 돌아온 딸은 멀쩡한 어머니의 모습을 보고 기분이 상했음은 물론이다. 그런데 잠시 후에 민지가 제 방에서 '어머나!' 하고 소리를 지르면서 나오더니, '엄마 이것 좀 봐!' 하면서 텔레비전을 켜는 것이 아닌가. 텔레비전에는 삼풍백화점이 무너진 처참한 장면이 방영되고 있었다. 그 순간 꿈에 승가사 부처님이 손을 저은 것은 이 때문이었구나 하고 깨달았다. 이러한 영험이 있으니까 승가사 같은 산꼭대기에서 불사가 이뤄지는 것이다.

상륜 스님이 특히 심혈을 기울인 불사는 목탱木幀이다. 탱화라고 해서 보통은 그림으로 표현된 불상 뒤의 도상을 가리키지만, 승가사의 대웅전·산신각·영산전·명부전에는 그림이 아니라 나무로 조각해놓았다. 이것이 목탱이다. 그런데 그 나무의 재질이 은행나무이다. 우리나라 사찰 가운데 후불탱화 전체를 나무로 조각해놓은 곳은 승가사뿐이다. 칠불암, 봉정암, 부산의 내원정사에도 목탱이 있지만, 전체를 목탱으로 한 곳은 승가사뿐이다. 이 목탱 작업은 8년간에 걸쳐 이뤄진 불사라고 한다. 그만큼 어려운 작업이다. 불모佛母인 김광한·김광열·김광복 3형제가 8년간 승가사에서 숙식하면서 완성한 작품이다. 김광한·김광열은 결혼해서 처자식이 있었지만, 8년간 집에도 가지 않고 오로지 승가사에 살면서 이 목탱 작업에만 매달렸다고 한다. 막내인 김광복은 총각이었으니 말할 것도 없다. 승가사의 목탱은 이들 3형제의 피땀 어린 정성이 들어간 작품이다. 목탱의 재료로 은행나무를 택한 이유는 재질이 곱기 때문이다. 결이 고와 조각에 좋고 자유자재로 형상을 만들 수 있다. 또 한 가지 장점은 나무 중에서도 은행나무는 벌레가 먹지 않는다. 목탱의 재료로는 은행나무가 최적이다. 문제는 수백 년 된 아름드리 은행나무를 구하는 일이었다. 나무를 구하기 위해 전국 이곳저곳을 안 간 데가 없을 정도로 돌아다녔다. 충청도 홍성, 강원도 홍천 등지에서 좋은 은행나무를 구할 수 있었다. 그나마 보호수가 따로 없던 시절이라서 가능했다고 한다. 현재 같은 여건에서는 불가능한 작업이다. 전체 목탱을 제작하는 데 들어간 나무가 2백여 그루였다고 하니 그 규모를 알 만하다.

승가사에서 하룻밤을 묵은 날이 마침 보름이라, 저녁이 되니까 동편 산봉우리 너머로 둥그런 보름달이 떠오른다. 산에서 환하게 비추는 보름달을 보면 세속에 대한 욕심이 사라진다. 옛 어른들이 달을 희롱하면서 놀았다는 농월弄月의 고사가 이제야 이해된다. 달을 희롱할 정도는 돼야 한다. 그래야 세상을 좀 알고 가는 것 아니겠는가. 구기동에서 불과 40~50분을 올라가면 이처럼 달을 희롱할 수 있는 별천지에 다다른다. 서울은 대단한 도시이다. 어느 시인의 말대로 불과 40~50분이면 유목의 경계를 넘어 은둔으로 진입할 수 있는 도시가 서울이기 때문이다.

디지털 시대에도 여전히 작동되는 기도처
북한산 보현산신각

서울은 글로벌 도시다. 첨단 문명이 작동하는 대도시다. 그런데 다른 한쪽에는 산신을 모시는 산신각이 유지되고 있다. 평창동의 보현산신각이 그것이다. 이 산신각은 불교 사찰의 부속 건물이 아니다. 산신 그 자체만 독존으로 모셔져 있다는 점이 독특하다. 보현普賢이라는 이름은 북한산의 보현봉普賢峰 자락이 내려온 곳에 자리 잡았다고 해서 붙여졌다.

21세기에도 이 산신각은 기능이 작동되고 있다. 박물관의 유물이 아니고 주변의 동네 사람들과 타지의 신봉자들에게 아직도 신앙의 대상이 되고 있다는 점이 흥미를 끈다. 아직도 유지 보수가 된다는 것은 그만큼 영험이 있다는 이야기가 아니고 무엇인가. 영험이 없으면 바로 퇴출되기 마련이다. 빌어서 민원 사항이 성취되는 영험이야말로 21세기까지 서울이라는 대도시에서 그 존재가 유지되는 이유이다. 그 영험이 조선시대 유교의 멸시와 탄압 그리고 현대 '과학 종교'의 탄압에도 꿋꿋이 저항하고 있다.

대개 산신각은 불교 사찰에 빌붙어서 생명을 유지한다. 불교라는 전통 있는 브랜드에 기생하고 있는 셈이다. 산신 독자 브랜드로는 힘들다. 그러나 서울의 고급 주택가인 평창동에 있는 산신각은 사찰의 도움 없이 홀로 독자적으로 존재하고 있으니 아주 귀중한 유물이 아닐 수 없다.

이 산신각의 영험을 분석해보자. 우선 바위다. 북한산 자체가 영발 강한 화강암이다. 그중에서 보현봉은 그 기세가 날카로우면서도 강인한 느낌을 준다. 북한산의 옛 이름이 삼각산三角山 아닌가. 보현봉은 그 삼각산의 카리스마를 느끼게 해주는 뿔角의 기운을 내뿜는 봉우리다. 그 보현봉의 바위 맥이 구불구불 내려와서 맺힌 지점이라는 것이다.

이런 장소에서 유심히 살펴보아야 하는 포인트는 그 바위들이 포진한 형국이다. 어떤 지점에 바위들이 솟아 있는가를 관찰해야 한다. 산신각 바로 뒤편에 커다란 바위 덩어리가 있다. 거의 집채만 하다. 이 집채만 한 바위가 인풋in put 역할을 한다. 인풋이 없으면 힘이 약하다. 인풋은 전기 콘센트와 같은 기능을 하기도 한다. 콘센트가 없으면 플러그를 꽂을 수 없다. 기도발을 일으키는 플러그를 어디에다 꽂아야 할 것인가? 콘센트가 있어야 꽂지. 그 콘센트 바위가 잘 버티고 있는 형국이다.

그다음에 살펴보아야 할 대목은 산신각이 깔고 앉아 있는 바닥이다. 이 바닥도 암반으로 되어 있다. 암반은 압력솥에 해당한다. 밥을 쪄준다. 암반에 있으면 기운이 쩌렁쩌렁 올라온다. 신선이 바둑을 두었다는 전설이 있는 지점들이 대부분 바위 암반인 이유가 이것 때문이다. 그러나 이 암반에서 잠을 자는 것은 조금 위험하다. 암반의 자기장이 세게 흐르는 지점에서 잠을 자다가 입이 돌아가는 수가 있기 때문이다. 소위 '구안와사'라는 현상이다. 이 산신각은 바닥도 암반으로 되어 있어서 합격이다.

그다음에 볼 사항은 산신각 정면에 바위가 있는가 하는 점이다. 앞의 바위는 기운이 밖으로 빠져나가는 것을 막아준다. 에너지가 새는 현상을 차단해주는 역할이다. 이 차단이 여러 겹으로 이루어지면 더욱 좋다. 한 번보다 두 번 세 번 겹치면 기운이 더 축적된다. 산신각 바로 앞에 바위가 하나 있고, 조금 더 떨어진 지점에 집채보다 큰 바위가 버티고 있다. 그리고 더 멀리는 청와대 뒷산이 막아주고 있다. 삼중으로 터의 에너지를 막아주면서 기운을 머금고 있는 형국이다. 그러니 명품 산신각이라 아니할 수 없다.

또 한 가지 눈여겨보아야 할 지점은 바위굴이다. 산신각 앞으로 커다란 바위가 있는데, 그 밑바닥으로 자연 굴이 하나 있다. 굴 입구의 높이가 1미터나 될까. 바닥에 거의 앉다시피 해서 들어가야 하는 굴이다. 여기에 촛불이 켜져 있는 걸로 보아서 상당히 효험이 있다는 증거다. 내가 보기에는 이 자연 동굴이 산신가보다 더 오래된 기도터일 수도 있다. 이 굴에서 기도하면 효험이 있었고, 그 소문이 나면서부터 뒤쪽으로 산신각 건물을 세웠을 가능성이 높다. 왜냐하면 커다란 바위 밑에 있는 자연 동굴이야말로 최적의 기도처이기 때문이다.

원시 불교에서도 사찰이라는 형식을 갖춘 건물이 있기 전에는 대개 자연 동굴에서 명상하거나 수행했다. 이 동굴 수행처를 가리켜 혈사穴寺라고 부른다. 구멍 혈穴 자다. 인도의 아잔타 석굴, 엘로라 석굴이 대표적이다. 부탄에 가면 그 유명한 호랑이 사찰도 자연 동굴에 조성된 절이다. 동굴에서 효험이 생기니까 그 동굴 앞에다가 건물을 올린 것이다. 경주 석굴암이 이런 사례다. 자연 동굴에다가 인공을 가미한 형태다. 설악산의 흔들바위 앞에 있는 동굴 법당인 계조암도 자연 동굴이다. 다른 데서 백일기도를 드려야 얻을 효험을 이러한 자연 동굴에서는 10일 만에 성취하는 수가 있다. 그만큼 압력이 높은 압력밥솥 기도처다.

보현산신각 앞에 있는 이 자연 동굴 기도처는 서울에 살면서 돈에 시달리고, 질병에 시달리고, 인간관계에 시달리고, 조직에서 압박받고, 법적인 소송에 시달린 서민들에게 실낱같은 탈출구를 제공할 수 있다. 어느 곳에서도 도움의 손길을 받을 수 없는 민초들이 최후로 의지할 수 있는 탈출구는 이런 자연 동굴 기도처다. 절벽이 앞을 가로막고, 깊은 강물이 앞을 가로막는 상황에서 어떻게 인생을 살아 나간단 말인가? 초자연적인 원시 신앙에 의지할 수밖에 없다. 물론 기존의 제도권 종교가 해결의 실마리를 주면 제도권으로 가야 하겠지만 그렇지 못한 상황에서는 어떻게 해야 하는가. 이도 저도

할 수 없는 막다른 상황에서 민초들이 마지막으로 의지했던 신앙이 바로 이런 산신각의 동굴 신앙이었다.

또 하나 흥미로운 부분은 이 산신각이 할아버지 산신각이고, 그 옆에 할머니 산신각이 함께 있다는 점이다. 부부의 세계다. 할머니 산신각터는 좀 더 부드럽다. 평상시에 기도할 때는 할아버지보다는 할머니 터가 더 끌린다. 온화함이 풍기는 터이니까 말이다.

하동 지리산 칠불사

49일간 온기가 남았던 전설의 아자방과
개운 조사의 금강굴 이야기

동안거 중의 좌선이란 방바닥에 때를 묻히는 작업이다. 좌선이란 장시간 방바닥에
앉아 있어야만 하기에, 방바닥이 너무 뜨거워도 안 되고 차가워도 안 된다. 그런가
하면 좌선하는 사람이 불을 지피려 아궁이에 자주 들락거려도 분위기가 산만해지고
시간을 뺏긴다. 그러므로 한 번에 몽땅 불을 때놓고 오랫동안 온기를 유지할 수 있
는 온돌방이 좋은 선방이다. 지리산 칠불사의 아자방은 한 번 불을 때면 무려 49일
동안 온기가 남았었다고 전한다.

지리산 청학동 금강굴 그리고 칠불사

"이제 금강산은 인연이 다했으니 남쪽으로 내려가자." 인연이 다한 금강산을 벗어나 지리산으로 옮겨 다니는 삶, 풍류가 있는 삶이리라. 금강산의 가을 낙엽을 밟다가 지리산 봄나물의 향취를 맛보는가 하면, 만폭동의 폭포 소리를 실컷 듣다가 반야봉 밑의 소쩍새 소리에 잠이 깨는 삶, 오호통재라! 모름지기 인생이란 이렇게 살아야 하지 않겠는가?

우리의 삶은 어떤가? 이 아파트에서 저 아파트로, 시영아파트에서 현대아파트로, 25평에서 35평으로, 용달차에 이삿짐을 싣고서 아파트에서 아파트로 떠도는 소시민의 삶은 도대체 무엇이란 말인가. 아파트 인생이 지닌 쓸쓸함은 어디 도망가고 싶어도 도망갈 데가 없다는 점이다. 이놈의 '세간살이'가 주는 끊임없는 갈등과 중압감에서 한번 탈출하고 싶어도 어디 한군데 숨을 만한 곳이 이 땅에는 없다.

칠불사 보설루

우리 땅은 좁다. 하다못해 교도소 탈출이라도 한 건 성공했다는 이야기를 들은 적이 없다. 기껏 도망이라고 해봐야 겨우 사흘도 못 가 시골 저수지 근처에서 잡힐 뿐이다. 만약 마오쩌둥이 한국에서 태어났더라면 대장정은커녕 남부군南部軍의 이현상 짝이 나지 않았을까.

한국인들에게 지리산은 속세의 무거운 짐을 벗어 던질 수 있는 하나의 탈출구이자 해방구이다. 지리산은 쫓기는 자들이 마지막으로 숨어 지냈던 은둔처이다.

"이제 금강산은 인연이 다했으니 남쪽으로 내려가자."

보화 선사가 20년 동안 머물던 금강산 영원암을 떠나 남쪽으로

조용헌의 산사로 가는 길

내려가다가 멈춘 곳이 바로 지리산 한가운데 있는 칠불사였다. 보화선사가 7년간 머물렀던 칠불사는 지리산 중에서도 가장 그윽하고 깊숙한 곳에 자리 잡고 있다. 한국 선가의 이상향이었던 '청학동'과 불가의 이상적 수도처인 '금강굴'이 칠불사와 반야봉 주변에 있다.

사시사철 18~19도의 온도가 항상 유지되고, 굴속에서는 약수가 샘솟아서 최상의 수도처라고 지리산 도인들 사이에서 은밀하게 이야기되고 있는 금강굴, 현재 이 금강굴에는 아라한과阿羅漢果의 경지를 이룬 2백 살 넘은 게운 조시가 은거해 있다는 전설이 퍼져 있기도 하다. 금강굴을 찾기 위해 불심 깊은 어느 장교가 중대 병력을 풀어서 샅샅이 수색해보았지만 결국 찾지 못했다는 소문도 있다. 금강굴 주변에는 무협지에서 말하는 '진법陳法'이라는 것이 설치돼 있기 때문에 속인의 눈에는 절대 띄지 않는다고 한다. 아마도 시공이 다른 차원의 세계일 것이다. 제발 눈에 띄지 않기를 바란다.

내가 대학 다닐 때만 하더라도 사람들이 쌍계사까지는 구경 삼아 들렀지만, 칠불사는 좀처럼 가지 않았다. 인적이 드문 곳이기에 칠불사 입구 고갯길에는 나무와 꽃에서 풍기는 온갖 향기들이 진동했다. 별천지였다. 특히 칡꽃 향기가 나를 황홀하게 했던 기억이 새롭다. 그 길을 2킬로미터 정도 올라가다 보면 꽃향기가 몸에 밸 정도였다. 나에게 칠불사는 그 향기와 함께 기억된다.

칠불사에는 세 가지 비밀이 있다. 그 첫 번째는 한국 불교의 남래설南來說과 관련된 이야기이다. 불교 전래에 대한 정설은 고구려 소수림왕 때(372) 북쪽의 전진前秦으로부터 들어왔다는 북래설北來說이다. 북쪽 그러니까 고구려를 통해 육로로 들어왔다는 게 정설로 돼 있다. 그러나 일연 스님은『삼국유사』의「가락국기」에서 48년에 인도의 아유타국 공주인 허황옥이 가야국의 김수로왕에게 시집오면서 불교도 함께 들어온 것으로 설명한다. 일연 스님의 기록이 확실하다면 한국에 불교가 처음 전래된 것은 고구려 372년이 아니고, 가야 48년이다. 3백년 이상 소급돼야 한다. 즉 한국 불교의 초전初傳은 북쪽의 육로가 아닌 남쪽의 해로를 통해서인 것이 된다.

해로를 통해 들어왔다는 증거 중의 하나가 칠불사이다. 구전에 따르면 김수로왕과 허왕옥 사이에 태어난 일곱 왕자가 허황옥의 오빠인 장유 화상을 모시고 지리산으로 들어와 칠불사(원래 이름은 운상원)를 창건하고 여기서 도를 닦아 모두 성불했다고 한다. 그러니까 칠불사는 한국에 처음 불교가 수입된 통로가 고구려가 아닌 가야이고, 전래 연대도 무려 3백 년 이상 소급시킬 수 있는 단서를 제공하는 절인 셈이다. 칠불사에 걸린 '동국제일선원東國第一禪院'이라는 자부심 어린 문구는 이 같은 이유 때문이다. 한 가지 흥미로운 점은 학계에서 남래설을 공식적으로 처음 제기한 인물이 북한의 간첩으로 밝혀진 단국대의 무함마드 깐수 교수였다는 사실이다.

둘째는 아자방亞字房 이야기다. 칠불사의 명물은 아자방이다. 선방의 방바닥 구조가 亞 자 모양으로, 좌선하기에 아주 편리하게 돼 있다. 통상 둥그렇게 앉거나 일렬횡대로 앉는 것보다 亞 자로 앉는 형태가 선을 하는 사람의 심리적 부담을 훨씬 덜어준다. 절묘한 공간 배치다. 여러 사람이 한 방에 같이 있으면서도 각기 독립적인 분위기를 느끼도록 해주기 때문이다. 아자방의 또 다른 장점은 한 번 군불을 때면 49일 동안 일정한 온도로 따뜻함을 계속 유지했다는 데 있다.

동안거 중의 좌선이란 것은 방바닥에 때를 묻히는 작업이다. 좌선이란 장시간 방바닥에 앉아 있어야만 하기에, 방바닥이 너무 뜨거워도 안 되고 차가워도 안 된다. 그런가 하면 좌선하는 사람이 불 때러 자주 아궁이에 들락거려도 분위기가 산만해지고 시간을 뺏긴다. 그러므로 좋은 방법은 한 번에 몽땅 불을 때놓고 오랫동안 온기를 유지할 수 있는 온돌방이 필요해진다. 여기서 문제는 일정한 온도를 얼마나 오랫동안 유지할 수 있느냐이다.

이런 맥락에서 볼 때 아자방은 한국 최고의, 아니 세계 최고의 선방이자 온돌방이다. 구들을 어떻게 놓았기에 49일이나 갔을까. 구전에 따르면 이 구들은 신라 때의 구들 도사 '담공 선사'의 작품이라고 한다. 하도 구들장을 잘 놓아서 구들 도사라고 불렸던 담공 선사의 대표작이 바로 칠불사 아자방이었다.

49일의 노하우가 정말 부럽다. 나도 요즘 토굴을 지으러 돌아다녀보니까 구들장 놓는 것이 중요하다는 걸 실감하겠다. 잘못 놓으면 불이 잘 안 들어가서 연기가 코를 찌른다. 그뿐만 아니라 장작의 열을 방 구석구석 골고루 돌아가게 배치하는 것도 여간 어려운 문제가 아니다. 그런데 한 번 불을 넣으면 49일이나 갔다니 상상이 안 된다.

6·25전쟁 이전에 아자방에서 생활한 경험이 있는 노스님들의 이야기를 들어보면 옛날 아자방에 한 번 불을 지필 때는 사람이 지게에다 장작을 메고 걸어서 아궁이를 들락거릴 정도였다고 한다. 얼마나 큰 아궁이였을까? 애석하게도 이 아자방은 6·25전쟁 때 불타버렸다. 근래에 복원한 아자방을 보면서 스님에게 그 화력을 물어보니, 옛날 것보다는 못하지만 한 번 불을 때면 일주일 정도는 간다고 한다. 아궁이를 유심히 보니 그렇게 크지는 않은 것 같다. 그렇지만 현재에도 아자방은 여전히 선객들의 이상향으로 명성이 자자한 덕택에 전국에서 입주 신청이 쇄도한다. 재가在家 신도들이 며칠 머무른다는 것은 별 따기이고, 승려들일지라도 줄 없는 사람은 한철이나마 천신하기 힘들다는 소문이다.

셋째는 6·25전쟁으로 완전히 잿더미가 된 칠불사를 현재의 모습으로 재건한 통광 스님의 이야기이다. 내가 듣기로 통광 스님은 칠불사 바로 근처의 의신 마을 출신으로 『초발심자경문初發心自警文』에 나오는 "백 년 동안 탐낸 물건은 하루아침에 먼지가 되고, 삼 일 닦은 마음일지라도 천 년의 보물이 된다百年貪物—朝塵 三日修心千載寶"는 글귀를 보고 출가를 결심했다고 한다.

이러한 출가는 전생과 관련이 깊다. 그는 주춧돌만 남아 있는 칠불사터에 천막을 치고 생활하면서 칠불사 복원이라는 원력을 가지고 10년 동안 기도 정진했다. 그 원력에 힘입어 오늘날의 칠불사가 이렇게나마 재건될 수 있었다는 것을 나는 기억하고 싶다.

칠불사 운상선원과 통광 스님

6·25전쟁을 전후하여 지리산 일대에서 죽은 사람은 얼마나 될까. 어림잡아 4만 명쯤 되지 않을까 싶다. 근거는 이렇다. "2000년대 초반 지리산 생명평화운동을 할 때 지리산에서 죽은 빨치산과 군경 토벌대의 위령제를 합동으로 지냈던 적이 있습니다. 이때 양쪽 죽은 사람 가족들의 위령제 신청을 받아보니까 그 숫자가 4만 명쯤 되었습니다." 지리산에서 20년 넘게 살고 있는 '지리산 시인' 이원규의 증언이다.

일제강점기 때 지리산에는 항일 결사체인 보광당普光黨이 숨어 있었다. 일제의 징병과 징용을 피해 도망친 사람들로, 일본에서 대학을 다니다가 학병을 피해 지리산으로 숨었던 하준수가 대표적 인물이었다. 이병주의 소설 『지리산』에도 나왔던 하준수는 당수도唐手道의 고단자이기도 했는데, 함양의 3천 석지기 부잣집 아들이었다고 전해진다. 그는 광복 이전에 일찌감치 지리산에 숨었다.

이런저런 이유로 광복 이전에 지리산에 숨었던 사람들은 산속에서 서로 알게 되어 '보광당'을 결성했다. 이 보광당 멤버들을 속칭 '구빨치'라고 부른다. 반면 광복 이후로 지리산에 들어온 빨치산들은 '신빨치'라고 한다.

지리산 빨치산 총대장이었던 이현상이 빗점골에서 1953년 9월에 죽었다. 이현상 이후에도 박영발이 남아 있었다. 이현상보다는 카리스마가 약간 덜했지만 나름대로 한가락 했던 박영발은 1954년 3월에 죽었다. 이현상이 죽고 난 후에도 대략 6개월이나 더 버티다가 죽었던 것이다. 이 대목에서 드는 의문이 어떻게 6개월이나 더 버틸 수 있었을까다. 수만 명의 군경 토벌대가 이 잡듯이 지리산을 뒤졌는데, 어떻게 그 촘촘한 수색망을 피해 잠을 자고 밥을 먹으며 은신할 수 있었을까? 거의 기적과도 같은 일이라고 생각된다.

'빨치산 박영발이 숨었던 비트(비밀 아지트)는 어디에 있었는가?' 이 문제가 오랫동안 빨치산 연구자들에게 관심사였다. 그러나 쉽게 찾지를 못했다. '난공불락의 어떤 요새에 있었던 것일까?' 그러다가 지금부터 10여 년 전쯤 지리산 전문 산꾼 20여 명이 반야봉 밑을 샅샅이 수색했다. 증언자의 말을 참고로 하여 반야봉 밑의 암벽들을 그야말로 바늘 찾듯이 찾아 나선 것이다. 20여 명의 산꾼이 일주일간을 헤맨 끝에 드디어 찾아냈다. 바로 '박영발 비트'였다.

박영발 비트는 해발 1천 3백 미터 지점에 있는 자연 동굴이었다. 도대체 어떤 동굴이었길래 그 수많은 토벌대가 찾아낼 수 없었던 것일까. 박영발은 토벌대에 발각되어 사살당한 것이 아니고 스스로 자폭했다고 전해진다. 심한 부상이 있었고, 포위망은 점점 좁혀오고, 먹을 것도 여의치 않으니까 스스로 자폭한 것이다.

박영발 비트는 거대한 암벽의 중간쯤에 있었다. 그 위치가 너무나 기묘했다. 동굴 입구를 찾기가 어려운 구조였다. 우선 바위 절벽 가장자리의 움푹 꺼진 곳으로 내려가야만 한다. 틈새는 사람이 들어갈 생각을 내기 어려운 형태였다. 동물이나 들락날락할 만한 틈새였다. 3미터 깊이의 바위 틈새를 사람이 아래로 내려가야만 한다.

그다음에 다시 4미터 높이의 바위를 올라가면 사람이 기어들어 갈 만한 틈새가 보인다. 바위를 올라갔을 때 이 틈새가 정면에 보이는 것이 아니다. 고개를 오른쪽으로 틀어야 틈새가 보인다. 그러니까

4미터를 올라갈 생각을 하기도 어렵고, 올라갔어도 다시 오른쪽으로 짐승들이나 들어갈 만한 구멍 크기를 보고 여기에 사람이 들어간다는 생각을 하기도 어렵다.

이 구멍은 성인 남자가 겨우 앉아 있을 만한 높이의 공간이다. 성인 남자 2~3명이 서지는 못하고 앉아 있을 만하다. 그리고 다시 그 공간에서 왼쪽으로 방향을 틀면 칸막이 바위가 있다. 칸막이 바위를 기어서 앞으로 들어가면 다시 공간 하나가 나타난다. 성인 2명이 앉아 있을 만한 공간이다. 이 2명이 앉아 있을 만한 최종 공간에 박영발이 숨어 있었다. 전혀 빛이 들지 않는 지하 공간 같은 느낌을 준다. 외부의 소리도 잘 들리지 않는 공간이다. 3중 암벽으로 차단된 셈이니 당연하다. 외부에서는 이 안에 이런 공간이 있다는 것을 절대로 상상할 수 없는 공간이다. 한 가지 특이한 점은 이 박영발 은신처의 암굴이 습기가 별로 느껴지지 않는다는 점이다. 바위굴은 대개 축축한 습기가 많다. 습기가 많은 곳에서는 사람이 장기간 거주하기 힘들다.

이 삼중 구조의 바위굴이 박영발 비트였다는 증거는 이른바 '통신선'이다. 암굴 입구 벽에 전깃줄 같은 통신선 여러 가닥이 설치되어 있었다. 빨치산 연구자들의 이야기를 들어보니까 반야봉 정상에서 여기까지 연결되어 있었던 통신선이라고 한다. 빨치산 전성기에 반야봉 정상에서 무전을 때리면 이 굴속에서 무전을 바로 받아볼 수 있었던 것이다.

빨치산 비트를 찾아 헤매는 마니아들을 따라서 우연히 박영발 비트를 찾아갔던 필자는 비트를 보는 순간 '여기야말로 개운 조사가 수도했던 금강굴이다'라는 느낌이 강하게 올라왔다. 1790년생으로 2

백 살이 넘는 개운 조사가 수도했던 금강굴이 어디에 있는가를 알기 위해 불가·도가의 마니아들이 금강굴을 찾아왔다. 반야봉 밑에 있다는 것은 알고 있었지만 구체적인 장소를 도저히 찾을 수 없었다. 그런데 박영발 비트는 내가 보기에 개운 조사의 금강굴에 해당하는 조건을 갖추고 있었다. 우선 신선이 되는 공부의 깊은 단계에 이르기 위해서는 햇빛이 들지 않는 암흑 공간이 필요하다. 내면의 무의식에 깊이 내려가기 위해서는 빛이 없는 암흑의 수행 공간이 절대적으로 필요한 것이다. 이는 동아시아의 1만 년 넘는 전통이기도 하다. 이런 암흑 공간은 불교가 들어오기 이전의 야호선野狐禪 수행터이기도 하다.

또 하나는 깊은 삼매에 들어가 있는 동안에 외부인이나 또는 동물들이 그 삼매 상태의 도사를 건들면 안 된다. 방해받지 않는 절대적인 안정 공간이 필요한 것이다. 그러려면 이러한 공간은 바위굴이 될 수밖에 없다. 그것도 아주 난공불락의 위치에 자리 잡은 동굴이어야만 한다. 박영발 비트는 이 조건에 아주 딱 들어맞는 위치에 있었다.

이 금강굴은 금강대金剛臺라고 하는 바위 언덕의 중간쯤에 자리 잡고 있었다. 바위굴을 나오면 금강대가 있고, 이 금강대에 앉아서 좌선하거나 밤에 달을 감상하며 놀기에는 아주 적당한 장소였다. 그리고 금강대 앞을 영원봉을 비롯한 지리산의 여러 영봉이 감싸고 있었다.

빨치산 추적자들은 개운 조사의 도가 수행 전통을 모르고, 개운 조사 추종자들은 빨치산을 몰랐다. 희한하게도 신선의 수행터와 빨치산의 비트가 동일 장소였던 것이다. 삶의 커다란 아이러니다.

지리산 천왕봉의 정기를 머금은 마음의 쉼터

지리산 산천재

힘이 있을 때 산에 들어가서 사는 게 좋다. 되도록 젊었을 때 입산해서 사는 게 어떨까 싶다. 힘이 쇠약해지면 산에서 사는 게 힘들다. 우선 일상생활이 불편하기 때문이다. 특히 자동차가 없던 시절에는 산 중턱에 위치한 거처에까지 올라다니는 게 힘이 들었다. 물건을 하나 사는 것도 그렇고, 불편한 일이 한둘이 아니다. 힘 떨어지면 도시에 사는 게 좋다고 본다. 사람들이 복작거리는 도시에서 약간 부대끼면서 사는 것도 괜찮다.

젊어서는 산이 좋고 나이 들면 도시가 좋다. 이게 일반적인 공식이지만 조선 중기의 남명南冥 조식曺植(1501~1572) 선생은 반대로 실행했다. 60세가 되던 1561년에 경남 산청군 덕산면 지리산 천왕봉 밑으로 들어왔다. 환갑에 입산한 셈이다. 그것도 지리산 천왕봉이 가장 잘 보이는 지점을 택해서 들어왔다. 여기에다 강학 공간을 세웠으니 그 이름이 산천재山天齋다. 1561

년에 천왕봉 밑에 입산하여 1572년에 죽었으니 꼭 11년을 산천재에 머물렀다. 인생의 대미를 여기서 장식한 것이다. 산천재에 머문 11년 동안 기라성 같은 제자들을 키웠다. 최영경·오건·정인홍·하항·김우옹·정구 등 많은 학자를 길렀다. 제자들의 면면이 놀랍다. 터가 명당이라서 그런 것일까?

산천재에서 바라다보면 마당 정면에서 약간 오른쪽으로 천왕봉이 보인다. 지리산 전체에서 이 지점처럼 천왕봉이 온전한 모습으로 보이는 뷰포인트도 드물다. 아주 잘 볼 수 있는 드문 자리다. 지리산 최고봉인 천왕봉. 한라산을 빼면 남한 땅에서는 최고봉이다. 남명 선생이 이 터를 잡은 가장 큰 이유는 천왕봉을 전망할 수 있는 지점이었기 때문으로 보인다. 그만큼 천왕봉에 대한 애착이 컸다. 물론 일반 학자도 천왕봉을 좋아할 수는 있다. 그렇다고 해서 도시 생활 다 작파하고 산으로 온다는 것은 옛날이나 지금이나 쉽지 않다. '귀거래사'를 입으로 읊기는 많이 읊지만 이걸 실행에 옮긴 인물은 많지 않다.

그러나 선생은 작파하고 결단을 내려서 여기로 왔으니 그의 산에 대한 애착을 짐작할 수 있다. 환갑 나이에 모든 것을 털고 정리해서 여기로 이사 왔다는 대목은 주목할 만하다. 옛날 사람 환갑이면 아주 노인에 해당한다. 따라서 입산入山을 혈기로 결단을 내린 게 아니다. 아주 완숙한 경지, 노회한 경지에 이른 나이에 들어온 것이요, 터를 잡은 셈이다. 이 터를 보면 남명의 기질과 캐릭터가 드러난다. 남명이 흠모한 천왕봉, 남명에게 천왕봉은 종교였다. 왜 종교였을까? 천왕봉과 같은 부동심, 가장 높게 우뚝 솟아 있으면서도 말이 없는 존재, 그 기개와 불언不言. 남명이 산천재에서 천왕봉을 바라다보고 남긴 시가 있다.

천 석이 들어가는 큰 종을 보시오請看千石鍾
크게 치지 않으면 울리지 않네非大扣無聲
어찌하면 두류산처럼爭似頭流山
하늘이 울어도 오히려 울지 않을 수 있을까天鳴猶不鳴

남명이 천왕봉을 커다란 종鐘에 비유한 점이 인상적이다. 천 석의 쌀이 들어갈 만한 크기의 종이라고 표현했다. 종은 소리가 나게 되어 있다. 종의 특징은 소리다. 천왕봉이 종이라고 한다면 무엇으로 이 종을 때려야 소리가 난단 말인가? 천왕봉의 정상은 물론 바위로 되어 있다. 이 바위를 어떻게 때려야 소리가 날 것인가? 그 비밀은 천둥 번개에 있지 않나 싶다. 천둥 번개가 이 천왕봉의 바위 암벽을 때리면 소리가 날 것 아닌가! 천왕봉을 하나의 거대한 종으로 보는 관점은 고대부터 지리산 도사들 사이에서 비밀리에 전수되던 하나의 암호가 아니었나 하는 생각이 든다.

지리산은 예전부터 도교적 체취가 강한 산이었다. '지리산에 상주하는 도사가 5천 명이다. 계룡산에는 8백 명의 도사가 항상 머문다'는 이야기가 전해오고 있다. 계룡산의 몇 배인가? 여섯 배가 넘는다. 그만큼 지리산은 도사들의 천국이었다. 도사는 유교의 선비보다는 탈속적이다. 도시보다는 산에서 사는 사람들이다. 세상사에 일정 거리를 두고 있다. 그러나 불교보다는 좀 더 세속적이다. 머리를 기르고 있어서 언제든지 시중市中에 내려와도 크게 눈에 띄지 않는다. 불교 승려는 시중에 내려오면 바로 눈에 띈다. 유교와 불교의 사이, 그 중간 위치에 도사가 있다. 평소에는 숨어 살지만, 유사시에는 역사의 무대 뒤편에서 작업할 수 있는 존재가 도사다.

이는 중국도 마찬가지였다. 지리산 도사들이 도력을 얻는 소의경전所依經典이 바로 『옥추경玉樞經』이었다. 옥황상제의 '옥玉' 자와 북두칠성 가운데 가장 중심이 되는 별인 '추성樞星'의 '추樞'가 삽입된 경전 명칭이 흥미롭다. '옥추'라는 단어는 '우주의 중심'을 표시한다. 우주의 중심은 무엇인가? 바로 천둥 번개, 즉 뇌성벽력신이었다. 『옥추경』은 '뇌성보화천존雷聲普化天尊'을 모시는 경전이다. 천둥번개신을 모시고 이 천둥 번개의 위력과 파워를 얻기 위한 경전이 『옥추경』이다. 고려 때까지는 이 『옥추경』이 제도권에서도 유통되었지만, 조선조에 들어와서는 완전히 지하로 들어가 무당이나 도사들 사이에서만 조심스럽게 암송되었다.

『옥추경』의 특징은 주문에 있다. 주문을 열심히 외우면 천둥번개신으로부터 파워를 얻게 된다. 그 파워를 얻으면 미래를 내다보고, 삿된 귀신을 쫓아내는 힘을 얻는다. 도가의 옥추경파들이 가장 신봉하던 봉우리가 바로 천왕봉이었다. 가장 높은 봉우리였고, 가장 높은 봉우리에 천둥 번개가 강림한다고 믿었기 때문이다. 이 천왕봉의 번개 에너지를 얻기 위해 설치한 베이스캠프가 해발 1천 450미터에 자리 잡은 법계사法界寺였다. 법계사 앞에 혓바닥처럼 쭉 뻗어 있는 바위 암반을 문창대文昌臺라고 부른다. 천왕봉에 번개가 치면 이 번개 에너지는 튕겨 문창대에 도달한다. 문창대의 번개는 다시 튕겨져 법계사로 들어간다. 그래서 『옥추경』을 신봉하던 도사들은 천왕봉 밑의 법계사를 아지트로 삼았다. 말하자면 도가의 인물들 사이에서 천왕봉은 천둥 번개 에너지를 섭취할 수 있는 안테나였던 셈이다. 번개를 중계 방송해주는 안테나.

남명은 유학자였지만 노장사상老莊思想과 도가에 포용적이었다. 지리산 도사들과 자연스럽게 교류도 하면서 천왕봉의 천둥 번개 비밀을 입수하게 된 것이 아닌가 싶다. 산천재는 천왕봉에 내리치는 천둥 번개 에너지를 받을 수 있는 지점이기도 하다. 이 에너지를 받아서 최영경·정인홍·곽재우 같은 걸출한 제자들이 배출되었다. 결국 남명학파 사단은 임진왜란에서 왜적들과 목숨을 내놓고 싸웠다.

서산 연암산 천장사

경허 선사의 발자취를 따라,
번뇌를 버리고 깨달음을 구하다

경허 선사만큼 한국 현대 불교에 큰 영향력을 끼친 인물이 또 있을까. 말 그대로 경허 선사는 근대 한국 선불교의 어머니이다. 전국 많은 곳에 발자국을 남겼다. 연암산 천장사에도 경허 선사의 체취가 남아 있다. 천장사 법당 앞에 서면 저 멀리 시골 풍경과 먼 산들이 눈 아래 들어온다. 경허는 이곳에서 무엇을 했을까. 그는 활을 쏘고 있었다. 어떤 화살? 생각의 화살이다. 그래서 법당 앞을 지키는 문의 이름이 염궁문이다. 생각의 화살을 쏘는 문, 그 문에서 내가 던진 생각은 어디까지 날아갈 것이며 또 무엇을 맞히겠는가.

한국 선불교의 어머니 경허 선사 이야기

주특기, 주특기가 있어야 산다고 한다. 이름하여 차별성이다. 그렇다면 한국 불교의 주특기는 무엇인가. 한국 불교를 알기 위해서는 세계 불교의 흐름을 간단하게라도 알아야 한다. 내가 파악하기로 세계 불교는 3대 흐름이 있는 것 같다. 하나의 흐름은 티베트 불교이다. 티베트 불교는 '파워 불교'이다. 파워 불교라는 말은 뭔가를 눈으로 보여 주는 불교라는 의미이다. 신비적 힘을 가지고 있는 불교가 티베트 불교이다. 티베트라는 곳이 고산 지대라 여기서 뿜어져 나오는 영기는 대단히 강하다. 그런 데다 종교적 순수성이 잘 보존돼 있다. 포탈라 궁의 미로, 환생의 과정에 대한 풍부한 자료, 사후 세계, 영적인 치료, 주술적인 힘 등으로 상징된다. 이러한 신비적인 부분 때문에 미국과 유럽의 사람들이 매료되고 있다.

또 하나의 흐름은 지성적 불교이다. 현대 서구의 불교학자들이 여기에 포진돼 있다. 엄격한 논리와 치밀한 분석이 주조를 이룬다. 주로 중관사상中觀思想(부정의 방법을 통해 공을 인식함)의 논리와 분석을 통해 모든 것을 해체시켜버리는 학문적인 분위기를 지니고 있어 신비적인 부분에는 별다른 관심이 없다. 러시아 학자 스체르바츠코이의 『불교 논리학Buddhist Logic』 같은 책이 대표적인 저술이다. 에드워드 콘체나 칼루파하나 같은 세계적인 불교학자들도 이 노선이다.

나머지 하나의 흐름은 선불교이다. 선불교는 화두라는 장치를 통해 고정관념과 도그마를 분쇄하는 것이 특기이다. 한편으로는 지성적이면서 다른 한편으로는 신비적인 부분을 지니고 있는 것이 선불교이다. 세계적으로 선불교가 가장 활발한 곳은 한국이다. 중국은 문화대혁명을 거치면서 선불교가 타격을 받았고, 일본은 염불이 주종을 이룬다는 점에서 한국과 다르다. 화두에 집중하는 선이 살아서 꿈틀거리는 나라는 한국이다. 한국은 선불교의 본향이다. 세계적으로 한국과 같이 간화선이 온전하게 보존 계승되고 있는 나라는 없다.

여기에는 뭐니 뭐니 해도 근대 한국 선의 어머니일 뿐만 아니라 중시조에 해당하는 경허 선사의 영향이 지대하다. 천장사를 답사해야 하는 이유는 바로 이곳에 경허 선사鏡虛禪師(1849~1912)의 체취가 가장 많이 남아 있기 때문이다. 경허는 천장사에서 오도悟道(번뇌에서 벗어나 진리를 깨달음) 후 보림保任(깨달음을 보호하여 지킴)을 했다.

그러나 막상 찾아가려고 하니 천장사는 어지간한 지도에는 표시돼 있지 않을 만큼 일반인에게 별로 알려지지 않은 절이었다. 충남의 홍성 읍내에 도착해서 길 가는 젊은 사람에게 천장사 가는 길을 물어보았지만 잘 모른다는 대답이었다. 젊은 사람이라 잘 모르겠지 싶어

천장사 산신당

나이가 좀 지긋한 50대 후반의 남자에게 물어보았더니 승용차로 서
산 쪽으로 한 10분 정도 더 가다가 우측으로 꺾어서 들어가라고 한
다. 그의 말대로 우회전해서 들어가니 야트막한 둔덕들이 올망졸망
하게 모여 있는 구릉지에 동네들이 들어서 있다.

　　이런 풍경이 바로 충청도의 전형적인 시골 풍경일 것이다. 높지
않기 때문에 위압감을 주지 않는 평퍼짐한 둔덕들은 보는 사람들로
하여금 사물을 관조할 수 있게 하는 심리적 여유를 제공한다. 천장사
가는 길은 이 같은 한가로운 동네를 한참 통과하도록 돼 있어, 승경
은 기대할 수 없다. 그저 평범하고 소박할 뿐이다.

동네를 지나 천장사를 품고 있는 연암산으로 오르는 길은 경사가 급해지면서 자동차 양쪽 바퀴가 닿는 부분만 시멘트 포장이 돼 있는 점이 이색적이었다. 소설가 최인호의 『길 없는 길』에서 표현을 빌리자면 '레일이 깔린 협궤를 굴러 올라가는 길'이어서 올라가는 재미가 있다. 길이 끝나는 지점에 주차장이 있고 여기서부터 차에서 내려 다시 2백 미터쯤 아주 가파른 급경사를 올라 천장사에 도착해보니 이곳은 절이라기보다는 아담한 규모의 암자이다.

생각의 화살을 쏘아 깨달음을 구하다

천장사의 창건 연대가 언제인지는 정확히 알 수 없다. 다만 신라 진평왕 때 창건되었다는 구전이 전해오는 것으로 보아, 천 년이 넘은 오래된 암자인 것만은 분명하다. 천 년이 넘는 세월은 당연히 귀 기울일 만한 뒷이야기를 품고 있기에 충분한 시간이지만 애석하게도 이를 전해주는 자료나 유적이 전혀 남아 있지 않으니 유감일 뿐이다. 천장사에는 오직 경허의 체취만 남아 그 시간을 차지하고 있을 뿐이다. 그러니까 천장사에는 경허 이전의 역사는 없고 경허 이후부터 비로소 역사가 시작된 셈이다.

경허의 유적이 무엇이냐고 하면 바로 ㄷ자 형태의 조그마한 법당이다. 법당 안에는 관세음보살이 모셔져 있고, 그 오른쪽에 장군의 풍모가 느껴지는 40대 중반쯤의 경허 초상화가, 그리고 왼편에 만공의 노년 모습을 담은 사진 액자가 걸려 있다. 백 년 전쯤 바로 이 법당에서 벽에 걸려 있는 오른쪽 사람과 왼쪽 사람은 일화를 하나 남겼다.

어느 여름밤 경허가 법당에 큰 大 자로 누워 자고 있었다. 시봉을 하던 만공이 들어와서 보니 경허 배 위에 시커먼 물체가 하나 놓여 있어 가까이 다가가보니 그것은 커다란 독사였다. 깜짝 놀란 만공이 "스님의 배 위에 뱀이 있습니다" 하자 경허는 다음과 같이 태연하게 대답했다고 한다.

"가만히 내버려두어라. 배 위에서 실컷 놀다 가도록 내버려두어라."

경허의 무심과 배짱은 어디서 온 것일까. 무심은 화두라는 불구슬을 삼킨 자만의 경지이고, 배짱은 초상화에서 감지되는 굳센 호남의 기질에서 오지 않았을까. 경허의 초상화로 볼 때 80근짜리 청룡도만 하나 안기면 영락없는 장비 상이다. 흔히 선가에서는 장군기將軍氣를 지녀야만 도를 통한다는 말이 회자된다.

이 법당에서 주목한 것은 두 가지였다. 하나는 법당 문앞에 걸려 있는 '念弓門염궁문'이라는 경허의 글씨이고, 다른 하나는 경허가 1년 반가량 보림했던 쪽방이다. 염궁문이라! 그 야성적인 획 하나하나에서 선사 특유의 골기가 느껴지는 필체이다. 방정하기보다는 야성에 가깝다고나 할까.

염궁문. 그 뜻은 무엇인가. 보통의 선서禪書에서는 찾아볼 수 없는 단어이다. 경허가 법당 문앞에 걸어놓은 것으로 보아서 상당한 의미를 부여한 표현임이 분명하다. 생각 념念, 활 궁弓, 문 문門이다. 감이 잘 잡히지 않는다. 그러나 여기까지 와서 그 뜻을 모르고 간다면 오지 않은 것만 못하지 않겠는가. 마침 법당에서 예불을 끝낸 스님이 있어 물었다. "염궁문은 하나의 화두로 봐야 한다"라는 대답이다. 화두라면 어떤 화두일까.

나는 염궁문을 바라보면서 법당 앞을 한참 서성이다가 법당 아래 툭 터진 서산 쪽 풍경을 바라보았다. 법당을 등지고 보면 저 멀리 시골 풍경이 눈 아래 들어온다. 지대가 높아서 아래를 굽어보는 위치라 전망이 좋은 곳이다. 그때 문득 경허 선사도 나처럼 천장암 법당에 앉아 산 아래 펼쳐지는 저 풍경을 보고 있었을 거라는 생각이 들었다.

그렇다면 활을 쏘고 있었을 것이다. 어떤 화살? 생각의 화살이다. 떠오르는 생각들을 여기에 서서 저 툭 터진 풍경 속으로 쏘고 있었을 것이다. 그 한 생각 한 생각이 화살이었고, 그 화살을 활에 실어 팽팽하게 잡아당긴 다음에 저 허공으로 날려버렸던 것은 아닐까. 생각이 떠오를 때마다 경허는 여기 혼자 앉아서 활을 쏘았을 것이다. 그렇다! 여기는 생각의 화살을 멀리멀리 날려버리는 문이다.

다시 생각해본다. 경허는 여기서 몇 발의 화살을 쏘았을까. 1백 발일까, 아니면 1천 발일까? 몇 발을 쏘아야 그 화살이 다할 것인가? 그렇다! 염궁문은 번뇌를 화살에 실어 날려버리는 통쾌한 곳이다. '무無' 자 화두를 들려면 마음속에 일어나는 어떤 생각이든 청룡도로 그것을 내리찍어야 한다. 두더지 게임 하듯이 잡념이 나오는 족족 청룡도로 무지막지하게 내리쳐서 박살을 내버려야 한다. 보통은 칼을 쓴다. 그렇다면 경허는 칼 대신에 활을 택한 것이 아닐까.

경허가 약 1년 반가량 보림했던 쪽방은 법당 오른쪽에 있다. 선승들이 보림했던 방은 자세히 살펴볼 필요가 있다. 반드시 암시하는 바가 있기 때문이다. 오른편에 있는 두 개의 쪽방 중에서도 뒷방에 주로 계셨다고 한다. 뒷방은 사람 하나 들어가면 꽉 찰 만큼 작은 방이지만 언뜻 보기에 별다른 점은 없어 보인다. 그런데 바로 이 뒷방이 풍수학적으로 볼 때 아주 의미 있는 자리에 위치한다. 동행한 의산 선생은 이 방이 연암산 전체의 기운이 최종적으로 응축된 곳이라고 지적했다.

천장암을 품고 있는 연암산은 약 4백 미터 높이의 바위산으로 제비가 날아가는 형상이다. 바위산은 같은 산이라도 토산에 비해서 지기가 강하게 흐른다. 그래서 바위는 살기로 본다. 그만큼 기가 세다. 그러므로 연암산이 비록 낮지만 그 기운은 아주 강하다고 볼 수 있는데, 천장암이 있는 자리는 연암산 가운데서 가장 기운이 강한 제비집 자리(연소혈)라는 것이다. 연소혈燕巢穴의 특징은 좌향이 임좌여야 하고 바위산 높은 곳에 위치하면서 그 앞으로는 절벽이거나 급경사를 이루고 있어야만 한다. 천장암은 정확히 임좌에 해당할 뿐만 아니라 올라오는 앞길이 조심해서 올라야 할 아주 가파른 급경사를 이루고 있어 제대로 된 연소혈이다. 그러므로 주차장 바로 위에 보이는 바위는 제비 똥에 해당한다. 연소혈은 대개 소쿠리 안에 숨어 있는 형국을 취하고 있으므로, '감출 장藏' 자를 써서 천장암이라 이름했을 가능성이 많다.

이 연소혈 중에서도 가장 강한 자리를 다시 꼽는다면 뒤편의 쪽방이 될 것이다. 그 증거로 기운이 들어오는 뒤편의 입수석入首石이 뒷방으로 연결돼 있고, 옆으로는 좌측 귀에 해당하는 이석耳石 역시 이 방을 향하고 있다.

의산 선생의 설명을 듣고 보니 경허가 그 방에서 보림했던 것도 우연이 아니고 다 이유가 있었음을 수긍할 수 있었다. 연암산의 온 정기가 한곳에 응축된 지점에서 경허는 1년 반을 생활했던 것이다. 더군다나 큰 방이 아닌 아주 작은 방이니 얼마나 타이트하게 지기를 받았을 것인가. 방의 크기가 작다는 점 역시 주목할 만하다. 한 사람이 겨우 누우면 방이 꽉 찬다. 누워보니 조금 큰 관속에 들어온 느낌이 든다. 경허 선사는 왜 이렇게 작은 방에서 생활했는가? 작은 방이라야 생각도 적다. 방이 크면 생각도 많아진다. 그러므로 치열히 공부하는 사람은 방이 작아야 좋다. 공간이 좁을수록 내면세계에 깊이 들어갈 수 있는 것 같다.

나 역시 그냥 지나칠 수 없어서 그 방에 들어가 잠시 좌선을 해보니 보통 기운이 아니다. 마치 샘물이 솟는 것처럼 척추를 타고 올라와 머리를 적신다. 척추를 통해 올라오는 이 기운의 맛은 정녕 산에 사는 사람만이 누릴 수 있는 복락이 아니겠는가. 경허 선사의 시구 "내가 세상을 버렸거니 다시 무엇을 바라겠는가!我捨世更何希"를 따라 읊조려본다.

한국 선불교의 계보를 잇는 경허 선사의 제자들

원효가 활동했던 신라 시대가 한국 불교의 새벽[曉]이라면, 보조의 고려 시대는 태양이 중천에 높이 떴던 대낮에 해당하고, 서산의 조선 시대는 해가 서쪽으로 기울어가는 저녁노을의 시대로, 근세에 들어와월月 자 이름이 많은 것은 깜깜한 밤에 접어들었음을 상징한다. 이 같은 특이한 시대 구분은 각성覺性 스님으로부터 『능엄경』 강의를 청강하면서 여담으로 들은 이야기인데, 유머러스하면서도 음미해볼 만한 대목이다.

경허 문하에서 배출된 세 개의 달, 수월水月·혜월慧月·만공滿空 가운데, 달이 지닌 이미지에 가장 부합되는 인물을 꼽아본다면 아마도 수월 스님이 아닌가 싶다. 수월 스님도 경허 스님처럼 천장사에 머물렀던 적이 있다. 달은 태양과는 달리 밤에 뜬다. 즉 태양이 나타날 '현顯'을 상징한다면, 달은 숨을 '은隱'의 의미를 품고 있다. "숨어 살면서 자신이 전혀 알려지지 않더라도 후회하지 않는 경지는 오직 성자라야 가능하다遯世不見知而不悔 唯聖者能之." 『중용』의 한 구절이다. 둔세라는 것이 과연 쉽느냐? 보통 인간은 사실 별 볼 일 없는 삶을 작파하고 숨어버리기도 어렵지만, 한 걸음 더 나아가 후회하지 않기는 더욱 어려운 것 같다. 수월 스님 하면 떠오르는 이미지가 바로 이와 같은 은둔이다. 수월은 은둔의 성자가 아니었던가.

수월이 생애의 후반부 20년 가까이 멀리 만주 북간도에서 보낸 것을 바로 이 같은 은둔의 삶으로 풀이하고 싶다. 북간도가 어떤 곳이었던가. 일제의 탄압과 배고픔에 시달리다 견디지 못한 조선의 민초들이 최후의 피난처로 남부여대男負女戴 하면서 모여들던 땅이 아닌가. 수월은 바로 이 북간도의 민초들 사이에서 자신을 철저히 숨기면서 사는 익명의 삶을 추구했던 것으로 보인다. 뒷날 후배 한암漢岩이 시끄러운 서울 생활에 염증을 느낀 나머지 오대산 상원사로 은둔하여 '천고千古의 말 없는 학鶴'이 되기도 하지만, 수월은 저 멀리 춥고 배고픈 북간도로 들어가 '천고의 말 없는 달'이 된 것이다.

진정한 은둔이란 무엇인가? 은둔을 실천할 수 있는 사람의 경지는 어떤 경지인가? 나는 은둔을 떠올릴 때마다 수월 스님을 연상하곤 한다. 도시의 소음과 매연에 시달리는 도시 중생치고 한번쯤 지겨운 도시를 박차고 은둔하고픈 충동을 느끼지 않는 사람은 없겠지만, 실행에 옮기는 사람이 적은 것은 무엇 때문인가. 모두 다 그놈의 아상我相이라고 하는 욕심 때문이다. 세속적인 욕심이 상당한 사람이 숨는 사람을 가리켜 '도피'라고 단정하면서 자기 자신을 '참여'의 철학으로 합리화하는 것을 많이 보았지만, 은둔을 그렇게 함부로 평가하는 일은 삼가야 할 것이다. 동양의 정신사에서 보면 '후회 없는 은둔'의 미학은 성자들만이 성취가 가능한 고준한 경지로 존중돼왔음을 유념해야 한다.

수월의 북간도 생활을 반추해볼 때 떠오르는 이미지는 자비이다. 구전에 따르면 수월이 만주의 어느 마을을 지나면서 사납기로 유명한 만주의 개들을 설복한 일화가 전해져온다. 만주 지방에서는 밤이면 마적 떼로부터 동네를 지키기 위해 사나운 개들을 풀어놓는 풍습이 있었다고 한다. 그래서 낯선 침입자가 동네에 들어오면 수십 마리의 개들이 사정없이 달려들어 물어뜯는다. 이러한 사정을 알 리 없는 수월이 밤에 낯선 마을을 지나다가 그만 악명 높은 만주 개의 습격을 받게 되었는데, 어찌 된 일인지 이 개들이 달려들다 말고 조그마한 스님 앞에 무릎을 꿇고 조용히 앉더라는 것이다. 그리고 그 스님, 즉 수월은 무어라고 중얼거리면서 개들에게 이야기하고 있었다고 한다.

이 일화는 수월이 지녔던 도력을 나타내는 것이지만, 다른 한편으로 보면 고승으로부터 풍기는 잔잔한 자비를 엿볼 수 있는 대목이기도 하다. 말 못하는 동물들도 수월에게서 풍기는 따뜻한 자비의 마음을 감지했던 것이다. 흥미로운 것은 『나는 티벳의 라마승이었다』는 책에서도 주인공으로 등장하는 롭상람파가 북간도 지역을 지나면서 수월과 비슷하게 사나운 만주 개들을 자비심으로 조복한 이야기가 나온다. 지극한 수양의 경지에 도달한 사람만이 엮어낼 수 있는 아름다운 광경이 아닐 수 없다.

여러 이야기 속에서 찾아낸 수월의 풍모는 마치 우리 어머니들의 모습과 비슷할 것이다. 이는 수월이라고 하는 호 자체가 수월관음을 지칭하는 데서 더욱 확실해진다. 관음보살은 기독교의 성모마리아처럼 중생을 감싸주는 어머니에 해당한다. 그래서 일반 대중에게 가장 친근한 보살이기도 하다. 고려 시대의 불화 가운데 승속을 불문하고 가장 사랑받았던 그림 또한 〈수월관음도〉이다. 뉴욕의 소더비 경매에 나와서 까다로운 서양의 미술 감식가들로부터 찬탄받았던 우리나라 그림이 〈수월관음도〉였다.

조선 시대에 들어와서도 마찬가지였다. 그 증거로 불교적 윤회와 유교적 효를 절묘하게 결부시킨 『심청전』을 들 수 있다. 심청이 용궁에서 나와 물 위의 연꽃으로 환생한다는 모티브는 두말할 필요 없이 수월관음을 바탕에 두고 있다. 영·정조 시대 소위 진경 문화를 주도했던 단원 김홍도의 그림에서도 수월관음이 등장한다. 김홍도 탄생 250주년을 기념해 국립중앙박물관에서 열렸던 전시회에서 접했던 단원의 도석화道釋畵 가운데 184번 〈지단관월指端觀月〉과 220번 〈남해관음도南海觀音圖〉 두 그림이 눈에 띄었는데, 이 그림들은 모두 수월관음을 그린 것이었다. 두 그림 모두 다 둥그런 달과 바다, 그리고 선재 동자를 옆에 데리고 있는 관음을 묘사하고 있다. 비록 연꽃은 바다 물결로 대치돼 있지만, 한결같이 포근하면서도 자비스러운 수월관음의 특징들이 잘 나타나 있는 그림들이다. 관음보살은 험한 풍랑에서 뱃사람을 지켜주는 바다의 보살이기도 한 것이다.

진안 마이산 고금당

경허 선사와
녹두장군 전봉준의 애틋한 사연

구한말, 경허 선사는 18세 여자아이를 데리고 마이산 고금당으로 숨어들었다. 그녀의 이름은 전옥련, 바로 동학농민혁명을 이끈 녹두장군 전봉준의 친딸이다. 그런데 이 전옥련은 경허의 조카딸이기도 했다. 경허의 여동생이 전봉준의 부인이었다. 여동생의 딸이었던 전옥련을 외숙이었던 경허가 목숨을 살리기 위해서 당시에 가장 오지이고 비밀스러운 장소였던 마이산으로 피신시킨 것이다. 어떻게 해서 경허가 동학군 대장 전봉준과 인척이 된단 말인가? 굉장한 사건이자 이야기이다. 마이산의 고금당이 전해주는 이야기를 들어보자.

깨우침의 장소가 되어준 바위 동굴 이야기

도를 닦기에 가장 적합한 터는 어떤 곳인가? 답은 바위굴이다. 이는 동서와 고금을 막론하고 적용된다. 그리스의 아테네에 가면 파르테논신전이 있다. 파르테논신전터도 범상하지 않다. 동양의 풍수 전문가가 보기에는 회룡고조回龍顧祖의 명당이다. 용이 내려오다가 고개를 휙 돌려서 자기가 출발했던 지점을 쳐다보는 형국을 가리킨다. 판넬리 산에서 내려오던 용이 방향을 꺾어 바다를 향해 내달리다 중간에 멈춰 선 지점이 리카베투스 언덕이다. 리카베투스 언덕에는 바위들이 솟아 있다. 아테네 시내를 전부 볼 수 있는 전망대이고 그 앞으로는 파르테논신전도 보인다. 리카베투스 언덕에 솟아난 바위는 용의 등줄기를 나타낸다. 용은 더 달려가서 파르테논신전터에 멈춘다. 이 터는 바위로 된 언덕이다. 기가 뭉쳐 있다.

기원전 5세기에 건립된 파르테논신전 건물은 그 용의 머리에 왕관을 씌운 형국인 셈이다. 고대 아테네는 이 신전터의 에너지로 영험한 기운을 받았고, 여기에서 주요한 신탁을 받았다. 이 신전 바위 언덕의 아래에는 소크라테스가 재판을 받을 때 갇혀 있었다는 동굴이 있다. 지금은 철망이 쳐 있는데, 내가 보기에는 고대의 도사들이 수행하던 수행터였다. 아마도 파르테논신전 건축물이 세워지기 전에는 아래쪽의 동굴에서 도사들이 명상하고 신에 대한 헌신을 새기던 장소였을 것이다. 그러다가 이것이 후대에 들어서면서 소크라테스대에 와서는 감옥으로 사용하지 않았나 싶다. 그리스에서도 고대에는 거대한 바위 암반의 동굴이 수행터로 적합했던 것이다.

고대 메소포타미아 지역을 가보아도 바위산의 동굴에서 도를 닦은 흔적을 쉽게 찾을 수 있다. 터키의 카파도키아도 대표적인 암굴사원이다. 페르시아문명, 지금의 이란에 가보아도 산의 동굴에서 도사들이 도를 닦은 유적들이 즐비하다. 페르시아제국을 다스렸던 역대 제왕들의 묘도 모두 바위산을 뚫어서 서랍처럼 만들어놓고 그 속에 왕의 시신을 집어넣었다. 요르단의 페트라도 그런 경우이다. 페트라 주변에는 영화 〈인디애나 존스〉에 나오는 바위 동굴 무덤들이 있다. 제왕들이 여기에 묻혀 있지만 원래는 도사들이 도를 닦던 곳이다. 도를 닦던 영험한 터들이 제왕의 무덤으로 변한 것이다. 인도의 아잔타 석굴, 엘로라 석굴은 나중에 대규모로 개발된 석굴들이다. 처음에는 몇 명의 도사가 있다가 이게 소문나니까 아예 권력자들이 대규모로 굴을 판 경우이다.

중국의 서악에 해당하는 화산華山도 온통 화강암으로 이루어진 험한 바위산인데, 여기 절벽의 중간중간에 역대 도교의 도사들이 파

마이산 고금당

놓은 동굴 수십 개가 있다. 줄사다리를 타고 동굴에 올라가 외부인의 출입을 차단한다. 줄사다리를 걷어 올려버리면 외부인은 이 동굴에 접근할 수 없는 구조이다. 숭산 소림사에도 가보면 인도에서 건너온 달마 대사가 처음에 수행했던 달마 동굴이 있다. 역시 천연 바위 동굴이다.

자연 동굴의 이점은 무엇인가? 우선 건축비가 들지 않는다. 그리고 바위 동굴은 사방에서 바위 기운이 내리쬐기 때문에 압력밥솥에 들어간 것처럼 기운이 뭉쳐 있다. 수행자는 자연으로부터의 기운을 받아야만 유체이탈과 삼매가 가능하다. 바위 동굴은 추위와 더위를 어느 정도 피할 수 있다. 관건은 물이다. 주변에 먹을 수 있는 물이 나와야 한다.

전북 진안군의 마이산에 있는 고금당古金堂도 고대의 동굴 법당에서 출발했다. 마이산은 독특한 형태의 산이다. 두 개의 봉우리가 마치 말의 귀처럼 뾰쪽 솟아 있는 모습이 기이하다. 바위도 화강암이 아니고 자갈과 화산재가 오랜 세월에 걸쳐 뭉쳐져 천연 콘크리트처럼 단단하게 변한 지질 구조이다. 바위산 해발 550미터 지점에 천연 바위 동굴이 서너 개 있다. 이 중에서 제일 큰 동굴을 천상굴天上窟이라고 부른다. 공중에 높이 솟아 있는 바위 절벽 중간에 굴이 있기 때문이다. 접근하기도 쉽지 않은 지점이다.

이 동굴에서 고려 말의 고승이었던 나옹 대사가 도를 닦았다고 한다. 나옹 대사는 「토굴가土窟歌」의 저자로도 유명하다. "청산림 깊은 골에 일개토굴一間土窟 지어놓고 송문松門을 반개半開하고 석경石經에 배회하니…… 풍경도 좋거니와 물색이 더욱 좋다"는 내용의 「토굴가」는 유명하다. 이 「토굴가」를 지은 현장이 어디인가? 유력한 후보지가 바로 고금당의 천상굴이다. 「토굴가」에 묘사된 주변 환경과 거의 부합하기 때문이다. 거대한 천연 콘크리트 암반 중간에 굴이 있고, 굴 위에는 바위가 반석처럼 되어 있다. 반석에서 앞을 바라다보면 마이산의 두 개 봉우리 중 어머니봉에 해당하는 봉우리가 앞에 우뚝 솟아 있다. 어머니봉에서 뿜어져 나오는 에너지가 고금당터를 향해 쏟아지는 형국이다.

앞산에 뭐가 있느냐가 중요하다. 앞산이 어떻게 생겼느냐에 따라 그 터에서 발생하는 묘용이 결정되기 때문이다. 말의 귀같이 솟아난 두 개의 봉우리가 유명해서 붙은 이름이 마이산馬耳山이다. 거대한 암봉이 이처럼 두 개가 솟아 있는 모습은 전국 어디에도 없다. 이곳 마이산만의 기이한 풍경이다. 이 두 개의 바위 봉우리 중에서 암마이산의 봉우리를 정면에서 감상할 수 있는 전망 포인트가 바로 고금당이다. 어머니봉은 모양이 튼실한 문필봉으로 볼 수도 있다.

문필봉으로 볼 것 같으면 대학승이나 대학자가 거처하기에 좋은 곳이 된다. 볏단을 쌓아놓은 노적봉으로 볼 수도 있다. 노적봉은 먹을 것으로 본다. 아니면 암마이봉을 장군들이 머리에 쓰는 투구로 볼 수 있다. 투구봉으로 본다면 고금당 터는 장군이 살기에 적당한 터이다. 봉황의 머리로 볼 수도 있다. 산봉우리가 약간 둥그런 듯하면서 거대한 것은 봉황의 머리로 간주한다. 이처럼 고금당에서 암마이봉을 바라다보면 문필봉·노적봉·투구봉·봉황봉이라는 4가지 형태로 보인다. 그만큼 이 터가 영지라는 이야기다.

경허 선사와 전봉준 그리고 고금당의 인연

고려 말의 나옹 대사가 머무르기 훨씬 전부터 이 터는 유명했다. 서기 600년대 중반에 고구려의 보덕 화상이 백제로 망명을 했다. 당시 고구려에서는 도교가 세력을 잡았다. 연개소문이 도교를 좋아했기 때문이었다. 여기에 반발한 고구려 불교계의 수장이 보덕 화상이다. 보덕 화상은 백제 지역으로 정치적 망명을 해 전주 인근의 고달산에다 새로운 터를 잡았다. 고구려에서 공중 부양해 옮겨 왔다고 해서 이름도 비래방장飛來方丈이다.

고구려의 고승 보덕 화상이 고달산으로 망명해 비래방장을 지었고, 비래방장을 기점으로 주변 백 리 안에 8개의 사찰을 짓는다. 그 8개의 사찰, 암자 가운데 첫 번째 사찰이 금동사金洞寺이다. 금동사가 시대가 흐르면서 '금당사金堂寺'로 이름이 변했고, 금동사의 제일 처음 시작은 천상굴, 나옹굴로 알려진 바위 절벽의 자연 동굴이다. 이 자연 동굴이 있는 지점에 붙인 이름이 고금당古金堂이다. '금당사가 시작된 터'라는 의미이다.

17세기 후반에 유현재猶賢齋 조구상趙龜祥(1645~1712)이라는 인물이 나옹굴에 대한 기록을 남겨놓았다. "고금당 아래 산허리 춤에 석벽이 있는데 높이는 1백여 척이다. 그 중앙은 갈라져 굴이 되었다. 나무 사다리를 통해 올라서면 굴속에 두 칸의 집이 있고, 단청이 벗겨져 어느 때에 지은 것인지 알 길이 없다. 한 칸은 방이고 방에는 사면 벽에 창문이 있으며 모두가 자연스러워 조탁한 것 같지가 않다. 한 칸은 처마의 집인데, 사람의 힘으로 세워져 있다. ……이 석굴은 기이한 절경이 가히 호남에서 으뜸이다."

고금당에서 주목해야 할 결정적 대목은 경허 선사와의 인연이다. 경허는 이 고금당과 고금당 아래에 있는 금당사에 자주 들렀다. 구한말에서 일제강점기 초기까지의 험난한 시대를 살다간 경허 선사가 고금당에 자주 왔었다. 왜 여기를 왔는가? 바로 전봉준(1855~1895)의 딸 전옥련을 피신시키기 위해서였다. 1894년 동학군은 우금치 전투에서 패배하고, 전봉준은 체포된다. 도망 다니던 동학군들은 일본군과 조선 관군의 합동 추적대에 의해서 이 잡듯이 체포당하고 사형당한다. 처절한 색출이었다. 대역 죄인이 된 전봉준의 일가친척들도 잡히면 무조건 사살당하는 상황이었다. 전봉준의 딸 전옥련도 마찬가지였다. 경허 선사는 전봉준의 딸을 살리기 위해 심산유곡으로 도망길에 오른다. 처음에는 김제 모악산의 금산사 미륵전에 숨겨놓았다가, 금산사도 위험하다고 여겨 밤으로만 산길을 걸어 마이산 금당사 고금당에 숨겨놓는다. 1894년 10월에 여기로 숨어들어와서 만 8년간 머무르다가 27세에 옆 동네로 시집갈 때까지 숨어 있었다. 전옥련이 18세에 들어와서 27세까지 머물렀던 아지트였다.

그렇다면 왜 도를 통한 당대의 고승이자 스타 도인이었던 경허 선사가 18세의 여자를 데리고 이 깊은 산중의 오지 절까지 왔는가? 이유는 전옥련이 경허의 조카딸이었기 때문이다. 조카딸? 경허의 여동생이 전봉준의 부인이었다. 여동생의 딸이었던 전옥련을 외숙이었던 경허가 목숨을 살리기 위해서 당시에 가장 오지이고 비밀스러운 장소였던 이곳으로 피신시킨 것이다. 어떻게 해서 경허가 동학군 대장 전봉준과 인척이 된단 말인가? 이건 굉장한 사건이다.

근래에 전봉준과 경허의 관계를 밝혀낸 인물이 홍현지 박사이다. 수년 동안 미친 듯이 이 관계를 추적하여 밝혀냈고 결과물을 박사 논문으로 정리했다. 나는 홍 박사로부터 둘 사이의 관계를 듣고 놀라움을 금치 못했다. 경허의 고향은 전북 완주군 봉동읍 구암리이다. 이 동네에 거북바위라고 불리는 큰 바위가 있는데 그 바위의 정기를 받고 경허가 태어났다고 한다. 이 동네에서 전봉준의 아버지도 같이 살았다. 경허의 아버지와 전봉준의 아버지는 친구 사이였다. 그래서 가족들도 어렸을 때부터 친하게 지낼 수밖에 없었다. 경허의 여동생이 전봉준에게 시집을 갔다. 시집갈 때 신랑 측에 보내는 여러 가지 문서를 경허가 친필로 써주었다. 경허 아버지는 경허가 여덟 살 때 죽었기 때문에 여동생이 시집갈 때 오빠인 경허가 친정아버지 역할을 했던 것이다.

경허보다 여섯 살 아래인 전봉준은 동학 봉기 이전부터 여러 가지 인생 문제를 손위 처남이자 집안 형님 같은 경허에게 상의하고 의지했다. 홍 박사의 연구에 의하면 처음에 전봉준은 동학군을 일으키는 데 주저했다고 한다. 죽음을 각오하는 일이었다. 죽음 앞에서 누가 주저하지 않겠는가. 주저하는 전봉준에게 '나가라'고 용기를 준 사람이 경허이다. 이 내용이 경허의 편지에 남아 있다. 아울러 동학군이 처음 기병하는 지점을 전남 무안군의 공산에서 시작하라고 구체적인 장소까지도 경허가 편지로 알려주었다. 이처럼 밀접한 관계였으니 동학군이 우금치에서 패배하자 조카딸을 살려야겠다고 마음먹은 것은 당연하다.

경허는 평소 인연이 있었던 마이산 금당사의 주지 김대완 스님에게 전옥련을 맡겨놓는다. 당시 마이산은 아주 깊숙한 오지였다. 전옥련은 여기에 숨어 살면서 성씨도 김씨로 행세한다. 추적대의 추적을 피하려고 변성명하는 것은 당시에 흔한 일이었다. 김대완 스님은 전옥련을 수양딸로 삼고 8년간 보호하다가 옆 동네 남자에게 시집을 보낸다. 전봉준과 처남 매부지간인 경허도 당연히 위태로웠다. 잡히면 죽었다. 경허도 도망 다녀야만 했다. 그 살벌한 시기에 경허는 섬으로 숨었다. 전라북도 서해안의 섬 가운데 하나인 비안도에 숨어 살았다. 고군산군도에 속한다. 현재는 군산시의 옥도면이다. 비안도에서 약초나 캐고 밥 굶어가면서 숨어 있다가 1년에 한두 번씩 조카딸이 잘 있는가를 살피기 위해서 마이산 금당사에 왔다고 한다. 이 시절에 고금당 나옹굴에 들러서 참선도 하고 바위 위에서 청산을 둘러보며 쓴 시가 전해진다. 제목은 「청산을 희롱하고自弄靑山」이다.

산은 절로 푸르고 물도 절로 푸른데
맑은 바람 솔솔 불고 흰구름 두둥실 흘러가네
하루 종일 반석에서 놀아본다
내가 세상을 버렸으니 다시 무엇을 바라겠는가

山自靑水自綠

淸風拂白雲歸

盡日遊盤石上

我舍世更何希

조카딸을 시집보내고 나서 경허는 이북의 삼수갑산으로 가서 숨어 살기로 결심한다. '왜 경허가 삼수갑산으로 갔는가?'는 수수께끼였다. 홍 박사의 연구를 보니까 경허는 전봉준의 처남이자 의지하는 집안 형님이었고, 인생 문제를 상의했던 멘토였다. 아울러 일급 수배범이기도 했다. 혈육 전옥련을 결혼시키고 나니까 한반도의 궁벽진 오지인 삼수갑산에 가서 승복도 벗고 서당 훈장 노릇 하면서 숨어 살기로 결심한 셈이다.

'지난 20년간 폐허로 있던 나옹굴을 정비하고 법당을 지은 스님은 성호性虎 스님이다. 아주 의지가 굳은 스님이다. 이렇게 기가 센 터에 불사하고 터를 지킨다는 것은 어지간한 강골 스님이 아니고서는 할 수 없는 일이다. "스님 태몽이 어떻게 됩니까?" "어머니 꿈에 가사 장삼을 입은 스님이 한 손에는 주장자, 한 손에는 두루마리 경전을 쥐었고, 머리에는 무장들이 쓰는 투구를 쓰고 있었답니다." 투구를 쓴 스님이 태몽이니까 이렇게 센 터를 누르면서 사는 것 같다. 선승으로 유명했던 활안活眼 스님의 제자이다.

조용헌의 산사로 가는 길

평창 오대산 상원사

앉은 채로 육신을 벗은
한암 선사의 발자취를 따라

한암 선사는 입적할 때 사진 한 장을 남기고 가셨다. 백 마디의 법문보다 더 무게가 느껴지는 사진을 남기고 가셨다. 선사의 좌탈입망의 생생한 장면을 찍은 사진이다. 앉은 채로 턱을 약간 뒤로 젖히고 허공을 응시하는 듯한 모습이다. 좌탈입망은 앉은 채로 육신을 벗고 고요의 세계로 들어감을 뜻한다. 그야말로 고도의 경지이다. 이 사진은 6·25전쟁 때 종군기자로 활동하던 선우휘 씨가 우연히 상원사에 들렀다가 선사께서 홀로 입적해 계신 모습을 포착해 찍은 것이다. 이 한 장의 사진은, 수도의 세계가 관념이 아닌 실존의 세계라는 것을 여실하게 보여준다.

신라 불교의 전형적인 모델이 남아 있는 오대산

배낭 하나 지갑 하나 달랑 들고 오대산으로 간다. 오대산은 집 떠난 나그네의 외로움을 안아준다. 전나무 숲이다. 오대산에는 전나무가 많다. 나는 오대산에 와서야 비로소 전나무가 소나무 못지않은 품위와 아늑하고 고요한 향기를 품은 나무라는 것을 알았다. 모자 벗고, 셔츠의 앞 단추도 열고 전나무 숲을 천천히 걸어보라. 눈도 감고 귀도 막은 채 오직 코만 열고 전나무 숲의 냄새를 맡아보라. 있는 힘을 다해 저 아랫배에까지 그 향기를 끌어당겨보라. 있는 힘을 다해 힘껏 끌어당길 만한 것이 바로 이 향기일 것이다. 콧구멍에서 폐에서 심장에서 오장육부 전체로 숲의 향기가 스며들 때 나는 산과 하나가 된다. 온몸이 전나무 숲의 향기에 도취될 때 내가 세상에 태어난 보람을 느낀다. 오대산의 전나무 냄새를 맡으면서 나는 소박하게 살 수 있다는 자신감을 갖는다.

평창 오대산 상원사

오대산, 날카롭지 않고 두텁게 생긴 산이다. 토체의 산이다. 금강산이나 설악산과 같이 바위가 많은 산은 어지간한 사람은 붙어 있을 수 없지만, 오대산과 같이 흙이 쌓여 두터워진 산은 사람들이 붙어살 수 있다. 사람을 능히 품을 수 있다. 그래서 덕산德山이라고 한다. 강원도의 후덕한 산 오대산은 한국 불교사에서 볼 때 기념비적인 산이다. 왜 그런가 하면 한국 불교의 주류를 이루고 있는, 토착화된 신라 불교의 전형적인 모델이 남아 있기 때문이다.

토착화란 무엇이냐? 한마디로 말한다면 부처님이 인도나 중국에만 있는 것이 아니라 우리나라에도 있다는 믿음이다. 우리나라가 바로 불국토라는 굳건한 신념이 바로 불교의 토착화이다. 인도, 중국의 불교가 아니라 한국의 불교가 된 것이다. 속되게 표현한다면 불교의 국산화에 성공했다는 말이기도 하다.

국산화의 성공이란 외국 브랜드에 로열티를 지불하지 않아도 된다는 것 아닌가. 로열티라고 하는 종속 관계를 지속하는 한 참다운 의미의 독립은 어려울 뿐만 아니라, 정신적으로 독립하지 못하면 깊이 파고 들어가기도 어렵다. 토착화는 그 토양에 뿌리를 내리는 것이고, 뿌리 내린다는 것은 깊게 들어가는 것이다. 그러므로 뿌리가 없으면 깊이도 없다.

자장 율사의 가르침에 따라, 신라 사람들은 강원도 오대산에 자그마치 5만 명이라는 엄청난 수의 불보살이 상주한다는 신앙을 가꿈으로써 바로 여기, 이 땅이 불국토임을 확신했다. 이를 계기로 인도, 중국의 불교에서 벗어나 정신적인 홀로 서기의 기초를 마련했다. 우리나라에도 불보살이 시글시글 많이 있는데 굳이 외국의 불보살에 의존하지 않겠다는 생각이 싹튼 것이다.

궁금한 것은 토착화를 뒷받침한 사상적 원리가 무엇이었나이다. 중국과 한국을 비롯한 한자 문화권에서 인간과 세계를 인식하는 지배적인 패러다임은 도교에서 나온 음양오행이었다. 동양인들은 음양오행의 틀에 비추어 인체의 생리와 사계절의 변화, 왕조의 흥망성쇠 그리고 우주적 시간의 변화까지를 이해했다. 이는 불교적 사유와는 방향이 약간 다른 것 같다. 진여문眞如門(이데아의 세계)과 생멸문生滅門(현실 세계) 가운데 상대적으로 생멸문 쪽을 설명하는 데 있어 장점을 지니고 있는 설명 체계가 음양오행이라고 생각한다. 눈앞에서 벌어지는 현상계의 변화를 어떻게 해서든지 논리적으로 해석해내고 싶은 것이 인간의 욕구인데, 이를 충족하는 것이 음양오행 사상이다.

오대산의 다섯 봉우리를 오행으로 배치하는 것으로 불교 토착화를 확인할 수 있다. 청방靑方인 동대의 만월산에는 관음, 적방赤方인 남대의 기린산에는 지장, 백방白方인 서대의 장령산에는 무량수여래, 흑방黑方인 북대의 상왕산에는 아라한, 황처黃處인 중대 풍로산에는 문수를 각각 배치해볼 수 있다. 이와 같은 배치는 불교와 토착 사상의 혼합을 상징한다. 이 토착 사상과의 혼합에서 외래 사조의 자기화가 이뤄진다.

동쪽에 인자한 관음을 배치한 까닭은 동쪽이 인仁을 상징하는 목木의 방향이기 때문이고, 서쪽에 아미타불을 배치한 까닭은 서방정토가 서쪽에 있기 때문이고, 지장을 남쪽에 배치한 까닭은 지옥이 아래쪽에 있기 때문이고, 아라한을 북쪽에 배치한 까닭은 북쪽이 서늘하고 외진 곳이어서 수행하기 좋은 곳이라고 여기기 때문이다. 문수를 오행의 중앙에 배치한 것은 가장 중시하기 때문이다. 즉 석가불 입멸 후 미륵불이 오기 전까지의 중간 공백기에 중생제도를 담당할 보살이 지혜의 문수보살이라고 신앙하기 때문이다. 문수보살이 오대산에 상주한다는 것은 세조의 치병治病 체험이 증명한다. 상원사의 목조문수동자좌상이 바로 그때의 문수동자상이다.

한편 불보살이 너무 다양하다 보면 단점이 발생할 수 있다. 즉 초심자는 이 부처와 저 보살이 무엇이 같고 무엇이 다른지 혼동할 가능성이 있고, 또한 신앙 대상을 정하는 데 어느 쪽 부처님을 믿어야 할지 헷갈리기에 십상이다. 그러나 이처럼 각 불보살을 수·화·목·금·토 오행에 체계적으로 배당해 각자 맡은 역할이 조화를 이루면서 분명히 드러나도록 했다는 측면에서 오대산 토착화의 장점이 느껴진다.

내가 오대산에서 제일 보고 싶었던 것은 한암 선사의 지팡이였다. 설렘을 안고 중대사 앞뜰에 도착해보니 과연 단풍나무 한 그루가 서 있다. 한암 선사가 꽂아놓은 지팡이가 되살아났다는 바로 그 단풍나무이다. 도력이 높은 분들의 손때가 묻은 물건은 범상한 물건이 아니다. 자주 사용하면서 자연스럽게 그분의 기가 스며들게 되므로 생명력을 갖게 된다. 일종의 신물神物이다. 특히 지팡이가 대표적이다. 땅바닥에 꽂아놓으면 살아난다. 부석사에는 의상 대사가 꽂은 지팡이가 살아 있고, 지리산 신흥동에는 최치원의 지팡이가 살아났다는 정자나무가 있고, 송광사 뒤편의 암자에 가면 보조 국사의 지팡이가 살아 있다. 한암 선사의 지팡이도 살아 있다. 왜 살아 있는가? 혹시 고승들은 입적할 때 자기의 혼을 지팡이에 집어넣는 기술을 가진 것은 아닐까? 지팡이에 들어간 혼이 숨 쉴 때마다 나뭇잎을 피우고 백

년 천 년을 사는 것은 아닐까? 중대사 앞뜰의 단풍나무는 바로 이러한 반열에 속하는 나무이다.

좌탈입망의 경지를 보여준 한암 선사 이야기

한암 선사는 입적할 때 사진 한 장을 남기고 가셨다. 백 마디의 법문보다 더 무게가 느껴지는 사진을 남기고 가셨다. 앉은 채로 턱을 약간 뒤로 젖히고 허공을 응시하는 듯한 모습이다. 선사의 '좌탈입망坐脫立亡의 생생한 장면을 찍은 사진이다. 좌탈입망은 앉은 채로 육신을 벗고 고요의 세계로 들어감을 뜻한다. 그야말로 고도의 경지이다. 이 사진은 6·25전쟁 때 종군기자로 활동하던 선우휘 씨가 우연히 상원사에 들렀다가 선사께서 홀로 입적해 계신 모습을 포착해 찍은 것이다.

도인은 평상시에는 평범하게 지내다가 마지막 입적할 때야 비로소 불가사의한 신통을 보여준다고 하는데, 과연 한암 선사는 그냥 가시지 않고 무언가를 보여주고 가신 것이다. 이 한 장의 사진은, 눈앞에 보여주지 않으면 절대로 믿으려고 하지 않는 현대인들에게, 수도의 세계가 관념이 아닌 실존의 세계라는 것을 여실하게 보여주는 정신의 유산이다. 그 정신의 유산은 우리 범부의 죽음을 초라하게 만든다. 병원에서 링거액이나 꽂은 채로 버둥대다가 한 많은 한세상을 마감하는 죽음과 성성한 채로 태연하게 앉아서 맞는 죽음은 너무나 다르지 않은가!

선사는 죽음의 미학을 보여준다. 죽음의 미학은 곧 삶의 미학으로 이어진다. 죽음을 그처럼 멋지게 보여줄 수 있는 사람이라면 살았을 때의 삶 역시 마찬가지였을 것이다. 한암 선사의 좌탈입망 사진 한 장은 눈앞의 물질에만 급급해하며 사는 우리에게 많은 것을 생각하게 한다.

'사람이 죽을 때는 누워서 죽는 것이지 어떻게 앉아서 죽을 수 있는가?' 중학교 때 어느 잡지에서 처음 이 사진을 보고 품었던 의문이다. 당시에는 앉아서 죽는다는 게 도대체 납득되지 않았다. 차츰 나이가 들고 철이 들면서 불교를 알게 되고 고승들의 일화와 행적들을 공부하면서 '좌탈입망'이 있을 수 있다는 것을 받아들이게 되었다.

그러나 좌탈입망을 가능하게 하는 인체 생리학적 근거는 알지 못했다. 그러다가 혈기 왕성하던 청년 시절에 마음이 허전해 합천의 가야산을 헤매던 중 우연하게도 혜공 스님을 만나게 되었는데, 스님에게서 고서 몇 권을 전해 받게 되었다. 그분 말씀이 '옛날 산속에 숨어서 공부하던 스님과 도인들이 보던 비서秘書'라는 것이다. 그중 한 권이 『규중지남規中指南』이라는 책이다. 여기에 보면 이런 말이 나온다. "양기가 가득 차면 색에 대한 생각이 나지 않고精滿不思色, 기가 가득 차면 먹고 싶은 생각이 나지 않고氣滿不思食, 정신 기운이 충만하면 잠이 오지 않는다神滿不思睡."

나는 '정신 기운이 충만하면 잠이 오지 않는다'라는 대목에서 좌탈입망의 인체 생리학적 근거를 발견했다. 왜냐하면 '신만불사수神滿不思睡'가 돼야 장좌불와가 가능하고 장좌불와가 가능할 때 좌탈입망이 가능할 것이기 때문이다.

나는 혜공 스님과 사흘간 같이 지내게 되었다. 흙으로 지은 토굴

한암 선사의 좌탈입망 사진

에 장작으로 불을 때는 방이었다. 언뜻 보기에는 사진에 나오는 화전민의 집같이 생겼다. 각종 한약재가 수십 개의 주머니에 담겨 벽에 걸려 있던 장면은 지금도 잊히질 않는다.

낮에 이런저런 이야기를 하다가 밤이 되자 나는 옆방으로 옮기려고 했다. 그러나 스님은 같은 방에서 같이 자도 좋다는 것이다. 수행자들은 대체로 속인과는 같은 방에서 오래 있으려고 하지 않는다. 속인들은 고기를 먹어서 몸에서 냄새가 많이 날 뿐만 아니라 번뇌에서 오는 탁한 기운이 몸에 절어 있기 때문이다. 일반인은 느끼지 못하지만, 산에서 산나물만 먹고 정갈하게 사는 산사람들은 이런 탁한 냄새를 예민하게 감지해낸다.

이런 상황을 대충 짐작하고 있는 나에게 '함께 있어도 좋다'는 스님의 한마디는 그야말로 엄청난 호의로 느껴졌다. 그 시간이 아마 저녁 10시쯤이었을 것이다. 노스님은 조그만 벽장에서 손수 이불을 꺼내어 내가 누울 수 있도록 깔아주었다.

"스님도 이불 까셔야죠?"

"나는 조금 앉아 있을 터이니 자네 먼저 자게나."

어른이 옆에 계신 데 먼저 누워 잔다는 게 죄송하기는 했지만 피곤해서 그냥 누웠다. 나는 한참 자다가 오줌이 마려워 눈을 떴다. 눈을 뜨고 나서 깜짝 놀랐다. 그때까지도 스님은 같은 자세로 앉아 계시는 게 아닌가. 지금이 몇 시인데 여태 앉아 계시는가? 손목시계를 보니 새벽 2시였다.

'이게 바로 말로만 듣던 장좌불와라고 하는 것이구나.'

나는 조심조심 뒷간에 갔다 온 뒤에 아무 말 하지 않고 다시 누웠다. 혹시 방해될까 싶어서. 그러나 잠이 오질 않았다. 가슴이 뛰었다. 장좌불와 중인 승려를 내 눈으로 직접 목격했다는 흥분 때문이었다. 누운 상태로 가만히 눈을 뜨고 스님을 지켜보았다. 방은 이미 불을 꺼서 컴컴한 상태였지만 달빛이 은은하게 방문 앞을 비추고 있었다. 스님은 방문 앞을 조용히 응시하고 앉아 있었다.

그러나 자세히 보니 방문의 문틀 위쪽에는 5촉짜리 조그만 전구가 노랗게 빛나고 있었다. 아마도 그 전구에다 초점을 맞추면서 의식을 집중하고 있는 것 같았다. 나는 그 모습을 지켜보다가 깜빡 잠이 들었다. 다시 눈을 떠보니 새벽 4시였다. 혜공 스님은 여전히 그 자세로 앉아 계셨다.

날이 새자, 나는 학교에서 처리해야 할 급한 일이 있어 짐을 꾸려 떠날 준비를 했다. 배낭을 챙기는 나에게 스님이 살짝 지나가는 말처럼 한마디 했다. "한 이틀 더 있다 가면 어떻겠나?"

도인들은 중요한 이야기일지라도 이처럼 살짝 지나가는 말처럼 꺼낸다. 이때 무심코 지나치면 안 된다. 도인들은 정색하고 심각하게 말하지 않는다. 가볍게 말한다. 지나가는 말처럼 던지는 말 속에 깊은 의미가 담겨 있다는 것을 눈치채야 한다. 그 말을 듣는 순간 나는 깨달았다. 아무리 급한 일이 있더라도 머물러야 한다는 것을. 이러한 호의는 두 번 다시 받을 수 없다는 것을. 나는 토굴에서 이틀을 더 머물면서 스님의 장좌불와를 지켜보았다.

밤에 잠 안 자는 사람으로 여러 부류가 있다고 한다. 몸이 아픈 사람, 섹스하는 사람, 명상하는 사람. 앞의 두 부류는 그렇다 쳐도 명상하기 위해 잠을 자지 않는 경우를 그제야 눈으로 목격한 것이다. 이 세상에는 명상을 위해 잠을 자지 않는 인간도 있다.

나는 혜공 스님에게 여쭈어보았다.

"정말 잠이 안 오나요?"

"수행자가 입정入定의 상태에 제대로 들어갈 수 있으면 잠을 잘 필요가 없다네."

입정이란 적적하면서도 성성한 상태를 가리킨다. 입정에 들 수 있어야만 죽음이라고 하는 커다란 수마가 몰려올 때 이를 극복하고 성성한 상태로 육신을 벗을 수 있다고 한다.

범부는 죽을 때 정신이 혼미해지기 때문에 죽자마자 꼼짝없이 염라대왕의 포졸들에게 붙잡혀 이리저리 육도윤회의 쳇바퀴에 감겨 돌아가다가 인연 따라 김 씨네나 이 씨네에 태어나기도 하고 잘못하면 강아지 자궁 속으로도 들어간다고 한다. 인간은 마지막 죽을 때가 중요한 것 같다.

일본 침몰 예언한 탄허 스님 이야기

한암의 제자들

기후 변화의 원인을 과도한 탄소 배출 때문이라고 생각하는 것이 과학자들의 생각이다. 그러나 탄소 배출과는 다른 맥락에서 원인을 생각하는 노선도 있다. 19세기 말엽부터 한국에서 시작된 거대 담론인 후천 개벽설이 그것이다. 후천 개벽이 되니까 기후 변화도 동반된다고 보는 입장이다.

이 관점은 20세기에 들어와 불교계의 탄허呑虛(1913~1983) 스님이 주장했다. 스님이 1983년에 돌아가셨으니까 벌써 40주기나 되었다. 탄허는 1970년대 후반쯤에도 일본 열도가 물에 잠겨 침몰한다는 예언을 했다. 당시에는 너무도 황당한 예언으로 느껴져서 『선데이서울』 같은 잡지에서 대중적 흥밋거리 수준에서 다루었다.

어떻게 일본이 침몰한단 말인가? 그게 가능한 말인가? 탄허가 일본 침몰을 예언한 이론적 근거는 바로 『정역正易』이었다. 19세기 말 계룡산 자락인 연산에서 태어난 김일부(1826~1898)

가 평생을 연구해서 내놓은 연구 업적이 바로 『정역』이었고, 이 『정역』이 후천 개벽설의 원리적 근거로 작용했다. 탄허가 주목한 『정역』의 구절은 '수석북지水汐北地 수조남천水潮南天'이었다. "북쪽의 물이 빠져서 남쪽 하늘로 흘러간다"는 내용이다. 북쪽의 물이란 무엇이냐? 바로 북극의 얼음이 녹는다는 의미였다. 요즘 북극에서 얼음이 녹아내리는 장면이 자주 방송에 나오고 있고, 이 얼음 녹는 장면을 볼 때마다 사람들은 '이러다가 어떻게 되는 것 아니냐'며 긴장한다.

유럽에 근거를 두고 있는 세계 금융 자본의 주인들은 탄소세라는 것을 만들어냈다. "아시아 제조업은 탄소세를 내라. 탄소세 안 내면 금융 네트워크에서 퇴출시키겠다"는 으름장을 놓고 있다. 한국 기업들 사이에서 유행인 ESG(환경·사회·지배 구조) 경영의 핵심은 결국 탄소세 문제에 어떻게 대처하느냐다.

탄허가 주목한 '수석북지 수조남천', 즉 북극의 얼음이 녹으면 해수면의 상승을 초래하는데 그러면 상당 부분의 육지는 물에 잠길 수밖에 없다. 남극은 밑바닥이 대륙이어서 녹는 얼음의 양이 북극보다 많지 않다고 한다. 북극은 전부 얼음이라고 한다. 그러니 북극의 빙하가 문제다. '북지北地'라는 표현도 이런 각도에서 보면 참으로 신기한 선견지명처럼 느껴진다. '남지南地'가 아니라는 말이다.

다른 사람이라면 김일부의 『정역』을 읽었어도 그러려니 넘어갈 일을 탄허는 공식 석상에서 발표까지 했다. 그만큼 확신이 있었다는 이야기다. 탄허는 오대산 상원사 한암 선사의 핵심 제자다. 한암 선사는 6·25 때도 피란 가지 않고 죽음 앞에서도 상원사를 지켰다. 선사가 앉아서 돌아가신 좌탈입망 사진이 유명하다. 경허·한암으로 이어지는 한국 선종의 정통 화두선 문중에서 불교를 공부한 탄허가 왜 『정역』에 관심을 두고 일본 열도 침몰을 예언했을까? 불교 선승은 예언 같은 것은 잘 하지 않는다. 자칫 본분사本分事에서 벗어나는 일이라고 생각한다. 하더라도 극히 사적인 자리에서 한두 마디 간단하게 하는 정도다. 탄허는 이런 선불교의 전통에서 보자면 파격적 인물이었다.

성철과 탄허의 같지만 다른 길

1970~1980년대 한국 불교계의 스타는 성철과 탄허였다. 성철이 가야산 해인사 깊은 산중에 있으면서 철저하게 수행 가풍에 집중하는 길을 걸었다면, 탄허는 오대산에 있다가 서울 개운사의 암자인 대원암으로 왔다. 서울에서 지식 대중과 만나고, 강연도 하고, 이들에게 자기의 생각을 전달했다. 서울의 식자층을 상대한 인물은 탄허였다.

서울은 기독교가 주류 종교다. 불교도는 숫자가 적어서 세가 약하다. 이런 상황에서 탄허가 말년에 서울에서 활동했던 맥락을 생각해봐야 한다. 물론 탄허가 서울에 머물면서 『정역』 이야기만 한 것은 아니다. 불교 경전의 전반을 이야기했다. 특히 『화엄경』에 집중했다. 방대한 『화엄경』 번역에 주력하기도 했다. 개인이 감당하기에는 너무 벅차고 엄청난 작업이 『화엄경』 번역이었다. 탄허는 『화엄경』이 대승불교의 경전을 통합하고 있다고 보았다.

탄허는 불교 승려로서는 드물게 유·불·선 3교의 회통을 중시했다. 유가와 선가의 경전도 인정하고 이를 수시로 인용했다. 불교계 출가 이전에 이미 유교 경전과 선교의 전통을 익혔기 때문에 가능한 일이었다. 『정역』과 후천 개벽도 이러한 회통적 관점에서 나온 주장이었다. 탄허의 이러한 폭넓은 불교관 중에서 대중들이 관심 있어 하고 머릿속에 남은 이야기가 바로 일본 열도 침몰이었다. 이사무애理事無礙(진리와 현실 세계의 현상이 서로 통함)와 같은 불교의 심오한 내용은 대중의 관심을 끄는 주제가 아니다.

탄허의 후천 개벽 역사관에서 중요한 부분은 한국의 부상이다. 한국이 세계적인 나라가 된다는 것이었다. 이것이 '간방艮方' 사상이다. 간방은 『주역』에서 방향을 가리키는 용어다. 동북쪽이다. 동쪽과 북쪽의 중간을 '간방'이라고 한다. 한국이 이 간방의 위치에 해당한다고 보았다. 후천 개벽이 되면 한국이 간방의 위치에서 이동하여 정동正東의 위치에 자리 잡는다고 보았다. 동북쪽에서 동쪽으로 자리가 옮겨지는 셈인데, 그러면 어떻게 되느냐? 세계의 중심 국가가 된다. 즉 어변성룡魚變成龍이 된다. 잉어가 변해서 용이 된다는 의미다. 한국이 용이 된다는 것이다.

조용헌의 산사로 가는 길

간방의 위치 변화는 어떻게 이루어지는가? 탄허는 지축이 움직인다고 보았다. 지축은 23.5도가 기울어져 있다. 이게 바로 선다는 주장이다. 지구가 약간 비스듬하게 자전을 하다가 똑바로 서서 돈다는 내용이다. 엄청난 규모의 주장이 아닐 수 없다. 지축이 바로 선다니! 지축이 바로 서면서 태평양 바닷속의 용암이 위로 치솟아 북극을 때린다고 본 것이다. 불덩어리인 용암이 북극으로 치솟으면 얼음이 녹을 수밖에 없다. 이렇게 해서 지각 변동과 기후 변화가 온다는 주장으로 연결된다. 엄청난 스케일의 우주적 담론이 아닐 수 없다.

탄허의 이론에서는 이런 식으로 기후 변화를 설명하는 셈이다. 이렇게 본다면 탄소세를 걷는다는 발상은 터무니없는 이야기가 된다. 서구 금융 자본 몇몇이 어수룩한 아시아 사람들 돈 벌어놓은 것을 세금으로 뜯어내려고 하는 발상이다.

탄허의 『정역』해석에서 또 한 가지 특이한 점은 미국과의 관계다. 지축 변화로 한국이 정동으로 자리를 잡게 되면 그 반대편 정서 쪽에는 미국이 자리를 잡는다. 김일부의 '정역팔괘도'가 이런 구도를 보여주고 있다. 동쪽에 한국이 있고 서쪽에 미국이 있다는 것은 무슨 의미인가? 이는 파트너십을 의미한다. 파트너십이란 부부 관계도 포함한다. 한국은 미국과 긴밀한 관계가 된다는 의미로 해석될 수 있다. 떼려야 뗄 수 없는 관계라는 말이다. 혹시 미국의 완벽한 속국이 된다는 의미일까? 아니면 줄 것은 주고 받을 것은 받는 상호 호혜적인 관계가 된다는 것일까? 삼성이 미국에다가 수백조 원 규모의 반도체 공장을 짓는다는 뉴스는 이런 각도에서 보자면 의미심장하게 다가온다. 미국이 한국에다 빨대 꽂고 빨겠다는 것인가, 아니면 한 차원 높아진 파트너십의 단계로 접어드는 관점에서 보아야 한다는 말인가. 탄허의 정역팔괘도 해석에 의하면 후자일 가능성을 암시하는데, 과연 그럴까? 모든 예언은 시간이 지나봐야 맞는지 맞지 않는지 판명이 난다. 하지만 예언은 우리의 시야와 상상력을 넓고 풍부하게 해주는 역할을 하기도 한다.

탄허의 생가와 김제·만경 평야

탄허의 생가는 전북 김제시 만경읍 대동리에 있다. 김제·만경 일대는 지형이 특이하다. 온통 들판이라는 점이 그렇다. 한국에서 이처럼 광활한 들판 지형은 드물다. 지평선 축제가 있을 만큼 끝이 안 보인다. 중간중간에 비산비야非山非野의 구릉 지대가 자리 잡고 있다. 산도 아니고 들판도 아닌 야트막한 구릉. 이런 구릉 지대에 동네가 있다. 풍수가에서 하는 말이 비산비야에 대명당이 있다고 한다. 비산비야는 돋보이지 않는 터다. 너무 평범하다. 그런데 대명당은 이런 평범한 곳에 숨어 있다. 들판 가운데 약간 솟아 있는 구릉 지대가 명당이 형성되는 곳이다. 대동리가 그런 곳이고, 탄허 생가도 그렇다. 약간 구릉으로 솟아 있는 지점에 탄허 생가가 있다.

이런 넓은 들판에서 태어나면 우선 포용력이 큰 인물이 된

조용헌의 산사로 가는 길

다. 사방이 트여 있으니까 갇히지 않는다. 탄허 생가 주변으로 조선 시대 부처님의 환생으로 일컬어질 만큼 대단한 도력의 소유자였던 진묵 대사의 생가가 자리 잡고 있다. 그 위로는 한국 미륵 신앙의 중창조인 진표 율사가 태어난 동네가 있다. 여러 고승 중 이 근방 태생이 많다. 조계종 총무원장을 지낸 원행 스님도 탄허 스님의 대동리 옆 동네인 소동리 출신이다. 소동리에서 조금 더 가면 '왕칭이'라는 동네가 있고 여기에서 1950~1960년대 유명한 정치인이자 익산 남성고등학교를 키웠던 윤재술의 동네가 있다. 조선 말기의 학자로 을사늑약에 서명한 대신들을 처형해야 한다는 상소를 올리기도 했던 간재 선생의 말년 제자가 윤재술이기도 하다.

김제·만경 들판은 한반도의 쌀 창고였으므로 권력의 수탈이 심했다. 수탈에 저항할 수밖에 없었고, 새로운 변화의 사상에 관심이 많았던 동네다. 동학농민군도 이 동네 사람들이 많았다. 동학 이후 보천교—일제강점기에 차경석이 창시한 종교로 증산교의 한 갈래다—의 텃밭이기도 했다. 탄허의 속가 아버지 김홍규가 바로 보천교의 5대 핵심 인물 가운데 한 명인 목방주木方主였다.

탄허의 사상적 뿌리는 집안 내력과 무관할 수 없다. 동학과 보천교를 관통하는 역사관이 후천 개벽이다. 충청도 계룡산 자락의 연산에서 형성된 김일부의 정역팔괘와 후천 개벽 패러다임은 서쪽 노선을 타고 내려와 김제·만경 평야에서 꽃을 피웠다. 여기서 김일부의 사상적 뿌리를 거슬러 올라가면 연담 이운규가 나오고, 이운규가 김일부에게 건네준 '영동천 심월影動天心月'이라는 한 구절이 『정역』을 배태하게 만들었다. 이운규의 맥을 올라가면 전라 관찰사를 두 번이나 지냈던 이서구가 나오고, 더 올라가면 화담 서경덕이 나온다. 조선 초 개성에서 한 소식을 했던 서화담의 선천팔괘, 후천팔괘 사상이 흘러 흘러 김일부에게 전달되었고, 그 김일부의 『정역』이 20세기 후반의 한국 사회에 드러나게 된 계기는 바로 불가의 탄허였다.

1970~1980년대에는 탄허의 예언을 우습게 알다가 기후 변화가 눈앞에 당도하니까 다시 탄허의 사상적 뿌리가 무엇이었는지 새삼 식자층의 관심을 끌고 있다.

부안 변산 불사의방

변산의 아득한 절벽 위에서 발원한
한국의 미륵 신앙

진표 율사는 아찔한 벼랑 위에서 기도 끝에 깨달음 얻고 한국 미륵 신앙의 초석을 닦았다. 그 기도처가 변산의 불사의방이다. 일반인은 오르기 힘든 절벽 위에 있고 찾기도 쉽지 않다. 바다의 용이 만든 불가사의한 공간이라고도 한다. 왜 하필 이곳이었을까? 진표뿐만이 아니다. 변산반도 곳곳엔 원효의 행적도 많이 보인다. 변산반도는 백제가 나당연합군에 대항해 최후까지 싸웠던 곳이다. 그들은 거의 몰살당했다. 진표와 원효, 두 사람은 전쟁의 참혹함이 훑고 지나간 그곳에서 과연 무엇을 했을까.

미륵 신앙의 발원지 부안 변산에 올라

한국의 불교 유적지 중에서 가장 인상 깊은 곳이 어디냐고 묻는다면 서슴없이 변산의 불사의방不思議房이라고 답하고 싶다. 한국 미륵 신앙의 개창조開創祖인 진표 율사眞表律師(718~?)가 망해버린 백제의 유민으로 태어나 팔다리가 떨어져 나가는 고행 끝에 마침내 도를 통한 장소가 바로 이곳이다. 불사의방으로부터 한국의 미륵 신앙이 발원해 장강이 되고 대하가 돼 1천 2백 년의 시공을 관통하면서 현재까지 흘러와 우리의 몸을 적시고 있다. 그렇다면 그 끈질긴 생명력은 어디서 온 것일까? 도대체 미륵 신앙이란 무엇인가?

한국의 역사에서 난세에 해당하는 시기, 즉 가장 먹고살기 어려운 환란 때마다 그 처방전으로 등장한 것이 미륵 신앙이다. 먼저 나말여초의 전환기에 민중을 결집했던 견훤과 궁예가 미륵을 자처하는데, 이는 미륵이 가지는 대중 동원력이 그만큼 강했음을 보여준다.

진표 율사 진영(금산사 조사전)

내가 직접 확인한 바로는 여말선초의 이성계도 미륵 신봉자였
다. 그는 왕이 될 수 있게 해달라고 미륵불에 정성스럽게―그 발원이
새겨진 접시는 국립전주박물관 2층에 전시돼 있다―빌었다. 조선조

에 들어와서는 당파 싸움만 조장하는 무능한 임금이었던 선조를 쫓아내고 대동 세계를 세우려 했던 혁명가 정여립鄭汝立(1546~1589) 또한 미륵 신봉자였으며, 조선 후기 영광 불갑사와 고창 선운사, 익산 미륵사를 중심으로 전개되었던 땡추의 비밀 결사도 미륵 운동이었다. 여기서 우리는 미륵을 고대하는 조선 민초들의 믿음이 불교의 테두리에 국한되지 않고 난세의 혁명 이념으로 또는 영웅 대망론으로 얼마나 끈질기게 뿌리박고 있었는가를 확인할 수 있다.

　한 가지 흥미로운 사실은 미륵 신앙이 신라 지역보다는 상대적으로 백제 지역, 그것도 특히 전라도 지역에서 융성했다는 점이다. 왜 그랬을까? 나는 그 이유가 백제 부흥군의 최후 저항지인 변산에 자리 잡고 있던 불사의방과 무관하지 않다고 본다. 그렇다면 불사의방은 변산의 어디에 있단 말인가? 불사의방의 위치를 기록한 자료로는 이규보의 『동국이상국집東國李相國集』 23권 중 「남행월일기南行月日記」가 있다. 「남행월일기」는 이규보가 전주에서 2년 동안 벼슬살이를 할 때 전북 지역의 여러 명승지를 답사하고 느낀 감회를 간추린 일기인데, 거기에 보면 이규보가 부안의 소래사(내소사)를 들른 다음에 불사의방을 답사했다는 기록이 있다.

　불사의방장이란 것이 어디에 있는가를 물어서 구경했는데, 그 높고 험함이 원효 방장의 1만 배였고 높이 1백 척쯤 되는 나무 사다리가 곧게 절벽에 걸쳐 있었다. 3면이 모두 위험한 골짜기라 몸을 돌려 계단을 하나씩 딛고 내려와야만 불사의방장에 이를 수가 있었다. 한 발만 헛디디면 어떻게 해볼 도리가 없다. 쇠줄로 그 집을 잡아매고 바위에 못질했으므로 세상 사람들이 바다의 용이 만든 것이라고 한다.

이규보는 불사의방의 위치가 원효의 방장보다 훨씬 험해서 1백 척이나 되는 나무 사다리를 타고 내려가야 하는 것으로 묘사하고 있다. 원효가 삼천 대중에게 설법했다는 원효방은 변산의 개암사 뒤에 자리 잡고 있다. 원효는 백제 멸망 당시 신라를 대표하는 고승이었다. 이 신라 고승이 변산에 뚜렷한 자취를 남길 정도로 이 지역에 오래 머물렀던 이유는 무엇일까? 분명히 나당연합군에 의해 참혹하게 초토화된 이 지역을 달래기 위해서였을 것이다. 백제 유민의 원혼을 천도하고 전쟁의 후유증을 치료하기 위해 신라 정부에서 원효를 정책적으로 파견했을 것이다. 그러나 그곳엔 진표도 있었다.

원효 방장은 개암사 뒤편의 절벽 중간에 있는 자연 동굴인데 등산용 자일 없이 맨손으로는 올라갈 수 없는 곳이다. 그런데 불사의방은 이보다 1만 배나 더 높고 험한 절벽에 있다고 하니 그런 곳이 과연 어디쯤일까? 불사의방의 위치는 문헌상으로만 나와 있지 실제로 어디쯤 있는지는 모르고 있다가, 지난 1994년에 들어서야 나를 포함한 몇몇 연구자들 사이에서만 알려지게 되었다.

불사의방의 위치를 밝히면서 나에게는 한 가지 걱정이 앞선다. 그동안 일반인에게 전혀 알려지지 않은 성스러운 유적지였는데, 대중에게 공개되면 훼손되지 않을까 해서이다. 훼손을 막기 위해서 공개를 안 하자니 그렇고, 공개하자니 죄송스런 마음이 든다.

불사의방의 위치는 마천대摩天臺 밑의 절벽 중간에 있다. 마천대는 변산의 최고봉을 지칭하는 이름으로, 지금은 의상봉으로 불리고 있다. 마천대로 가는 길은 내변산의 입구인 우슬재에서 가는 길과 외변산의 백련리에서 출발하는 두 길이 있는데, 우슬재에서 출발하는 길이 옛사람들이 다니던 정통 코스라면 백련리 길은 근래에 개발된 길로 마천대의 뒤쪽으로 넘어간다.

현재 마천대의 정상은 공군 레이더 기지가 차지하고 있어 마천대 일대의 장엄한 경관을 흠집 내고 있지만, 그럼에도 불구하고 내변산 쪽을 바라보는 풍광은 호남의 승경이다. 불사의방으로 가는 길은 마천대의 8부 능선쯤에서 밧줄을 타고 내려가야 한다. 고려 때 이규보도 1백 척이나 되는 나무 사다리를 타고 내려간 것처럼 지금도 20여 미터가 넘는 굵직한 동아줄을 타고 한참을 내려가야 한다. 그런데 그 줄도 외줄로 돼 있어 위험하기 짝이 없다. 밑으로는 천 길 낭떠러지이므로 떨어지면 볼 것도 없이 절명한다. 불상사를 예방하기 위해서는 양손과 두 다리 사이로 밧줄을 감싸면서 유격 훈련받는 자세로 내려가야만 한다. 마치 영화 찍는 것처럼 아슬아슬하다. 담력 약한 사람은 접근할 수 없는 곳이다. 나는 남한 지역에 있는 수백 군데의 사찰과 암자를 다녀보았지만 여기처럼 손에 땀을 쥐게 하는 곳은 보질 못했다. 깎아지른 듯한 절벽 귀퉁이에 자리 잡은 독수리집 같다고나 할까. 그런 데다가 또 하나 조심할 것이 있다. 바로 뱀이다. 이 주변에는 독사가 많이 산다. 독사들이 레이더 기지에서 나오는 소리를 좋아해서 유달리 많이 모여든다는 것이다. 주위에 크고 작은 돌 틈이 많아 뱀들이 서식하기에도 좋다. 나도 여기 올 때마다 꼭 뱀을 목격하곤 했다. 뱀에 물리지 않으려면 목 있는 등산화의 착용은 물론이고 보신탕이라는 음식은 멀리할 일이다. 뱀은 보신탕 좋아하는 사람을 잘 문다고 한다. 왜냐하면 뱀이 개고기 냄새를 좋아하니까. 그러기에 산에 갈 때는 개고기를 먹어서는 안 된다. 개는 동물 중에서 유일하게 신명계를 볼 수 있는 동물이기 때문에 이걸 먹고 산에 가면 산신령이 좋아하지 않는다. 아예 애초부터 먹지 않는 것이 좋다.

불사의방에서 이뤄진 진표의 사생결단과 미륵 신앙

불사의방은 불타버리고 현재는 기왓장만 몇 점 남아 있다. 언제 폐사되었는지 정확하게 알 수 없지만 6·25전쟁 때 불타지 않았나 싶다. 이태가 쓴 『남부군』을 보면 회문산에서 내려오던 남부군의 일부가 변산으로 들어온 것으로 돼 있는데, 이때를 전후해 변산 일대는 남부군과 군경 사이에 치열한 전투가 벌어지면서 청림사·실상사·의상암·청련암·묘암사·도솔사 등 근방의 유서 깊은 명찰들이 모조리 불타버리는 참화를 겪었다. 남부군이 들어왔다면 상황은 짐작이 가고도 남는다. 이때 불사의방도 같이 불탄 것으로 추정된다. 조선 후기에 한 젊은이가 불사의방에서 과거 공부를 하다가 떨어져 죽었다는 인근 사람들의 구전으로 미뤄, 적어도 조선 후기까지는 있었다고 봐야 하기 때문이다.

내변산 입구에 살고 있는 어떤 스님의 제보에 따르면, 옛날에는 변산 일대에 사찰이 하도 많아서 우슬재에는 승려들이 토산품을 만들어 일반인에게 파는 '중 장터'가 따로 설 정도였다고 한다. 승려들이 얼마나 많았으면 '중 장터'가 따로 있었겠는가. 그런데 6·25전쟁이 이 모든 것을 날려버린 것이다.

『동국여지승람』이나 『범우고梵宇攷』를 찾아보면 변산에는 자그마치 30여 군데의 절이 있다고 기록돼 있다. 만약 이 사찰들이 불타지 않고 남아 있었더라면 오늘날의 변산 모습은 어떠했을까. 참으로 아쉽고도 안타깝다. 30여 군데의 사찰 가운데서 그 뒤로 복원된 경우는 내소사·개암사·월명암 정도이다.

아무튼 타잔처럼 한 가닥 밧줄을 타고 불사의방에 당도했다. 넓이는 대략 네 평 정도 돼 보인다. 한 사람이나 겨우 앉았다 누웠다 할 정도의 공간만 있을 뿐, 한 발짝만 더 나아가면 그 아래로는 70~80미터의 낭떠러지이다. 옛 기왓장이 몇 장 떨어져 있고, 뒷면의 절벽 약 1.5미터의 높이에는 쇠말뚝 하나가 깊이 박혀 있어 눈길을 끈다. 이 쇠말뚝은 이규보가 기록한 '쇠줄로 그 집을 잡아매고 바위에 못질했다'는 그 쇠말뚝임이 틀림없다. 불사의방은 고지대 절벽에 붙어 있어 바람이 많이 불고 공간도 매우 협소한 위험한 장소이기 때문에 방장건물을 안정시키기 위해서는 쇠줄을 매달았을 것이고, 그 쇠줄을 잡아맬 쇠말뚝도 필요했을 것이다.

그러니까 이 쇠말뚝은 적어도 1천 2백 년 전 진표 율사 때부터 있었던 것이다. 나는 이 쇠말뚝을 손가락으로 천천히 어루만져보면서 1천 2백 년 전 당시의 불사의방이 과연 어떠했을까를 상상해보았다. 내변산 쪽에서 멀리 불사의방을 쳐다보았을 때 마치 깎아지른 듯한 절벽에 주먹만 한 암자가 대롱대롱 매달려 있는 모습이 아니었나 싶다. 고층 빌딩이 없었던 삼국시대 사람들의 눈에 얼마나 신기하게 보였겠는가! 그래서 인간의 힘으로 만들어진 것이 아니라 바다의 용이 만든 '불가사의한 방장'으로 사람들에게 회자되지 않았나 싶다.

불사의방 앞에는 세 개의 암봉이 있다. 촛대봉·소뿔봉·지장봉으로 불리는 이 봉우리들은 이곳을 향해 공손하게 절을 하는 듯한 형국이다. 정면으로 멀리 쳐다보면 개암사 뒤편에 뭉쳐 있는 울금바위가 살짝 보이고, 시선을 오른쪽으로 돌려 암봉들을 따라가다 보면 근래에 만들어진 부안댐의 물빛이 햇빛에 반사돼 반짝거리는가 하면, 그 너머로는 월명암이 마치 모란꽃 잎사귀에 쌓여 있는 것처럼 포근한 모습으로 산자락에 잠겨 있다. 고인들은 변산의 아름다움을 봉래산(금강산)에 비유하기도 했으며, 주자가 놀던 중국 무이산武夷山의 무이구곡武夷九曲(무이산의 아홉 군데 절경을 노래한 주자의 시)에 비유해 '봉래구곡'이라고도 표현했다.

불사의방에서 변산 일대를 조망하면, 변산의 전경이 파노라마처럼 들어온다. 그런가 하면 까마득한 절벽 아래의 풍경은 고만고만한 나무들이 우거져 있어 잘 다듬어놓은 녹색의 융단처럼 보여 황홀하다. 이 황홀함은 현실적인 이해타산을 마비시키고 만다. 여기에서는 모든 걸 잊고 '한번 뛰어내리고 싶은' 충동이 일어날 정도로 사람을 취하게 만드는 그 무엇이 느껴지기도 한다.

진표 율사는 실제로 불사의방의 절벽 아래로 뛰어내렸다고 『삼국유사』는 기록하고 있다. 경치의 아름다움에 매료돼서가 아니라 깨달음을 얻기 위해서였다. 그는 불사의방을 찾아올 때 진리를 위해서 목숨도 버리겠다는 위법망구爲法忘軀의 각오를 하고 왔음이 틀림없다.

도는 아무나 통하는 게 아니다. 속세의 고시에 합격하려고 해도

월명암에서 바라본 변산과 의상봉

몇 년간은 고시원 독방에서 이를 악물어야 하는데, 하물며 생사의 대사를 해결하는 일이 어찌 쉽게 이뤄지겠는가! 도문에서는 흔히 '한세상 안 태어난 폭 잡아야 한다'는 말로 이를 표현한다.

　　진표가 죽기를 각오하고 불사의방에 온 배경에는 두 가지 측면이 있던 것으로 보인다. 하나는 깨달음을 얻겠다는 종교적 열정이었을 것이고, 다른 하나는 식민지 백성이 품었던 '한'이었을 것이다. 진표가 태어난 710년대는 백제가 망한 뒤에 나라 잃은 슬픔의 통곡 소리가 아직 가시지 않던 시점이다. 또한 그가 태어나서 성장한 김제·만경 지역과 불법을 수도한 변산 지역은 나당연합군에 대항하던 백제의 저항군이 끝까지 항전하다가 몰살당한 한 맺힌 유적지라는 사실을 눈여겨봐야 한다.

진표가 하필 백제 유민이 최후까지 나당연합군에 저항하다가 몰살당한 주유성의 한복판이었던 불사의방에서 수도한 이유는 무엇인가. 전쟁에서 죽은 수많은 원귀가 골짜기마다 메아리치던 이곳에서 수도한 것은 무엇을 의미하는가. 짐작건대 백제의 한을 누구보다도 깊이 인식하고 있던 인물이 20대의 청년 진표가 아니었을까. 인간은 자기가 속해 있는 동시대의 역사적 환경으로부터 완전히 자유로울 수는 없는 법이니까 말이다.

진표는 이곳에서 엄청난 고행을 했다. 그는 매일 꺼칠꺼칠한 돌바닥에다 수천 번의 절을 해서 팔꿈치와 무릎이 너덜너덜해질 정도로 고행과 참회를 계속했다. 그런데도 불보살의 감응이 없자 죽어야겠다고 결심하고 절벽 아래로 몸을 던진다. 이때 지장보살이 나타나 떨어지는 진표의 몸을 절벽에서 받아 올렸다고 한다. 지장보살을 만난 뒤에도 정진을 계속하자 이번에는 미륵보살이 나타나 진표의 정수리를 쓰다듬으면서 계시와 권능을 준다. 이후로 진표는 자애로운 미륵불의 화신이 돼 백제 유민의 한을 어루만진다. 당시 갈 곳 없이 방황하던 백제 사람들에게 진표는 구세주로 인식되었던 것 같다. 진표는 백제의 예수였다. 중국이나 일본과는 달리 한국의 미륵 신앙이 유달리 체제 변혁적인 성격을 띠게 된 배경에는 이 같은 사연이 깃들어 있기 때문이리라.

조용헌의 산사로 가는 길

절벽 아래 몸을 던져 깨달음을 얻다

불사의방은 암벽이다. 바닥도 바위이고 등 뒤도 암벽이다. 주위를 둘러싸고 있는 봉우리들도 암봉이다. 주변이 온통 돌투성이다. 바위로 둘러싸인 곳은 일단 기가 아주 강한 곳이라고 판단해야 한다.

왜냐하면 바위는 고압선과 같기 때문에 이런 곳에 앉아 있으면 숯불에 생선을 굽는 것처럼 몸이 지글지글 끓는다. 술 담배를 아주 좋아하는 사람은 느끼지 못하겠지만, 몸의 경락이 운 좋게 열린 사람은 지글지글 끓는 기감을 어느 정도 느낄 수 있다. 바위에 앉아 있을 때 처음 지기가 들어오는 부위는 척추 꼬리뼈인 '미골'이다. 척추를 통해 올라온 지기는 머리를 거쳐 양쪽 눈썹 사이의 인당을 짓누른다. 너무 강해서 골치가 띵할 정도이다. 그런가 하면 높이가 5백 미터 정도의 지점이라서 천기가 들어오는 것도 강하다. 낮은 데보다 높은 곳일수록 천기는 강하게 들어온다. 지기가 강하면 몸이 견뎌내질 못하고 천기가 강하면 정신이 버텨내질 못한다.

이처럼 지기와 천기가 아울러 강한 곳에 머물 수 있는 사람은 그야말로 수행의 고단자들이지, 초보자가 함부로 덤볐다가는 몸이 다치거나 정신병자가 되기 십상이다.

강하다고 무조건 좋은 것이 아니다. 이를 소화시킬 수 있는 고수들에게나 좋을 뿐이다. 그러므로 바위산들로 이뤄진 변산 일대는 고래로부터 도를 닦는 수도자들이 살던 곳이지 보통 사람이 살던 곳이 아니다. 그중에서도 특히 불사의방은 진표 율사와 같이 목숨을 내건 고단자나 머무는 곳이라는 사실을 유념해야 한다.

답사했을 당시 불사의방에는 가로세로 1미터 정도의 조그만 비닐 천막이 설치돼 있었다. 1996년에 40대 초반의 어떤 스님이 만들었다고 들었다. 이 스님이 변산의 이곳저곳을 샅샅이 뒤진 끝에 1994년에 불사의방을 처음 발견했다. 그 스님은 이곳이 그 유명한 불사의방이라는 것을 알고 자신도 여기서 한번 수도해볼 야심을 갖고 천막까지 지었지만 결국에는 버티지 못했다.

물각유주物各有主라! 물건에는 각기 임자가 있다고 했던가. 이처럼 대단한 터는 맞는 임자가 있게 마련이다. 임자가 아니면 못 붙어 있는 경우를 여러 차례 목격했다. 터에 맞는 임자가 아닌 사람이 머물 경우에는 몸이 아프거나, 아니면 밤에 괜히 무섬증이 들거나, 그것도 아니면 주변 사람들과 시비가 붙어서 떠나는 수가 있다.

산사람들끼리 은밀히 나누는 이야기로는, 이 정도의 터는 고강한 신장들이 터를 지키고 있어 어지간한 사람은 밤에 잠을 자기도 어렵다고 한다. 자다 보면 알 수 없는 기운이 가위 눌러 그 사람이 평소 가장 무서워하는 장면이 꿈에 나타나는 수가 많다. 또는 밤에 소변보러 가다가 그만 실족해 떨어져 죽는 수도 있다.

김제 모악산 금산사

역대 왕조의 흥망성쇠와 함께해온
한국 미륵 신앙의 본거지

진표 율사는 변산의 불사의방에서 피를 토하는 수행 끝에 미륵불을 친견하고 돌아와 김제 모악산의 금산사를 중창한다. 이후 금산사는 한국 미륵 신앙의 본원이 되었다. 지금도 금산사 미륵전은 한국에서 가장 영험한 미륵 도량이다. 미륵을 만나려면 금산사로 가야 한다. 후백제를 일으킨 견훤은 금산사에서 삼국 통일을 소원했지만 끝내 아들에 의해 금산사 지하실에 감금되는 비운을 겪는다. 이렇듯 우리 역사의 격변기 때마다 소용돌이의 한복판엔 언제나 미륵 신앙이 자리하고 있었다. 후백제의 견훤뿐만 아니라, 조선을 세운 이성계, 부패한 조선 사회에 반기를 든 정여립, 그리고 동학운동을 일으킨 민심이 모두 미륵 신앙에 닿아 있다.

우리 민족의 정신적 뿌리가 되어준 어머니의 산

모악산으로 간다. 어머니의 산이다. 오갈 데 없는 민초들이 몰려들었던 산. 민초들의 산이면서도 우리 역사의 전환기 때마다 중요한 역할을 담당했던 산. 어머니 품같이 포근한 모악산에는 금산사金山寺가 자리 잡고 있다. 금산사는 599년 창건되었다. 1천 4백 년, 금산사 1천 4백 년을 바라보는 나의 소회는 무량하기만 하다. 불과 1백 년 전의 동학혁명도 아득한 먼 일처럼 느껴지는데, 이보다 1천 3백 년이나 더 거슬러 올라가야 하는 금산사의 역사는 그 '시간적 감각'이 쉽게 잡히지 않는다. 붓과 잉크로 기록되는 '역사시대'가 아니라 태초의 운무가 자욱했던 '신화시대'에 일어난 사건 같다. 그렇다! 지금 우리 눈앞에 서 있는 금산사라는 사찰은 신화를 거쳐 역사로 거듭났고, 역사의 풍우를 겪으면서 다시 현실에 뿌리내리고 있지 않은가.

어찌 됐든지 한국 사회에서 천 년이 넘게 명맥을 지속해온 사상이나 조직체는 불교이고 사찰이라는 사실을 부인할 수 없다. 오늘 우리에게 무엇이 남아 있는가? 사찰 아니면 남아 있는 것이 없지 않은가? 해마다 중장비로 산을 허물어 길을 내고 아파트를 짓는다. 전국의 산수 좋은 곳은 여관이나 가든이 들어서 있다. 어떻게 하다가 우리는 이렇게 천해지고 박해졌는가. 선인들은 '산천은 의구한데 인걸은 간데없네'라고 읊었지만, 최근의 몇십 년 사이에 '산천도 박살 나고 인걸도 간데없네'가 돼버렸다.

산천이 박살 나는 지금의 상황에서 우리가 무엇을 가지고 과거를 회상할 것인가. 우리는 과거의 뿌리를 잃어버린 정신적 고아로 방황하고 있지 않은가. 뿌리 없는 나무가 어찌 세찬 바람을 견디겠는가! 항상 흔들리다 남은 것은 줏대 없는 문화일 뿐이다. 이런 맥락에서 볼 때 모악산의 금산사는 그나마 남아 있는 우리의 정신적 뿌리이다. 금산사의 키워드는 바로 '뿌리'이다. 정신의 뿌리이다.

1천 4백 년의 역사를 횡단해온 만큼 금산사는 이야기보따리 사찰이다. 마치 순창 남원집의 한정식 밥상에 올려진 60여 가지 반찬처럼 가짓수가 다양하다. 어느 것을 먼저 먹어야 할지 모를 정도로 흥미 있는 산이 모악산이고 금산사이다.

천시天時·지리地理·인사人事가 삼재이다. 모악산과 금산사로 가는 산행은 삼재 중 가운데에 있는 지리에서 시작하기로 하자. 금산사가 자리 잡은 산은 모악산이지만 원래 이 산의 이름은 금산金山이었다. 금산사의 유래도 산 이름인 '금산'에서 온 것이다. 그래야 짝이 맞다. 금산이라고 이름을 붙인 이유는 금, 즉 황금이 이 산에 많기 때문이다. 이 지방 촌로들의 이야기로는, 금산(모악산)에 들어 있는 금

금산사 미륵전

가루들이 김제 지방으로 계속해서 쓸려 내려오고 있다고 한다. 지금
도 김제 지역의 논두렁을 파면 사금이 출토된다. 금이 많이 묻혀 있
어 이 근방의 지명들도 금金 자 들어간 지명이 많다. 김제·금산·금
구·금평 등.

　　자고로 땅속에 금이 많이 묻혀 있으면 그 지역은 금의 기운을 발
한다. 금으로부터 풍겨 나오는 파장이 존재할 수 있다. 금색은 오행
중에서 누런 황색이다. 불상 색깔이 황금색이라는 점을 유의해야 한
다. 도를 통하면 사람의 몸에서 후광이 뜨는데 그 색깔이 황금색이다.
부처나 예수의 머리 뒤에 둥그렇게 뜨는 후광은 황금색이다. 그래서 땅속에 금이 많이 묻혀 있는 지역에서는 그곳에서 태어나는 사람들도 황금의 기운을 받아 도인이 많이 배출된다는 전설이 전해진다.

우리 역사상 김제 부근에는 진표 율사와 진묵 대사를 비롯한 수많은 도인이 탄생하고 공부한 곳이 많다. 인걸은 지령이고, 신토는 불이어라! 하다못해 시골 면장이라도 하려면 논두렁 기운이라도 받아야 된다는 옛사람들의 말이 있다. 쓰레기를 매립하고 그 위에 아파트를 짓고 살아서는 도인이 나오기 어렵다는 것이 나의 지론이다. 쓰레기 기운과 금 기운을 어떻게 비교할 수 있겠는가!

현재 금산의 명칭은 모악산으로 변해 있다. 금산에서 모악산으로 바뀐 시기는 언제인가? 기록이 남아 있지 않아 알 수 없지만, 나의 추측으로는 조선이 시작되면서 그랬지 않았나 싶다. 조선은 이씨李氏 왕조이다. 이李 자를 분석하면 나무 목木에다 아들 자子이다. 나무가 들어간다. 그러므로 이씨는 목木에 해당한다. 이씨 왕조는 목에 해당하는 왕조라서 목을 극剋하는 금을 신경질적으로 싫어했다. 오행의 상생상극 이치로 볼 때 금이 많으면 목 기운을 받은 이씨 왕조가 다치게 된다. 조선이 들어서면서 금체 형국의 마이산을 '금을 묶어놓는다'는 뜻의 속금산으로 바꾸어놓았다. 지명도 그렇다. 원래 '금포金浦'라고 읽던 것을 '김포'로, '금해金海'를 '김해'로, 김씨 성을 '금'에서 '김'으로 바꾸어 발음하게 한 것도 모두 같은 맥락에 속한다. 음양오행의 세계관에서 볼 때 이씨 왕조가 금을 싫어한 것은 당연했다.

바꿀 때 다른 이름으로 하지 않고 모악산으로 바꾼 데도 이유가 있었다. 모악산은 예전부터 '엄뫼'라는 이름으로도 불렀다. '어머니산'이라는 뜻이다. 그만큼 모악산은 어머니 품같이 포근하게 감싸 주는 기운이 있는 산이다. 이러한 산은 음산陰山이다. 산에는 양산陽山만 있는 것이 아니고 음산도 있다. 여러 번 가보면 그 차이를 감지할 수 있다. 음산은 들어가면 차분하고 포근하다. 열이 많고 공격적인 체질 들이 음산에 머무르면 궁합이 맞는다. 마음이 차분하게 가라앉는다. 차분하게 가라앉는다는 말은 품을 수 있음을 뜻한다. 인자한 어머니 처럼 잘난 자식뿐만 아니라 못난 자식도 가슴에 품는다. 품을 수 있 는 포용력이 오갈 데 없는 민초들을 받아들였다. 일제에 의해서 나라 가 망했을 때도 전국의 민초들이 이 산에 모였다. 동학·증산교·원불 교가 모두 모악산과 관련이 있는 이유도 따지고 보면 이 때문이다.

용을 섬긴 농경 문화 전통과 금산사 미륵전

금산사 경내의 여러 건물 중에서도 단연 압권은 미륵불을 모신 미륵 전이다. 미륵전은 진표 율사가 변산의 불사의방에서 피를 토하는 수 행 끝에 미륵불을 친견하고 돌아와 세운 한국 미륵 신앙의 본부이다. 물론 정유재란 때 불에 타 새로 짓긴 했지만, 종교적 상징성이나 역사 적 비중으로 봐서 한국 불교를 대표하는 거물급 건물임이 틀림없다. 이 미륵전터에는 사연이 있다. 원래 이 자리에는 용이 살고 있던 방죽 연못이 있었다고 한다. 진표 율사는 이곳을 숯으로 메워 건물을 세 웠다. 하필 연못 자리에다 건물을 세운 이유는 상서로운 서기가 어려 있기 때문이었다.

용이 사는 곳은 풍수적으로 볼 때 서기가 어린 곳이 많고, 이 서기를 받는 곳에 건물을 지으면 그 건물이 오래간다고 한다. 진표 율사가 연못을 메울 때 여기에 살고 있던 청룡과 황룡은 김제의 벽골제로 이사 갔고, 현재도 이무기 한 마리가 남아서 미륵불이 서 있는 좌대(쇠솥)를 지키고 있다고 한다.

아무튼 이 자리는 용과 관련이 깊다. 우선 미륵전이 자리 잡은 좌향도 용하고 관련이 있다는 생각이 든다. 나는 수년 동안 미륵전에 들를 때마다 그 좌향에 대한 의문을 가지고 있었다. 패철(나침반)에 나타난 좌향이 진좌辰坐이기 때문이다. 왜 하필 진좌로 놓았단 말인가? 우연히 그렇게 된 것인가, 아니면 진표 율사의 특별한 메시지가 담겨 있는 것인가?

이에 대한 의문은 1997년 설악산 울산바위 근처에 있는 화암사를 답사하고 나서 더욱 짙어졌다. 금강산 끝자락에 있는 화암사는 진표 율사가 직접 창건한 사찰로, 울산바위와 가까운 거리에 있다. 거대한 두 마리의 거북이 교접하고 있는 형국의 바위 밑에 있는 절로, 그 바위의 정상 부근에는 진표 율사가 수도했던 좌선터가 있는데, 바위를 커다란 소파처럼 네모지고 평평하게 깎아 만든 이 좌선터의 방향 역시 진좌였다. 이것을 보고 나는 진표 율사와 진좌는 어떤 연관이 있다는 생각을 굳혔다. 진표 율사가 창건한 북한 금강산의 발연사의 좌향도 진좌일 가능성이 크다. 답사해보면 결판이 날것이다.

진辰이라! 진의 수수께끼를 풀기 위해서는 십이지를 알아야 한다. 진은 일 년 열두 달을 상징하는 십이지인 자子, 축丑, 인寅, 묘卯, 진辰, 사巳, 오午, 미未, 신申, 유酉, 술戌, 해亥 가운데 용을 상징한다. 삼국시대 사람들은 십이지에 해당하는 동물들이 각자 지키는 방위가 있다고 생각했다. 예를 들어 호랑이는 인방을 지키고 토끼는 묘방을 지킨다는 식이다. 7~9세기에 조성된 경주의 김유신장군묘, 성덕왕릉, 흥덕왕릉 둘레에 돌로 새겨져 있는 십이지신상이 바로 그러한 예이다. 불교에서도 마찬가지로 열두 동물을 약사여래의 호위 신장으로 여긴다. 지금도 사찰에 가면 기념품 가게에서 벼락 맞은 나무에 십이지신상을 각각 새겨 넣어 호신용으로 팔고 있는데, 이 풍습은 고대의 십이지 신앙에서 유래한 것이다. 내가 하고 싶은 말은 방위마다 그 방위에 해당하는 동물이 서로 연결돼 있다는 사실이다. 진좌에는 용이 연결돼 있다.

이렇게 볼 때 진표 율사는 미륵전의 방향을 정할 때 용의 방향을 의식하고 정했던 것으로 판단된다. 금산사 미륵전 자리가 원래 용이 살던 연못이고 '미륵'의 어원이 우리나라 고대어 가운데 용을 가리키는 '미르'라는 점, 미륵이 출현하는 이상 세계를 나타낼 때 용 자를 집어넣어 '용화회상龍華會上'이라고 표현한 점, 불교가 들어오기 전 김제·만경 들판의 농경 사회에서 가장 중요한 농사 재료인 물을 공급하는 수신으로 용을 섬겼다는 점 등을 고려할 때 수긍이 간다.

또 한 가지 흥미로운 사실은 진표 율사가 미륵불의 수기를 받은 날짜에 있다. 『삼국유사』「진표전간眞表傳簡」에는 진표 율사가 지장보살을 친견한 날짜가 경진년(740) 3월 15일 진시라고 기록돼 있다. 날짜와 시간까지 기록돼 있는 점을 주목해볼 필요가 있다. 연월일시까지 기록해놓은 것을 보면 여기에는 어떤 특별한 의미가 담겨 있다고 봐야 한다. 그렇지 않고서는 기록해놓을 리가 없기 때문이다. 왜 굳이 연월일시까지 기록해놓았을까? 이것을 사주 보는 방법으로 해석하면, 경진년은 용의 해이다. 3월도 십이지에서 볼 때 진의 달에 해당한다. 그다음 시도 또한 진시이다. 역시 용이 들어간다. 마지막으로 15일이 의문이다. 당시의 만세력을 가지고 있지 않아서 단정할 수는 없지만, 아마도 경진년 3월 15일의 일진은 용의 날이었을 것이다.

이렇게 놓고 보면 진표 율사가 도통한 경진년 3월 15일 진시는 진년·진월·진일·진시가 성립된다. 진표 율사가 도통한 연월일시는 용이 네 마리나 겹치는 셈이다. 용의 해에, 용의 달에, 용의 날에, 용의 시에 도통한 것이라는 말이다. 이는 메시지를 전하고 있음이 분명하다. 바로 용이다. 『삼국유사』의 기록자인 일연 스님은 바로 이것을 말하고 싶었던 게 아닐까. 그동안 많은 사람이 『삼국유사』를 읽었겠지만 여기에 이러한 비밀이 숨겨져 있다는 것을 눈여겨본 사람이 과연 얼마나 될까.

용! 용이 문제이다. 용을 좀 더 파고들어 『주역』까지 한번 들어가보자. 『주역』 「설괘전設卦傳」 5장에 보면 '제출호진帝出乎震'이라는 대목이 나온다. '제왕은 진괘震卦에서 나온다'는 뜻이다. 「진단구변도眞檀九變圖」에 따르면 진괘는 동쪽을 상징한다. 진이 동쪽으로부터 나아가 아홉 번 변해 64괘로 상징되는 만물을 생성하는 동시에 다스리는 주체가 된다. 64괘가 동쪽에서 시작된다. 그만큼 비중이 있기 때문에 주역깨나 읽은 사람들은 '제출호진, 제출호진' 하고 읊조리는 버릇이 있다.

그런데 찬찬히 살펴보면 震과 辰은 닮은 데가 있다. 진震 자에서 비 우雨를 떼어버리면 진辰이 남는다. 震과 辰은 같은 의미로 통용될 수 있다. 용은 물이 있어야 하기에 비하고 관련이 있다. 震에서 辰

으로의 변화는 조선 후기 사회 변혁을 꿈꾸던 술객術客들의 애독서인 『정감록鄭鑑錄』과 『격암유록格庵遺錄』이 등장하면서 가속되었다. 우리나라 2대 예언서인 『정감록』과 『격암유록』에 등장하는 '진사辰巳에 성인출聖人出'이라는 문구가 바로 그것이다. 「설괘전」의 '제출호진'이 한국의 술객들에 의해 '진사에 성인출'로 변용된 것이다.

이 변용은 다음에 누가 정권을 잡을 것인가에 대한 예시였다. 『정감록』에 따르면 이씨 다음에 정씨가 왕이 되는데, '진사에 성인출'이란 말은 정씨 성을 가진 사람의 사주팔자 가운데 진사가 들어가는 성인이 세상에 나온다는 뜻이라고 해석했다. 사주팔자 중에 '진사'가 들어간 사람이 왕이 된다는 뜻이다. 조선 후기 숙종 때 반란 사건 기록을 보면 반란 주모자였던 인물의 사주팔자가 나와 있다. 공교롭게도 무진년戊辰年 기사월己巳月 무진일戊辰日 기사시己巳時로 기록돼 있다. 밑의 지지地支를 보면 진사辰巳, 진사辰巳로 구성돼 있다. 진년과 사월 그리고 진일과 사시에 태어난 것이다. 천간天干을 떼어버리고 지지만 놓고 보면 진사, 진사가 된다.

내 사주가 '진사에 성인출'에 해당하니 나를 따르라는 것이 아니고 무엇이겠는가! 조선 시대까지만 해도 사주팔자는 그 사람의 인품과 능력을 나타내는 총체적인 이력서로 간주되던 게 보편적 풍습이었다. 용辰이 흐르고 흘러 '진사에 성인출'까지 갔다. 진표 율사가 8세기 중반에 방향을 잡은 미륵전의 좌향인 진좌는 『정감록』과 『격암유록』을 거쳐, 숙종 때의 반란 사건 주모자에게까지 영향을 미쳤다. 누가 알았으리오, 진 자의 유전이 그렇게 될 줄을……

미륵 신앙을 만나려면 금산사로 가야 한다

진표 율사의 영력靈力이 아직 남아 있고, 미륵이 이 세상에 내려오면 나타날 곳이라고 믿었던 땅, 금산사. 한국의 영적 특구 금산사에는 항상 사람들이 몰렸다. 미륵의 출세를 기다리며, 메시아가 출현하기를 이제나저제나 기다리고 있었다. 메시아가 나타나는 곳에는 야심가와 혁명가들이 모여들게 마련이다. 미륵의 기운을 받아서 새 왕조를 세우거나 제왕이 되고 싶은 사람들은 미륵의 기운, 즉 미륵불의 보증이 절대적으로 필요하기 때문이다. 후백제의 견훤도 그런 사람이었다. 견훤이 자기 아들에게 쿠데타로 유폐된 곳이 금산사이다. 왜 하필 금산사에서 당했을까? 이는 견훤이 평소에도 금산사에 자주 머물렀다는 사실을 시사한다. 금산사 뒤에는 견훤이 쌓았다는 견훤산성의 일부가 지금도 남아 있다. 그만큼 견훤과 금산사는 밀접한 관계에 있었다. 그렇다면 견훤은 왜 자주 금산사에 머물렀을까. 아마도 메시아를 기다리고 있었을 것이다. 혼란한 후삼국을 평정하고 용화회상을 실현할 미륵을 고대하고 있었을 것이다. 기다려도 오지 않으면 본인이 직접 메시아가 되는 수도 있다.

미륵은 비쩍 마른 성자의 풍모라기보다는 위풍당당한 제왕의 모습으로 이 땅에 출현한다고 믿었다. 중국 북위北魏 지역의 미륵상들이 한결같이 제왕 같은 위용을 자랑하고 있는 것이나, 여걸 측천무후가 자신을 미륵이라고 국내외에 선포하도록 한 것도 같은 맥락으로 볼 수 있다. 인구 350만 정도였던 백제에서 무왕이 무리수를 두면서까지 익산 지역에 동양 최대의 미륵사를 건립한 것도 자신이 미륵이

금산사 미륵삼존불상

라는 사실을 대내외적으로 선포하기 위한 것이고, 신라의 국가 엘리트 집단인 화랑을 '미륵선화彌勒仙花'라 하여 앞에다 미륵을 붙인 배경도 미륵을 '영도자'나 '지도자'의 개념으로 파악하고 있었다는 증거이다. 왕은 곧 미륵이라고 여겼기에 이러한 현상이 나타난 것이다. 고대 불교에서 미륵 신앙은 주로 왕이나 귀족들에 의해 유지되었다. 즉 삼국시대까지만 해도 미륵 신앙은 소수 계층에서만 신앙하는 귀족적인 신앙이었고, 이 신앙도 다분히 정치 이데올로기적인 측면을 내포하고 있었다는 점을 눈여겨봐야 한다.

　미륵 신앙을 정치 이데올로기에서 진짜 종교 신앙으로 그리고 왕실과 귀족의 신앙에서 돈 없고 힘없는 민초의 신앙으로 뿌리내리게 한 인물은 진표 율사이다. 동아시아 국가 중 중국과 일본에서는 미륵 신앙이 사라졌다. 일본이 세계에 자랑하는 국보 1호이자 철학자 칼 야스퍼스를 매료시킨 문화재가 교토 고류지広隆寺의 미륵상이지만, 이는 과거의 흘러간 신앙이지 현재의 신앙은 아니다. 중국도 마찬가지이다. 커다란 배를 드러낸 채 인심 좋게 웃고 있는 포대 화상이 나타난 뒤로 미륵 신앙은 사라졌다. 그러나 한국에서만큼은 아직도 미륵 신앙이 살아 있다. 왜 동아시아 삼국 중에서 유독 우리나라에서만 이처럼 미륵 신앙이 끈질기게 남아 있는 것인가?

내가 생각하기에는 진표 율사 때문이다. 중국과 일본에는 진표 율사 같은 인물이 없었다. 그래서 진표 율사를 해동의 미륵 교조라고 부른다. 그는 패망한 나라인 구백제 지역의 만경에서 태어났고, 그가 도를 닦은 곳은 백제의 레지스탕스가 나당연합군에 마지막까지 저항하다 산화한 변산의 불사의방이고, 그가 처음 교화를 펼친 곳은 한반도의 밥줄이자 쌀 창고라서 그만큼 쟁탈전이 심했던 김제·만경 평야 한복판의 금산사이다. 진표는 백제와 신라의 전쟁이 가장 치열했던 한복판에서 태어나 자라고 수도하고 교화했던 셈이다. 자고로 큰 인물치고 죽을 고생하지 않은 사람 있던가! 그는 망국의 백성으로서 자신과 동족의 업장을 참회하는 망신참을 행했고, 마침내 상상을 초월하는 권능을 얻었다.

진표가 보여준 '참회'와 '권능'은 미륵 신앙을 한국의 토양에 깊고 넓게 뿌리 내리도록 했다. 미륵 신앙이 딱딱한 밀랍 인형에서 살아 숨 쉬는 종교 신앙으로 자리 잡을 수 있었던 바탕이 바로 참회와 권능이었다. 참회가 없는 권능은 괴력난신으로 흐를 수 있고, 참회만 있고 권능이 없으면 다이내믹한 힘이 나오지 않는다. 다이내믹한 힘이 없으면 종교로 성립할 수 없다. 중국에서 내로라하는 스타급 고승들만 입전되는『송고승전宋高僧傳』에 저술 하나 남기지 않은 변두리 국가 출신의 진표가 당당하게 들어갈 수 있었던 이유도 초인적인 권능과 관련 있다.『삼국유사』에 기록된 진표의 권능은 다음과 같다.

산에서 내려와 대연진大淵津에 이르니 갑자기 용왕이 나와서 옥가사를 바치고 팔만 권속을 거느리고 그를 호위해 금산수(금산사)로 가니, 사방에서 사람들이 모여들어 며칠 안에 절이 완성되었다.

율사가 강릉 해변으로 돌아와 천천히 가는데 물고기와 자라들이 바다에서 나와 율사의 앞에 오더니 몸을 맞대어 육지처럼 만들어주므로 율사는 그것을 밟고 바다에 들어가 계법을 외어주고 다시 나가 고성군에 이르렀다. 여기에서 금강산으로 들어가서 발연수鉢淵藪를 세우고 점찰법회占察法會를 열었다. 여기서 7년 동안 살았는데 강릉 지방에 흉년이 들어서 사람들이 굶주렸다. 율사는 이들을 위해서 계법을 설하매 갑자기 고성 바닷가에 무수한 물고기가 저절로 죽어서 나왔다. 사람들이 이것을 팔아, 먹을 것을 장만해 죽음을 면할 수 있었다.

『삼국유사』에는 현대인들이 납득하기 어려운 신이神異한 내용이 많지만, 그중에서도 진표 율사의 신이한 행적 부분은 단연 압권이다. 한국 불교사에서 이처럼 엄청난 신이함을 보여준 고승은 찾아볼 수 없다. 용왕이 옥가사를 바치고, 물고기와 자라들이 스스로 다리를 만들어 율사로 하여금 지르밟고 가도록 했다는 기록은 다른 데서 발견할 수 없다. 예수가 중생에게 보여준 신통력과 맞먹는 수준이다. 이와 같은 초인적인 신통력이 고구려, 백제의 유민들과 신라 사람들의 마음을 흔들어놓았고 나아가 그 소문이 중국 사람들까지 놀라게 했던 것이 아닐까!

종교는 어디까지나 신비적인 영험이 있어야 한다. 이론 가지고 되는 것이 아니다. 이론만 있고 실제적인 영험이 없는 종교는 오래가지 못한다는 것이 나의 지론이다. 진표 율사가 이처럼 어마어마한 신통력의 소유자였기 때문에 한반도의 민중은 그를 따라 미륵의 도래를 절대적으로 믿었고, 그가 시키는 대로 참회했다.

참회하라, 그러면 미륵을 볼 것이다! 회개하라, 그러면 주님을 영접할 것이다! 진표 율사의 신령스런 권능이 어려 있는 곳이 금산사인 만큼, 이후로 금산사 미륵전은 한국에서 가장 영험한 미륵 도량으로 자리 잡는다. 미륵을 만나려면 금산사로 가야 한다.

고창 선운산 선운사

도솔암 마애불 배꼽에서 꺼낸 비결과
비운의 동학혁명 이야기

도솔암 마애불의 배꼽에는 신비에 싸인 비결이 숨겨져 있었다. 그러나 비결을 꺼내는 순간 벼락을 맞는다는 금기가 서려 있어 아무도 꺼내보지 못했다. 세월은 흘렀다. 동학혁명이 일어나기 1년 전 1893년 가을, 동학도 3백여 명이 도솔암 마애불의 비결을 꺼내기 위해 도솔암으로 몰려갔다. 그들은 절실했다. 미륵 마애불에서 천고의 비결을 꺼냈다는 소문은 전라도 지역을 휩쓸었다. 3개월 뒤, 전주 감영으로 몰려간 양인의 수는 1만여 명에 달했다.

출세란 속세를 떠나 산으로 들어간다는 뜻

'출세出世'라는 말의 본래 의미는 '세간世間을 떠난다'는 뜻이다. 국회의원 되고 판사 되는 것이 출세가 아니고, 세속을 떠나는 것이 출세의 원래 의미이다. 출세는 '출세간出世間의 한가함'을 지향하던 불교에서 온 말인데, 조선 시대의 입신양명 제일주의를 거치면서 본래의 뜻이 왜곡돼버린 것이다. 세간을 떠나서 어디로 가야 하는가? 산으로 가야 한다. 선학들이 그랬듯이.

'출出' 자를 자세히 살펴보면 뫼 산山 자 위에 또 뫼 산 자가 겹쳐 있다. 산 위에 산이라는 뜻이다. 첩첩산중으로 들어가는 것이 진정한 출세이다. 그러나 입산은 아무나 할 수 없다. 산으로 들어갈 수 있는 자격은 자의든 타의든 세간의 업장이 소멸해야 주어진다. 실직자들이 산으로 모여드는 이치도 타의에 의해서이긴 하지만, 어찌 됐든지 직업이라고 하는 하나의 업業이 소멸했다는 것에서 찾을 수 있다.

선운사 도솔암

　그렇다면 어떤 산으로 들어가면 좋을까? "산은 높이가 아니라 신선이 있어야 명산이요山不在高 有仙卽名, 물은 깊이가 아니라 용이 살아야 신령한 것이다水不在深 有龍卽靈"라는 말이 있다. 조선 정조 때의 문인 이중연의 시문집인『누실명陋室銘』에 나오는 대목으로, 언젠가 선운사 도솔암에 올라갈 때 같이 동행한 산악인 박기성 씨가 나에게 한 수 알려준 대목이다.

　그렇다. 도솔암이 있는 선운산은 왠지 신선들이 많이 살았을 것

　　　　　　　　　　　　　　　　　　　　조용헌의 산사로 가는 길

같은 느낌이 강하게 드는 산이라서 고대의 향수를 불러일으킨다. 특히 선운산의 바위들이 그러하다. 날카롭지도 않고 위압적이지도 않으면서, 평평한가 하면 둥글둥글해서 편안한 느낌을 준다. 산중에 솟아 있는 바위이면서 표면이 평평한 너럭바위는 대체로 도인들이 수행한 장소라고 보면 틀림이 없다. 기운이 묵직하면서도 날카롭지 않기 때문이다. 기운이 날카롭고 강한 바위에서 오래 머물면 거기에 사는 사람도 그 영향을 받아 날카롭게 변한다. 눈매가 날카로워지면서 성격도 무사처럼 변한다. 그래서 강하면서도 묵직한 바위가 좋다.

도인들은 처음 산을 볼 때 바위를 눈여겨본다. 바위에는 지하에서 올라온 지기地氣가 응축돼 있다고 보기 때문이다. 지구는 하나의 자석 덩어리이기 때문에, 지자기地磁氣를 방출하고 있다. 이 지자기는 땅을 통해 지상으로 방출된다. 특히 바위는 지기를 전달하는 구리선과 같은 존재이다.

차를 타고 지나가다가 바위산이나 암벽들을 보면 일단 멈춰 서서 그 형상을 감상한다. 거북이를 닮았는가, 독수리의 모습인가, 어느 정도 강할 것인가, 어디에서 시작해 어느 쪽으로 뭉쳐지는가 등을 살펴본다. 그러고는 선망한다. 어쩌다 좋은 바위를 목격하면 한 1년 살고 싶은 마음이 굴뚝같다. 한국의 산은 암산巖山이 많고 그 바위들은 거의 화강암들이라 기운이 절절 끓고 있다는 사실이 알고 보면 축복이다.

전통적으로 산은 음양오행이라는 틀을 대입해 살펴본다. 먼저 양산陽山인가, 아니면 음산陰山인가이다. 밝고 쨍쨍한 느낌이 들면 양산이고, 포근하고 가라앉은 느낌이 들면 음산이다. 그다음에는 목木·

화火·토土·금金·수水 오행이다. 목체의 산은 삼각형과 같은 형태이다. 흔히 글씨 쓰는 붓의 모습과 닮았다고 해서 필봉이라 부른다. 이러한 산들은 학자나 문장가에게 알맞다. 화체의 산은 불꽃같이 이글이글 타오르는 산이다. 바위로 이뤄진 악산들이 여기에 해당한다. 금강산·설악산·월출산·가야산·대둔산·북한산 등이 그렇다. 이런 산들은 도사나 스님들이 살기에 적당하다. 토체의 산은 정상 부분이 두부처럼 평평한 모습을 하고 있다. 너그럽고 덕이 있는 사람이 많이 나오는 산세라고 한다. 금체의 산은 철모나 종 모양의 산이다. 구미의 금오산이나, 진안의 마이산이 전형적인 금체의 산이다. 이런 곳에서는 귀인이 나온다고 한다. 수체의 산은 물결과 같은 모습을 한다. 지혜 있는 사람이 많이 나오는 산이다.

도솔암 배꼽에는 무엇이 들어 있었을까

선운사의 도솔암은 평평한 바위의 맥을 타고 앉아 있고, 그 밑의 절벽에는 거대한 마애불이 새겨져 있다. 마애불의 크기는 대략 50척, 그러니까 15미터가량 된다. 고개를 위로 치켜들어 올려다봐야 한다. 아마도 우리나라 마애불 중에서 가장 큰 것이 아닌가 싶다. 내가 생각하는 한국의 3대 마애불로는 안동의 제비원 마애불, 경기도 파주의 용미리 마애불 그리고 선운사의 도솔암 마애불이 있는데, 그중에서도 도솔암의 마애불은 크기도 크기이지만 보기 드문 위엄을 갖추고 있다. 이들 세 곳의 마애불은 모두 미륵 부처님으로 일반인들에게 신

도솔암 마애불

앙의 대상이 되고 있다.

도솔암과 마애불의 전체적인 풍광을 제대로 감상하려면 맞은편에 위치한 '천질바위'라고 부르는 곳으로 30분 정도 올라가야 한다. 천질바위에서 바라보면 저 밑에 보이는 전망은 그대로 한 폭의 산수화 같아서, 산수화라는 것이 화가의 허구적 공상에서 나온 것이 아니라 실제 풍경을 보고 난 후의 감동에서 나온다는 것을 깨닫게 한다. 그래서 도솔암을 찍는 전문 사진가들은 반드시 천질바위를 포인트로 정한다.

마애불이 새겨져 있는 거대한 바위 정상에는 도솔암 내원궁이 자리 잡고 있다. 마애불과 도솔암 내원궁은 하나의 짝을 이루고 있는 형국이다. 즉 도솔암이 미륵 상생의 천상 세계를 상징한다면, 미륵불은 미륵 하생의 지상낙원을 의미한다. 그러니까 도솔암 마애불은 미륵 부처님으로 호남을 대표하고, 선운사는 미륵 신앙의 중심 도량임을 입증하고 있다. 미륵 도량은 민중의 애환이 서려 있어 전설이 풍부하게 마련인데, 도솔암 마애불도 매우 흥미로운 설화를 남겼다.

도솔암 마애불은 1천 5백 년 전에 살았던 검단 선사의 진상이라고 한다. 검단 선사는 선운사의 창시자이다. 원래 선운사터에는 도적들이 살고 있었는데, 선사는 이들에게 소금 굽는 법을 알려주어 생계 수단으로 삼도록 했다. 검단 선사는 선운사 주변 민초들 사이에서 칭송을 받았고, 그는 절벽에 미륵의 모습으로 새겨지게 되었다. 그런데 마애불의 배꼽에는 신비스런 비결이 하나 숨겨져 있다고 했다. 그 비결이 세상에 출현하는 날에는 한양이 망한다고 전해졌다. 그러나 그 비결과 함께 벼락살을 밀봉해놓았기 때문에 누구든지 그 비결을 꺼내려고 손을 대면 벼락을 맞아 죽는다고 했다.

벼락살이 같이 봉해져 있다는 사실이 실제 드러난 것은 지금으로부터 2백 년 전 전라 감사로 내려왔던 이서구李書九가 그것을 꺼냈을 때였다. 전라 감사로 부임한 이서구는 어느 날 선화당에 앉아 조용히 천지의 기운을 관찰하고 있었다. 그때 서남쪽에서 매우 상서로운 기운이 한 줄기 뻗쳐 올라가고 있는지라, 예사로운 일이 아니라 생각하고 말을 몰아 그곳으로 달려갔다. 가본즉 한 줄기의 기운이 선운사 도솔암 미륵의 배꼽에서 뻗어 올라가고 있었다. "여기에 무엇이 들었기에 이러한가" 하고 그 배꼽을 쪼아보니 그 속에서 책 한 권이 나왔다. 그 순간 갑자기 뇌성벽력이 하늘을 찢는 바람에 혼비백산한 이서구는 책을 다시 거기에 밀어 넣고 회로 봉해버렸다. 이때 이서구가 본 것은 '전라 감사 이서구 개탁開坼'이라는 글자뿐이었다고 한다. 그 사건 뒤로 세상 사람들은 그 비결을 꺼내보고 싶어도 벼락이 무서워 꺼내보지 못했다.

이 비결이 출현하는 날 한양이 망한다고 함은 곧 조선이 망하는 것을 의미하는데, 갑오농민전쟁 때 이 설화가 난무했다. 실제로 동학 농민혁명은 바로 이 도솔암 미륵불의 배꼽에서 손화중孫華仲이 비결을 꺼냄으로써 촉발되었다.

오지영의 『동학사東學史』를 보면 도솔암 미륵불의 비결을 꺼내기 위해서 손화중포包에 소속된 동학의 접주들은 참모 회의를 연다. 논의의 핵심은 벼락살이었다.

"비결을 꺼내려다가 벼락을 맞으면 어떻게 하느냐?"

지금이야 웃어넘길 문제이지만, 당시 사람들에게 벼락살이라는 살煞은 호랑이에게 물려 가 시체도 못 찾고 죽다는 백호대살白虎大煞과 동급으로 목숨이 왔다 갔다 하는 공포의 대상이었다.

당시 동학의 접주라 하면 보통 사람보다 지식도 있고 담력도 있는 당대의 진보적인 인사였지만, 이들 역시 벼락살의 존재를 사실로 받아들이고 있었다. 난상 토론을 거친 끝에 접주 중 한 사람인 오하영이 비결을 직접 꺼내겠다고 나섰다.

"이제 열어볼 때가 되었으니 아무 일 없을 것입니다."

때가 돼서 열어보는데 어떻게 벼락이 칠 수 있겠느냐는 비장한 시대 인식이었다. 여기서 '때'는 비결을 꺼내서 한양이 망해도 좋을 만큼 당시 민중이 지배 체제의 폭정과 수탈에 극도로 시달리고 있었음을 의미한다. 1890년대를 살던 조선의 민중, 특히 전라도 민중은 지굿지굿한 세상을 그만 끝내고 좋은 세상이 오기를 고대하는 '개벽'의 희망을 도솔암 미륵불에게 걸었다. 잘못된 사회를 엎어버리는 혁명의 비결은 도솔암의 미륵불이 쥐고 있었기 때문이었다.

손화중포에 소속된 수백의 동학도들이 배꼽 비결을 꺼내러 간 때는 동학혁명이 일어나기 1년 전인 1893년 가을이었다. 비결을 꺼낼 때 동학도들은 청죽靑竹 수백 개와 새끼 수십 타래를 가져가 미륵불 전면에 사다리를 설치했다. 미륵불이 절벽의 높은 곳에 있기 때문에 대나무로 만든 임시 가교가 필요했던 것이다. 기록에 보면 선운사 승려들의 저항을 막기 위해 수십 명의 승려를 새끼로 묶어놨다고 했으니, 비결을 꺼내는 과정에서 동학도 측과 선운사 측의 충돌이 있었음을 짐작할 수 있다. 이때 몰려간 동학도는 3백여 명이었다.

도끼로 배꼽을 부순 뒤 과연 고대하던 비결을 얻었는지에 대해서는 정확한 기록이 없다. '그 속에 있는 것을 꺼냈다'고는 하나 구체적으로 무엇이었는지는 침묵을 지키고 있다. 그러나 손화중포에서 미륵불에 감춰져 있던 천고의 비결을 꺼냈다는 소문은 순식간에 주변을 휩쓸었다.

천지개벽의 비결을 동학도가 입수했다는 소문은 입에서 입으로 전해졌다. 일대 사건이었다. 이 사건 이후로 손화중포에는 수개월 사이에 수만 명이 몰려들었다고 한다. 갈 곳 없던 사람들이 희망을 발견하고 그야말로 구름같이 몰려든 것이다. 그만큼 미륵 비결에 대한 민중의 기대는 대단했다.

미륵 비결을 꺼낸 3개월 뒤에 열린 삼례 집회를 보면, 그때가 연중 가장 추운 동짓달임에도 수천 명이 모여 열흘을 버텼는데, 그 수가 줄어들기는커녕, 전주 감영으로 몰려갈 때는 1만여 명으로 불어나 있었다. 삼례 집회 다음에 열린 보은 집회 때는 각지에서 "소를 팔고 밭을 팔아 행장을 차리고 양식을 싸 가지고 표주박을 차고 봇짐을 지고 길을 메웠다. 이에 백성들이 소동을 피우고 산천도 두려워하니, 수령은 두렵고 움츠러들어 겁을 내고 아무 말도 못 한 채 감히 명령이나 군사 하나라도 내어 막고 힐문하지 못했다"고 매천 황현이 『오하기문梧下記聞』에 기록할 정도였다.

　이러한 사실을 돌이켜볼 때 동학을 뒷받침한 사상적 배후에는 호남 일대에서 천 년 이상 끈질기게 이어져온 미륵 신앙이 작용했던 것으로 보인다. 그러니까 도솔암 미륵불은 한국 근대사의 한 페이지를 넘긴 역사적인 부처였다고나 할까. 과장해 표현한다면 절벽에 새겨진 돌부처가 역사의 물줄기를 바꾼 것이다. 돌부처 하나가 역사의 흐름을 변화시킨 배경을 추적해 살펴보면 거기에는 미륵 신앙이 나타난다. 도솔암의 미륵불이 이처럼 대단한 파괴력을 갖게 된 것은 그동안 호남 사람들의 열렬한 귀의를 받아왔기 때문임은 말할 나위 없다.

　천 년 넘게 온축蘊蓄해온 도솔암의 미륵 신앙이 지하로 들어가 잠행하다가 시절의 인연을 만나자 무서운 폭발력을 보이면서 찬란하게 개화되었다고 할까. 선운사와 도솔암에는 미륵 신앙의 뿌리가 그만큼 깊고도 넓게 뻗어 있다. 그 뿌리 중 하나를 캐보면 선운사가 나온다. 선운사는 조선 후기까지만 하더라도 '당취黨聚'의 훈련 도량이었다고 한다. 당취란 반체제적인 성격을 띤 승려들의 모임으로 '미륵비적彌勒匪賊'으로 불리기도 했다. 한자로 표현하면 '당취'이지만 보통은 '땡초' 또는 '땡추'라고 한다.

황석영의 소설『장길산』에 땡추의 활약상이 어느 정도 묘사돼 있다. 땡추 운동은 점조직 형태의 매우 은밀한 계보로 구성돼 있어 그 성격상 문서로 남겨진 기록을 찾기가 거의 불가능하다. 지하 조직이었던 만큼 기록을 남기면 그것이 꼬투리가 돼서 붙잡히는 판이니 자연히 기록을 남길 수 없었을 것이다. 오직 입에서 입으로 전해지는 단편적인 구전들만이 떠돌 뿐이다. 이 구전이라고 하는 것도 산중에 사는 소수의 승려나 이 분야에 특별히 관심 있는 인사들을 통해 전해질 뿐이다.

촌로들의 증언에 따르면 옛날 선운사의 지형은 지금과는 아주 달랐다. 현재 선운사의 정문은 옛날에는 물길로 막혀 있던 부분이고, 낙조대 쪽으로 나가는 길이 정문이었다. 밀물 때가 되면 선운사 앞을 흐르는 인천강(주진천)을 따라 바닷물이 들어와 선운사는 삼면이 물로 둘러싸인 독특한 지형을 이루었다고 한다. 그러니까 지금의 낙조대 방향만 막으면 외부에서 쉽게 들어올 수 없는 일종의 천연 요새였던 셈이다. 관군이 들어오기 힘든 안전한 요새에서 땡초들은 마음 놓고 군사 훈련도 하고 자신들의 신념을 가다듬을 수 있었다. 해방 공간이었던 것이다. 선운사의 미륵불이 동학농민혁명의 최초 진원 역할을 담당하게 된 것은 결코 우연이 아니고 이러한 역사적 맥락과 관련이 깊다 하겠다.

절벽에 새겨진 미륵불의 머리 부근에는 군데군데 구멍이 뚫려 있다. 자세히 보면 그 구멍들은 十 자 형태이다. 그중에 두 군데의 구멍에는 부러진 장작이 박혀 있다. 이 구멍들을 왜 뚫어놓았는가? 미륵불의 머리를 둘러쌀 관冠을 설치하기 위해서이다. 흔히 '가구架構'라고 한다. 미륵불의 특징은 머리에 관을 썼다는 점이다.

　미륵반가사유상을 자세히 보면 관을 쓰고 있다. 논산 은진미륵을 보면 머리 위로 네모난 사각의 석관을 쓰고 있다. 어떤 미륵불은 둥그런 관을 쓰는 경우도 있다. 둥그런 것은 갓이라고도 한다. 대구 팔공산 갓바위 부처도 갓을 쓰고 있으므로 원래는 미륵불이라 해야 옳다. 미륵불의 특징은 관에 있다. 관은 위엄을 나타내고, 파라솔과 같이 눈이나 비 혹은 새똥을 막는 구실을 한다. 도솔암의 미륵불도 처음 조성될 때는 나무로 만든 기구가 세워져 있었다. 미륵불의 머리 주변에 주먹만 한 크기로 군데군데 뚫려 있는 이 구멍들은 나무를 박았던 흔적이다. 이 구멍들에 나무를 박고 가구를 설치했던 것이다.

　고창의 이호종 군수는 재임 당시 도솔암 미륵불에 대해 유별난 애착을 갖고 있었는데, 그는 부처 머리 위의 이 가구를 복원해야 한다고 생각했다. 전국의 마애불 가운데 가구의 흔적이 도솔암 미륵불처럼 암벽에 분명하게 남아 있는 경우가 없었기 때문이다. 그는 가구가 세워져야만 도솔암 미륵불의 원래 모습이 복원되고, 미륵불이 복원될 때 도솔암이 전국의 명소로 더욱 빛을 발할 것이라고 믿었다.

　나도 동감이다. 복원이 능사는 아니지만, 이 미륵불의 가구만큼은 복원되는 것이 좋을 성싶다. 가구가 없으니 마치 임금님이 도포를 입고 관을 쓰지 않은 것처럼 허전하다. 머리에 관이 없으니 어딘지 위엄이 덜하다. 또한 가구를 설치해놓으면 130년 전 동학군들이 사다리를 설치해놓고 오르던 장면이 쉽게 연상될 듯하다.

권력이 총구에서 나온다면 종교의 힘은 기도발에서 나온다. 기도에 대한 하늘의 응답이 기도발이다. 사업 잘되고 승진하고 병 낮는 게 기도발이다. 나는 기도발이 존재하는 한 종교는 유지될 수 있다고 생각한다. 고등 종교이든 하등 종교이든 간에 모든 종교의 기초에는 기도발이라는 게 깔려 있다. 마르크스가 과학적 사회주의로 무지몽매한 관념주의를 없애버리려 했지만 결국 뜻을 이루지 못한 원인도 기도발 때문이 아닌가 싶다.

기도발은 무엇인가? 한마디로 '관념의 투사projection'로 설명되지만, 이 관념이라는 것을 우습게 볼 수 없다. 관념은 힘을 가진다. 불교에서는 기본적으로 현실 세계라고 하는 것을 관념의 투사로 본다. 『화엄경』은 "모든 것은 오직 마음에서 만든 것"으로 보고 이를 '일체유심조一切唯心造'라 했다. 그러나 보통 사람이 관념의 투사에서 벗어나기는 어렵다.

우리는 자기 의지와는 상관없이 누군가에 의해 극장이라는 컴컴한 공간에 떠밀려 들어와 스크린에서 일어나는 천변만화의 희로애락 장면을 죽을 때까지 강제로 봐야만 하는 처지이다.

죽어야 끝이 난다. 싫든 좋든 봐야만 한다. 스크린의 장면이 전환될 때마다 중생은 일희일비, 웃다가 울다가 병들면서 죽는다. 보다가 재미없다고 중간에 자리를 박차고 나갈 수도 없다. 비상구마저 없다. 인생도 마찬가지이다. 우리는 죽을 때까지 눈앞에서 전개되는 현실에 붙잡혀 살 수밖에 없다. 오로지 현실에 붙잡혀 있다. 꼼짝도 못

한다. 쥐덫에 걸린 것처럼, 뜨거운 양철 지붕 위에서 내려오지 못하고 발광하는 고양이처럼. 그놈의 현실! 현실은 과연 진짜인가!

인생! 이것은 대몽大夢이다. 관념의 투사에서 비롯된 환상이라는 것을 알아채기 전에는 말이다. 꿈을 깨고 난 뒤에는 꿈이 꿈에 지나지 않지만, 꿈을 깨기 전까지 꿈은 지독한 현실이다. 꿈을 환상이라고 생각하면 꿈 자체를 연극처럼 즐길 수 있지만, 실제 상황으로 인식하면 끝없이 쫓기다가 볼 일 못 본다. 관념의 투사에 끝없이 쫓기면서 사는 것이다. '대몽선각大夢先覺'이라! 이 대몽을 어떻게 하면 먼저 깨칠 것인가! 이는 나에게 풍수를 가르쳐준 사부의 거실에 걸린 편액의 글귀이다. 벼락 맞은 오동나무에 경면주사鏡面朱砂로 강렬하게 새겨놓은 글이다.

기도발로 유명한 곳이 도솔암이다. 이곳은 불교계에서 널리 알려진 기도처이다. 우리나라 3대 지장地藏 기도처의 하나에 속한다. 지장 기도처는 죽은 조상들의 영가靈駕 천도에 주특기가 있는 도량을 일컫는다. 지장보살은 언더그라운드에서 활동하는 양반이라서 지옥으로 떨어진 영혼들을 구제하는 보살이다. 3대 지장 기도처는 북한에 하나 있고, 강원도 철원의 심원사 그리고 선운사의 도솔암이다.

이 지장 기도처 중에서도 도솔암은 특히 묵은 영가를 떼는 데 특효가 있다고 한다. 묵은 영가란 죽은 지 백 년도 넘는 귀신들을 말한다. 생전에 집착이 많은 사람이 죽으면 십중팔구 저승에 가지 못하고 귀신이 된다. 귀신이 돼서 구천을 떠돌다가 후손의 앞길을 가로막거나 이유 없이 몸을 아프게 하는 작태를 보인다. 이런 귀신들은 도솔암의 치료를 받을 수밖에 없다. 귀신을 저승으로 잘 보내는 치료가 천도재薦度齋이다. 나는 전국 여러 곳의 천도재를 관찰하면서 나름대로 얻은 결론이 있다. 천도가 성공적으로 이뤄지기 위한 조건으로 천도재를 주관하는 승려의 도력이 중요하고, 천도재를 지내는 도량의 기운이 좋아야 하고, 마지막으로는 후손의 정성이 중요하다.

승려의 도력이란 정신의 집중력을 의미한다. 집착이 강한 귀신은 좀처럼 말을 듣지 않는 법이다. 살아 있는 인간도 말을 잘 듣지 않는데, 죽은 귀신은 더욱 그렇다는 것이 정신세계의 법칙이다. 말 안 듣는 귀신을 보내기 위해서는 우선 좋은 말로 달랜다. 그래도 떠나지 않으면 회초리로 때려서 가르쳐야 한다. 회초리로 때린다는 것은 귀신을 상대하는 승려 집중력이다. 천도재를 지내는 동안 1초라도 잡생각을 하면 안 된다. 오직 정신을 집중해서 영가의 왕생극락을 기원해야만 한다.

승려들이 자나 깨나 화두를 잡는 것도 따지고 보면 정신 집중의 연습이다. 해인사 성철 스님이 생전에 동정일여動靜—如(움직이거나 고요할 때를 막론하고 화두가 생각남), 오매일여悟昧—如(깨어 있을 때나 잠잘 때나 화두가 생각남), 몽중일여夢中—如(꿈속에서도 화두가 생각남)를 항상 강조한 것도 이와 같은 맥락이다. 만약 딴생각하면서 천도재를 지낼 경우에는 귀신이 오히려 승려의 뺨을 때릴 수 있다. 조금만 방심해도 귀신이 그 틈을 날카롭게 찌르면서 들어오는 것이다. 이때는 천도재를 주관하는 승려가 역으로 귀신 들리거나 아니면 몸을 다친다. 이 상태를 전문용어로 '역逆트랜스trance' 상태라고 한다. 일정 기간 운기조식—기를 돌리고 숨을 고르면서 휴식을 취함—하면서 고단자의 도움을 받아야만 역트랜스 상태를 회복할 수 있다. 그러므로 도력 없는 사람은 함부로 천도재를 지낼 일이 아니다.

집중력 외에도 천도재를 지내는 지형 또한 중요하다. 일반적으로 평지보다는 산이 더 좋고, 산 중에서도 바위가 솟아 있는 암산이 더 좋다. 하늘天·땅地·사람人, 즉 삼재가 결국은 회통하기 때문에, 지기의 도움을 받아서 인간의 영혼도 구제를 받는다. 그러므로 아파트에서 천도재를 지내는 것보다 기운이 좋은 명산에서 지내는 것이 효과적이다.

이 밖에 후손의 정성도 크게 작용한다. 정신세계는 마음이 지배하고, 마음은 곧 정성으로 표시될 수밖에 없다. 선조와 후손은 혼백魂魄 중에서 백魄을 연결 고리로 해서 끈끈하게 이어져 있다. 후손이 자료를 입력하면 백을 통해 선조에게 전달된다. 그 정성에는 마음의 정성과 물질적 정성이 있다. 물질적 정성은 흔히 제사 음식으로 표현된다. 천도재를 지낼 때도 마음의 정성이 먼저이고 그다음으로 음식을 푸짐하게 차려놓을 필요가 있다. 우리 조상들은 수천 년간 먹을 것이 부족한 상태로 살아왔기 때문에 음식에 대한 한이 아주 많다. 쌀밥에 쇠고깃국 한번 푸짐하게 먹는 것이 소원 아니었던가!

전국에 소와 쌀을 상징하는 '와우형'과 '노적봉'이라는 이름의 명당이 많은 것도 쌀과 쇠고기에 대한 우리 민족의 집념의 소산이라 해석하고 싶다. 조상들은 못 먹어 죽은 귀신이 많아, 천도재를 지낼 때도 일단 상다리가 휘어지도록 걸게 차리면 좋다. 배고픈 사람에게는 우선 밥부터 주고 설교를 해야 하는 법이다. 그러나 요즘과 같이 먹을 것이 풍부한 세상을 사는 세대는 상황이 다르다. 살아생전에 실컷 먹어본 사람은 죽어서도 먹는 것으로 타박하지는 않을 것이다.

한민족은 배고픈 역사를 안고 온 민족이라서, 여러 가지 한恨 중에서도 배고픔에 대한 한이 가장 크게 뭉쳐 있는 것 같다. 살아생전에 못다 이룬 한을 죽은 뒤에라도 한번 풀어주자는 게 천도재의 본래 의도 아니겠는가. 언제라도 한 번쯤은 풀고 지나가야 할 과정이다. 고승을 만나 청정한 도량에서 정성을 다하는 천도재, 그것도 죽은 조상에 대한 효의 하나이다.

조용헌의 산사로 가는 길

익산 미륵산 미륵사

용과 부처의 극적인 융합을 이뤄낸
한국 불교 이야기

농경 사회에서 물의 중요성은 말할 것이 없다. 비를 내려주는 용신이 고대로부터 농사짓는 사람들에게 숭배의 대상이 된 이유이기도 하다. 우리나라에서도 삼국시대 이전부터 용을 숭배했다. 고대인들에게 용은 분명히 실존하는 영물이었다. 따라서 농경 사회였던 한반도에서 외래 신앙인 불교와 용 숭배 문화의 만남은 자연스러운 현상이었다. 그 현장을 한국 미륵 신앙의 발원지인 익산 미륵사에서 발견할 수 있다. 미륵사터를 보면 원래 이 자리는 물이 차 있던 연못이었다. 미륵사뿐만 아니다. 경주 감은사와 황룡사, 양산 통도사 등도 물과 관련이 있는 절이다. 그렇다면 용과 부처는 어떻게 화해했을까.

절과 연못의 신비로운 상관관계

커다란 돌탑만 덩그러니 남아 있다. 천여 년의 세월이 흐른 뒤에 남아 있는 것은 커다란 돌탑뿐이다. 그 화려했을 회랑도 다 어디로 가버리고, 장중한 기와지붕이며 아름드리 대들보도 사라져버리고, 인걸도 가버리고, 들판 위에 쓰러져가는 돌탑만 쓸쓸하게 자리를 지키고 있다. 폐사지의 미학이란 이런 것인가! 쓰러져가는 돌탑이라도 그나마 남아 있기에 우리는 미륵사의 지난 세월을 어렴풋하게 짐작할 수 있을 뿐이다.

익산 미륵사는 한국 미륵 신앙의 발원지이다. 발원지인 만큼 미륵사는 이후로 세워진 미륵 신앙 계통의 사찰들에 흥미로운 선례를 남기게 된다. 익산 미륵사터를 보면 원래 이 자리는 물이 차 있던 연못 자리였다.『삼국유사』에 의하면 백제 무왕과 선화공주가 이 연못 가를 지나가다가 미륵 삼존이 못 가운데서 출현하므로 이를 상서로운 징조로 여기고 산을 헐고 연못을 메워 절을 지었다고 한다.

연못을 메우고 절을 짓는 방식은 이후 계속된다. 김제 금산사의 미륵전, 고창 선운사 그리고 진표 율사가 창건한 금강산의 발연사도 못을 메워 만들었다. 그런가 하면 미륵 신앙 계통 이외의 사찰 창건 과정에서도 연못을 메우는 방식이 발견된다. 경주 황룡사를 지을 때 황룡이 나타났다는 기록이 보이는데, 용이 출몰할 수 있는 입지 조건은 물이 있어야 하므로 황룡사터 역시 원래는 연못 아니면 늪지대였음을 추측게 한다. 양산 통도사 역시 창건 과정에서 용이 나타났고, 치악산의 구룡사와 장흥 보림사터도 원래는 연못 자리였다.

이처럼 우리나라 고대 사찰 가운데 상당수는 연못을 메워 지은 절이다. 절을 지을 땅이 부족해서였을까?

거기에는 반드시 그럴 만한 이유가 있을 것이라 여긴 나는 끊임없이 그 연원을 추적해왔다. 키워드는 용龍이었다. 그리고 이를 고대 사회의 신앙과 관련지어보았다. 우리나라는 삼국시대 이전부터 용을 숭배해왔다. 요즘 사람들에게야 용은 상상의 동물이지만, 고대인들에게 용은 분명히 실존하는 영물이었다. 용을 숭배한 이유는 용이 물을 관장하기 때문이다.

고대 사회는 농경 사회이고 농사에서 가장 중요한 요소는 물이다. 가뭄이 들면 농사를 망치기에 비를 내려주는 용이야말로 농사짓는 사람들에게 절대의 신일 테다. 비를 내려주지 않으면 농사가 안되고 농사가 안되면 먹을 것이 없어 굶어 죽을 판이니, 비와 물을 주재하는 용은 신으로 대접받기에 충분한 자질을 갖추고 있었다.

『주역』의 괘卦 중에서 가장 많은 비중을 차지하는 괘가 바로 첫

머리에 나오는 건괘이다. 이 건괘를 설명할 때 용이 등장한다. 예를 들면 잠룡물용潛龍勿用(물속에 잠겨 있는 용은 쓰지 말 것)이라든가 현룡재전現龍在田(나타난 용이 밭에 있다), 항룡유회亢龍有悔(높이 올라간 용은 반드시 후회가 있다)라는 대목이 있다. 이는 용을 제왕 또는 하늘에 비유한 것으로 한자 문화권인 농경 사회에서 용을 얼마나 중시했는가를 엿볼 수 있다. 만약 중시하지 않았다면 우주와 인간의 변화를 설명하는 『주역』의 첫머리에 등장시킬 이유가 없지 않은가?

인도에서도 용은 수신으로 등장한다. 힌두교의 조각을 보면 목을 부풀려서 쳐든 코브라가 수신의 모습을 상징한다. 키아누 리브스가 주연한 영화 〈리틀 붓다〉에서도 목을 쳐든 코브라가 붓다의 머리 뒤에 서서 붓다의 머리 위로 떨어지는 빗물을 막아주는 이색적인 장면이 나오는데, 이때의 코브라는 수신인 용을 상징한다. 수신을 인도에서는 코브라로, 중국을 비롯한 우리나라에서는 용으로 표현했다.

일설에 따르면 보통 뱀이 천 년을 살면 이무기가 되고, 이무기가 다시 5백 년을 살면 용이 된다고 하니, 코브라나 용이나 결국은 마찬가지인 셈이다.

용이 드나드는 수로가 절 안에 있는 이유

호수나 저수지가 유달리 많았던 호남 지역의 특성 역시 나의 궁금증을 풀어주는 길잡이가 되었다. 옛날부터 호남에는 커다란 호수가 있었으니, 호남의 3대 호수를 꼽으면 밤고구마가 많이 나는 황동 근처의 황등제黃登堤, 김제의 벽골제碧骨堤, 고부의 눌제訥堤이다. 곡창 지대라 자연히 농사지을 물이 많이 필요했고, 이를 위해 천연 혹은 인공의 호수나 연못이 다른 지역보다 많을 수밖에 없었다. 일제강점기 때 메워서 지금은 사라져버렸지만, 황등제는 주변이 80리나 되는 거대한 천연 호수였다. 마한·백제 때부터 익산 일대 평야 지역의 농업용수를 공급해왔다.

'호남湖南'이라는 명칭이 생기게 된 유래는 황등제 때문이다. 중국의 호남성은 동정호 이남 지역이고, 한국의 호남 지역은 황등호 이남이라는 뜻을 담고 있다. 4세기에 대규모 인력을 동원해 축조한 벽골제는 김제·만경 평야를, 눌제는 정읍·고부 지역의 평야를 담당했다.

『동국여지승람』을 찬찬히 읽어보면 호남 지역은 한반도의 다른 지역에 비해 유달리 저수지가 많았음이 발견된다. 곡창지대이니 물이 필요하고 저수지나 호수가 많은 것은 당연한 이치이다. 이것으로 곡창지대에서 용을 숭배하는 용 신앙이 다른 지역보다 훨씬 성행했으리라 추측해볼 수 있다.

이렇게 놓고 본다면 호남의 곡창지대는 농경문화이고, 농경문화는 물을 중시할 수밖에 없고, 물을 중시하다 보면 수신인 용을 숭배하고, 미륵 신앙이 들어오면서 미륵이 용을 대신하고, 그래서 호남에 미륵 신앙이 유행했다는 추측이 가능하다. 곡창지대인 호남 지역의 입지 조건상 미륵 신앙이 발달할 수밖에 없었다는 말이다.

한국의 미륵 신앙에서 비중을 차지하고 있는 사찰이 미륵사·금산사·선운사인데, 이 세 군데의 사찰은 재미있게도 커다란 저수지를 끼고 있는 공통점이 있다. 미륵사는 황등제를 끼고 있고, 금산사는 벽

조용헌의 산사로 가는 길

미륵사지 동원9층석탑

골제를 끼고 있으며, 선운사는 눌제를 끼고 있다. 따라서 고대의 농경문화에서 수신의 역할을 담당했던 용과 용 신앙은 미륵 신앙의 중심 사찰과 묘하게도 중복된다. 이런 겹침으로 결국 토착의 용 신앙이 불교의 미륵 신앙으로 변화된 것으로 판단할 수 있다.

이를 다시 뒤집어보면 당시 한반도에서 외래 종교였던 불교가 마한 시대 이전부터 농경민의 신앙으로 군림해오던 용 신앙을 흡수통합한 것이라는 해석이 가능하다. 불교의 토착화가 이러한 방식으로 이뤄진 것이다. 세계 종교사가 빈번하게 보여준, 외래 신앙이 그 지역에 뿌리를 제대로 내리려면 토착 신앙과 피를 섞지 않을 수 없다는 사실이, 여기에서도 다시 한번 확인된다. 그렇지 않고 굴러온 돌이 박힌 돌을 뽑으려고 하면 끊임없는 불화와 갈등이 계속될 뿐이다.

미륵사지를 자세히 살펴보면 재미있는 사실이 발견된다. 하나는 창건 당시부터 미륵사의 정문 앞에 연못을 조성해 용이 살 수 있는 공간을 남겨놓은 점이고, 또 하나는 금당 밑으로 용이 드나들 수 있도록 일부러 수로를 만들었다는 점이다. 금당에는 미륵불을 대좌 위로 모셨고, 그 밑으로는 용이 출입할 수 있는 수로를 연결해놓은 것은 두말할 필요 없이 용즉미륵龍卽彌勒(용은 즉 미륵이다)을 상징한 것이다.

법당 밑으로 일부러 수로를 내어서 용이 드나들 수 있도록 한 장치는 쌍탑으로 유명한 경주의 감은사터에서도 발견된다. 감은사에 모신 불상이 과연 미륵불인가는 확인할 수 없지만, 적어도 용과 부처를 동일시한 것만큼은 틀림없다. 감은사 근처의 이견대利見臺 또한 『주역』의 건괘인 용을 설명하는 문구에서 따온 명칭이라는 사실을 감안하면 용과 불교의 접합은 확실하다.

삼국시대 우리 조상들의 세계관에 따르면 물길을 타고 올라간 용이 화현하면 미륵이요 부처였다. 그리고 이 미륵은 다시 현세의 제왕으로 표상되었다. 감은사의 문무왕이 죽은 후에 바다의 용이 되어 나라를 지켰던 것처럼, 미륵사의 무왕도 위풍당당한 용으로 숭배되었을 것이다. 이처럼 불교와 용은 뗄 수 없는 사이이다. 한국 불교의 저변에는 용이 꿈틀거리고 있기 때문에, 불교의 밑바닥을 알려면 용을 추적해야 한다는 것이 나의 지론이다.

　　연못을 메워 절을 지은 다른 이유를 하나 더 찾는다면 서기瑞氣 (좋은 기운) 때문이다. 도를 닦기에 적합한 절터는 길지를 택해야 하는데, 그 길지 잡는 방법의 하나가 서기의 존재 여부를 따지는 것이다. 물이 차 있어 흙을 메워야 하는 불편함을 감수하고서도 굳이 연못에다 절을 지은 것은 이러한 곳에 서기가 많이 농축돼 있기 때문이다. 미륵사가 자리 잡게 된 연못 자리 역시 그러한 상서로운 기운이 많았던 곳이라고 봐야 한다.

　　그렇다면 서기란 무엇인가? 서기는 과연 존재하는가? 하는 의문을 던져봄 직하다. 나는 도력이 높은 불교의 고승 또는 선도의 고수들을 만날 기회가 있으면 염치불구하고 반드시 이 부분에 관한 질문을 던지곤 했다.

　　"서기라는 게 정말 있습니까?"

　　"이 사람아, 있네."

　　"그런데 왜 제 눈에는 안 보입니까?"

　　"자네가 스스로 공부를 해서 보아야지."

　　도인들의 공통적인 답변은 확실히 존재한다는 것이다. 그러나 내 눈에는 보이지 않는다. 보이지 않는 것을 하나의 정보로 받아들이기 위해서는 정보를 제공하는 사람과의 인간적 신뢰가 중요하다. 처음에는 반신반의하지만 정신세계를 접한 다수의 고단자들이 한결같이 서기의 존재를 인정한다. 신뢰할 만한 사람들이 공통으로 인정하는 바라서 결국에는 나도 믿기로 했다. 이 기운을 눈으로 보는 경지에 이르기 위해서는 심안心眼 또는 영안靈眼이 열려야 한다. 그러자면 수행을 통한 고도의 정신 집중 상태에 진입할 수 있어야 함은 물론이다. 속인의 눈인 속안俗眼으로는 보이지 않는다.

심안에 대한 강조는 내가 대학원 재학 때 배종호 선생의 강의를 들으면서 인상 깊게 들었던 대목이다. 지금은 작고했지만『한국 유학사』를 저술한 동양철학계의 거목이자 동시에 재야의 학문인 풍수에도 깊은 식견을 지녔던 분이다. 최창조 선생이 존경하던 인물이기도 하다.

고창 소요산에서 능엄선楞嚴禪(내면세계에서 나오는 소리와 빛을 관조함으로써 삼매에 도달하는 선법)에 몰두하면서, 장좌불와長坐不臥(24시간 눕지 않고 앉아 있는 수행)를 실천하고 있는 금성 스님 역시 서기를 관觀할 수 있는 고승 중의 한 분인데, 이 스님도 "옛날 스님들이 연못 위에 절터를 잡은 것은 그곳에 서기가 어려 있기 때문"이라고 나에게 설명한 바 있다. 이를 생각하면 정신세계라는 것이 참으로 불가사의하게 느껴진다.

부처를 모시는 호위무사를 자청한 용의 선택

서기에도 등급이 있다. 수·화·목·금·토라는 오행의 순서를 따라 올라간다. 가장 낮은 등급은 '수'의 색깔인 검정이고, 가장 높은 급수인 '토'는 황색이다. 오행에는 각기 자기에 해당하는 색깔이 있다. 화는 빨간색이고, 목은 파란색이고, 금은 흰색에 해당한다. 오행은 서로 상생과 상극의 작용을 통해 물고 물리는 대등한 관계이지만, 서기의 관점에서 살펴보자면 차등이 있다. 서기는 색깔로 나타나는데 검정이나 빨간색은 저급한 색깔이고, 흰색과 황색은 고급 색깔이다. 다시 말해서 수·화·목보다는 금과 토가 더욱 정화된 색깔이다.

그래서 엄밀하게 서기라고 규정할 수 있는 색깔은 흰색과 황색만 해당한다. 만약 어떤 장소에 검정이나 빨강이 보이면 이는 좋지 않은 곳이라고 보면 된다. 흰색보다는 황색이 더욱 고급의 기운임은 물론이다. 불교에서 불상에 색깔을 입힐 때 황금색을 택하는 이유는 여기에 있다.

정신세계의 고단자들 이야기를 종합해보면 황색의 서기가 어려 있는 곳은 틀림없는 명당이라고 한다. 명당에는 지기가 뭉쳐 있고, 지기가 뭉쳐 있는 곳에는 반드시 천기가 응하게 마련이다. 지기와 천기가 만나면 화학 변화가 발생해 무엇을 만들어낸다.

그것이 무엇인가? 나는 이것을 불사약인 엘릭시르elixir로 표현하고 싶다. 엘릭시르는 4차원의 고급 에너지이다. 우주적 차원의 감로수이다. 고도의 경지에 오른 수행자는 이 엘릭시르(감로수)를 섭취할 수 있다.

이 엘릭시르는 고승만 먹는 것이 아니다. 정신세계에 사는 용들도 필요로 하는 양식이다. 고승과 용이 공통적으로 이것을 섭취한다. 먹다 보면 어떤 경우에는 부족한 경우가 발생해서 서로 먹으려고 싸움이 일어나, 용과 고수의 한판 승부가 벌어진다. 엘릭시르를 둘러싼 갈등이 일어날 가능성이 높은 곳이 연못과 저수지이다. 이곳에는 수천 년 또는 수만 년 전부터 용이 거주하고 있기 때문이다.

용이 이기면 고승은 심한 타격을 받은 나머지 그곳을 떠나야 하고, 반대로 고승이 이기면 용이 떠나든가 아니면 고승의 심부름꾼이 돼야 한다. 심부름꾼이란 용이 고승을 지키는 호위 신장이 되는 것이다. 좌에는 청룡, 우에는 황룡이다. 『삼국유사』나 기타 불교 설화를 보면 고승과 용이 결투(?)하는 대목이 여러 번 나온다. 고승이 용을 쫓아내거나 조복調伏(항복)을 받았다는 대목이 상당수 등장하는 것은 이러한 맥락에서 이해해야 한다. 지상에서는 결코 목격할 수 없는 결투이지만, 4차원의 세계에서는 심각한 한판 승부이다. 십이지 중에서 쥐·소·범·토끼 등 다른 동물은 모두 지상에 실재하는 동물이지만, 용만큼은 눈에 보이지 않는 동물이다. 그런데도 동양의 철인들은 용을 십이지에 속하는 동물로 집어넣었다.

거기에는 그럴 만한 이유가 있었다고 봐야 하지 않겠는가. 용은 인간이 수행해서 범인의 상태를 벗어나 사차원의 세계로 진입했을 때 그때 비로소 맞닥뜨리게 되는 동물이라고 한다. 근래에 용 이야기를 하는 사람이 실감 나게 적은 것은, 현대에는 물질세계에만 급급해 정신세계에 들어간 고단자가 드물다는 방증이라고 생각된다.

연못을 메워서 지은 절터를 파보면 대부분 숯이 나온다. 미륵사 터에서도 숯이 나왔고, 금산사 미륵전에서도 역시 숯이 출토되었다. 구전에는 장흥 보림사터도 부설 거사의 부인인 묘화 부인이 숯으로 메웠다고 전해진다.

우리 선조들은 하필 숯을 넣어서 연못을 메웠을까? 습기 제거 때문이다. 숯은 습기를 빨아들이는 데 탁월한 효과가 있다. 만약 습기를 빨아들이지 않은 상태에서 절을 지으면 습기가 계속 올라와 쉽게 건물이 부식되고 곰팡이가 끼게 된다. 그뿐만 아니라 실내가 눅눅해

저 사람이 거처하기에도 좋지 않다. 고대 건축에서 숯이야말로 습기를 제거할 수 있는 가장 좋은 재료였다. 기록상으로만 볼 때 우리나라에서 숯을 넣어 지은 최초의 절은 익산 미륵사이다. 미륵사 이후로 숯을 사용하는 지정법地定法(땅을 다지는 방법)이 전국으로 확대된 것 같다.

또 다른 이유가 있다. 용을 쫓아내기 위해서이다. 용과 숯은 서로 상극 관계라고 한다. 닭과 지네, 새우젓과 돼지고기, 지푸라기와 해삼이 서로 상극 관계이듯이, 제아무리 용이라 한들 시커먼 숯을 만나면 꼼짝 못 한다는 속설이 전해진다. 용은 물이 있어야 노는데, 숯은 물기를 스펀지처럼 흡수해버리는 작용을 하니 숯을 싫어할 수밖에.

숯에는 화기가 장축藏蓄되어 있다. 용은 물에서 노는 '수'의 영물이고 숯은 '화'이다. 수화상극의 원리로 용과 숯의 관계를 해명할 수도 있다. 벼락 맞은 대추나무가 귀신을 쫓는 부적의 효험이 있듯이, 화기가 내포된 숯 역시 용을 쫓는 부적으로 작용하는 것이다. 벼락 맞은 나무는 몇백만 볼트의 화기가 통과했으므로 귀신을 쫓는 힘을 지니게 된다. 따라서 부적이 지녀야 할 필요충분조건은 화기이다. 숯이 지닌 습기 제거의 기능이 실용적인 측면이라면, 화기는 종교적인 측면으로 이해된다.

그렇다면 미륵 신앙과 용의 관계는 우호적인가, 아니면 적대적인가? 어떤 때는 미륵이 곧 용이라고 했다가, 어떤 때는 숯으로 용을 쫓아냈단 말은 뭔가. 외래 종교인 불교가 처음 전래될 때는 기존의 신격인 용과 미륵불을 일치시키는 전략적 제휴가 불가피했지만, 불교가 어느 정도 뿌리를 내리고 독자적인 위상을 확보하고부터는 차별화 혹은 하위 신격으로의 포섭을 시도한 결과이다. 그래서 용은 부처의 보디가드 즉 호위 신장으로 편입된다. 용은 부처님을 호위하는 여덟 신장인 팔부신장八部神將 가운데 하나에 속하게 된 것이다.

백제 무왕과 선화 공주의 애틋한 불심
미륵산 사자사

호랑이가 선교仙敎(도교)를 상징하는 동물이라면, 사자는 불교와 인연이 깊은 동물이다. 고승이 법문을 설하는 우렁찬 모습을 묘사할 때 '사자후獅子吼'를 토한다고 하는가 하면, 부처님이 앉는 좌석을 '사자좌'라고 한다. 그런가 하면 법당의 불단(수미단)에 조각돼 있거나, 나무로 만들어진 사자상을 흔히 볼 수 있다. 왜 불교에서는 이처럼 사자를 애호하는가? 여기에는 수행의 비밀이 숨어 있다.

인체 내부에는 기가 모이는 기혈이 있다. 일종의 에너지 터미널이라고 생각하면 된다. 인도의 요기들은 이 기혈을 차크라chakra라고 부른다. 인체의 차크라로는 크게 일곱 개를 꼽는다. 첫째는 척추 끝쪽에 있는 물라다라Muladhara, 둘째는 배꼽 밑에 있는 스바디스타나Svadhisthana, 셋째는 배꼽 근처의 마니프라Manipura, 넷째는 심장 근처의 아나하타Anahata, 다섯째는 목젖 부근의 비슈다Visuddha, 여섯째는 양미간 사이의 아즈나Ajna, 일곱째는 정수리에 있는 사하스라라Sahasrara.

이 중 내가 말하고 싶은 것은 양쪽 눈썹 사이에 있는 아즈나 차크라이다. 이 부분이 개발되면 천안통天眼通이 열린다고 한다. 천안통이란 가만히 앉아서도 천 리 바깥의 일을 볼 수 있는 초능력을 말한다. 서양 사람들은 천안통을 제3의 눈Third eye이라고 부른다.

일전에 국내에서 화제가 되었던 책『나는 티벳의 라마승이었다』를 보면, 이 여섯 번째 차크라를 속성으로 개발하기 위해 외과 수술을 하는 장면이 나온다. 아즈나 차크라가 있는 양미간 사이를 송곳으로 뚫어서 거기에다 침을 박아 넣는 방법이다. 그러면 내면적인 수행을 거치지 않고서도 이른 시일 안에 천안이 열린다고 돼 있다. 그러나 이는 매우 충격적인 방법이고, 대개의 경우는 내면에 응축된 기가 이 차크라를 뚫을 때 천안이 열린다.

불상을 보면 양미간 사이에 보석이 박혀 있는데, 이 보석은 정확히 아즈나 차크라 자리에 박혀 있고, 천안이 열려 있음을 상징한다. 천안이 열리는 과정에서 수행자는 자기 내면에서 나오는 소리를 듣게 되는데, 그 소리가 바로 사자가 울부짖는 소리와 흡사하다고 한다. 사자 소리를 들어야만 아상(에고)이 완전히 소멸한 경지에 도달하는 것이다. 불교의 각종 상징에 사자가 등장하는 이유가 여기에 있다.

『삼국유사』에는 지명 법사라는 백제의 고승이 등장한다. 그는 충남 예산의 수덕사를 창건한 인물이기도 하다. 별다른 자료가 남아 있지 않아 자세히는 모르겠지만 주변의 정황을 고려해볼 때 지명 법사는 백제 무왕의 스승이었을 가능성이 높다.

미륵산 문화권을 연구해온 역사민속학자 송화섭 박사의 주장에 따르면, 무왕의 생가터는 사자사에서 훤히 내려다보이는 지점이어서 그는 아마도 어렸을 때부터 항상 미륵산의 사자사를 쳐다보면서 성장했을 것이고, 왕이 되기 이전부터 지명 법사를 자주 찾아갔을 공산이 컸으리라고 한다. 사자사 밑에 있는 미륵사 창건의 계기도 무왕 부부가 바로 지명 법사를 만나러 가는 도중에 미륵 삼존이 출현한 데 있다. 기록으로나 주변 정황으로 따져볼 때 지명 법사와 무왕의 관계는 각별했다고 판단된다.

다시 말해서 별 볼 일 없이 마麻나 캐던 서동이 제왕의 위치에까지 오를 수 있었던 배경에는 스승이었던 지명 법사의 지도가 있었다고 봐야 한다는 것이다.

나 역시 이 의견에 동감한다. 그리고 '명命을 안다'는 뜻의 지명知命이라는 법호로 보아서 그는 전생·현생·내생의 삼생 정도는 볼 수 있는 도력의 소유자였던 것 같기도 하다. 도력이 있어야 사람을 지도할 수 있는 법이다. 이런 스승이 있었으니 무왕이라는 인물이 나올 수 있었지, 스승 없이 평지 돌출은 어렵다. 무왕 뒤에는 지명 법사가 있었다. 지명 법사는 아마도 왕사에 해당하는 인물이었을 것이다.

선화 공주와 백제 무왕이 자주 찾은 미륵산 사자사

무왕이 선화 공주와 함께 지명 법사가 머무는 사자사를 방문하러 가던 도중 연못에서 미륵 삼존의 출현을 맞게 되었다는 『삼국유사』의 대목을 놓고 그동안 학계의 의견이 분분했다.

핵심은 '사자사라는 절이 과연 실존했던 절인가?'였다. 현재 미륵산의 정상 부근에 있는 사자암은 너무 규모가 작고 초라해서 왕의 스승격인 지명 법사가 살 만한 절이라고는 생각되지 않았기 때문이다. 그래서 혹자는 사자사가 미륵산 아래의 어딘가에 있지 않나 추측하기도 하고, 또는 일연 스님이 피곤하니까 현지답사를 빼먹고 얼렁뚱땅 기록해놓은 것이 아닌가 하고 생각하기도 했다.

그러나 1992년 사자암에서 '사자사師子寺'라고 새겨진 명문 기와가 출토됨으로써 이러한 의문은 모두 사라졌다. 사師와 사獅는 같다. 미륵산의 현재 사자암이 『삼국유사』에 등장하는 사자사인 것으로 확인된 것이다. 『삼국유사』의 저자인 일연 스님의 치밀한 고증벽이 다시 한번 입증된 셈이다. 일연 스님 덕택에 이거라도 남았지, 만약 『삼국유사』마저 없었더라면 한국 사람은 무엇으로 서양 사람들에게 우리 선조들의 정신세계를 이야기할 수 있겠는가. 일연 스님이 보통 고마운 게 아니다.

절이 번창하기 위해서는 두 가지 조건이 필요하다. 하나는 절터가 명당이어야 한다. 명당이어야 영험하기 때문이다. 우

조용헌의 산사로 가는 길

리나라의 유명한 기도터들은 모두 명당에 자리 잡고 있음을 주목해야 한다. 터 자체가 영험을 발휘하는 것이다. 다른 하나는 주지 스님의 도력이다. 그 절에 고승이 주석하고 있으면 신도가 몰리게 마련이다. 이때는 절을 보고 가는 것이 아니라 사람 보러 가는 셈이다. 따라서 터도 좋을 뿐만 아니라 그 절에 고승이 머무르면 필요충분조건을 갖추었다고 볼 수 있다. 그러나 이 양대 조건 중에서 한 가지만 갖추어도 절은 유지된다. 특히 우리나라의 절터는 모두 명당에 자리 잡고 있어 그 많은 전란과 박해가 있었어도 오늘까지 유지될 수 있었던 것이다. 터가 영험하지 않았더라면 벌써 소멸해버렸을 것이다.

사자사가 백제 때부터 지금까지 1천 5백 년이 넘게 유지돼 왔다는 사실도 이곳이 영험한 도량임을 입증한다. 그렇다면 사자사는 무엇이 주특기인가? 절마다 전공이 다르게 마련이다. 어떤 곳은 관음 기도가 잘되고, 어떤 곳은 병이 잘 낫고, 어떤 곳은 나한 기도가 잘 받는다. 사자사는 선운사의 도솔암과 함께 귀신을 쫓는 게 주특기이다. 즉 죽은 영가가 달라붙어 파생되는 병인 무병巫病을 치료하는 데 영험한 도량이다. 육체적인 데에서 기인한 병은 병원에서 치료하고, 심리적인 스트레스에서 기인한 병은 상담을 받아야 하지만, 영적인 부분에서 기인한 병은 퇴마사의 치료가 필요하다.

이 퇴마사는 누구인가? 깊은 수행의 세계에 들어간 종교인, 즉 고승이나 신부, 목사 또는 도사들이다. 그러므로 영적인 원인의 병은 병원에서 고칠 수 없고, 이 사람들에게 가야

사자사 대웅전

한다는 게 나의 생각이다. 무병을 치료하려면 이러한 도인들
을 만나야 한다. 명당인 곳에서 이러한 도인을 만나면 더할
나위 없이 좋다. 선운사의 도솔암과 함께 미륵산의 사자사는
이러한 무병 치료에 특히 효험이 있다고 소문나 있다.

　사자사에는 귀신 붙은 사람들이 많이 오는 만큼 여기에 머
무르는 주지 역시 여기에 대처할 만큼의 수행과 도력이 필요
하다. 만약 그렇지 않으면 영가들에게 오히려 당한다. 당한다
는 것은 결국 몸과 마음이 병드는 상태를 일컫는다.

　그러므로 수행이 무엇보다 중요하다. 수행의 요체는 우선
계율에 있다. 계율은 핵우산과 같아서 계율을 철저히 지키면
어떤 귀신도 감히 범접하지 못한다. 사자사의 주지도 계율에

철저한 만큼, 사자사를 통어할 만한 힘을 갖고 있었다. 그 힘을 가지게 될 때는 보통 영몽靈夢을 꾸는 것이 상례이다.

도원 스님에게 그가 사자사에 부임한 지 얼마 되지 않아서 꾼 영몽을 들을 기회가 있었다. 꿈에 시뻘겋게 지글지글 달궈진 불 구슬이 여러 개 놓여 있는데, 신장들이 나타나 도원 스님에게 구슬 위를 맨발로 올라가라고 다그쳤다고 한다. 도원 스님이 저 뜨거운 구슬 위에 올라가면 죽을 것이 아니냐고 반문해도 무조건 올라가라는 것이었다. 할 수 없이 눈 딱 감고 죽을 각오로 구슬 위에 올라가니 그 구슬은 뜨거운 구슬이 아니라 빨간색 구슬로 변했다. 보기에 좋은 구슬이라 도원 스님은 양손으로 구슬을 주워 머리에 올려놓았다. 영몽임이 틀림없었다. 도원 스님이 계율을 철저하게 지킨 만큼 사자사를 지키는 신장들이 스님에게 절의 주지를 해도 좋다는 합격 판정을 내린 것이리라.

정읍 두승산 유선사

백제 유민의 원한을 달래고
국민 통합을 염원한 의상 대사 이야기

호남평야를 내려다보는 두승산의 유선사에서 아침저녁으로 종을 치면 주변의 일곱 개 군에서 그 소리를 들을 정도였다고 한다. 그야말로 호남평야를 지키는 절이었던 셈이다. 장엄한 종은 지금은 사라졌지만 유선사엔 오래된 회화나무가 여전히 있다. 수백 년 수령의 나무이다. 오랜 풍상을 꿋꿋하게 견뎌 온 신목이다. 구전에 따르면 이 나무는 의상 대사가 심은 나무라고 한다. 신라의 의상 대사는 백제가 망한 직후인 1천 3백 년 전, 전라도 일대를 시찰하던 중 두승산에 올라 절터를 점찍으며 나무 말뚝을 박았다. 그는 왜 두승산에 올랐을까. 그리고 이곳에서 그가 내려다본 땅은 어떤 모습이었을까.

의상 대사가 박아놓은 말뚝, 호남을 지키는 신목이 되다

유선사游仙寺의 대웅전 뒤로 올라가면 봉긋 솟은 동산이 하나 나온다. 여기에는 오래된 괴목인 회화나무 한 그루가 커다란 바위 사이로 뿌리를 내린 채 서 있다. 이곳은 두승산의 아홉 개 봉우리 가운데 서쪽으로 맨 끝의 봉우리에 해당한다. 용의 머리 부분이므로 두승산의 기운이 몰려 있는 지점이라고 보면 된다. 그 꼭대기에 칠성바위라는 바위가 솟아 있고, 그 사이로 수백 년 수령의 괴목이 하늘을 향해 뻗어 있다. 오랜 풍상을 꿋꿋하게 견뎌온 일종의 신목神木이다.

구전에 따르면 이 나무는 의상 대사가 심은 나무란다. 신라의 의상 대사가 호남 삼신산三神山을 순례하던 중 두승산 망화대望火臺에서 좌선하다가, 일곱 신선이 놀다 승천하는 것을 본 후 비목 주장자를 잘라서 그 토막으로 곳곳에 말뚝을 박아 이곳이 절터임을 알렸던 나무 중 하나이다.

내가 보기에는 당산나무이자 민속학에서 말하는 우주목cosmic tree임이 틀림없다. 비상한 위치에 비상한 나무가 서 있는 것으로 보아 이곳은 제사를 올리던 장소임이 분명하다. 산을 많이 다니다 보면 이러한 장소는 오감을 통해 저절로 감지된다. 아니나 다를까 인근 할아버지들의 이야기를 들어보니 이곳은 칠성대七星臺 또는 제왕대帝王臺로 불리던 곳이라 한다. 하늘에 천제를 지내는가 하면 비가 오지 않을 때는 기우제를 지내던 장소이다. 옛날부터 내려오던 제단이다. 그 효험이 지금도 계속 이어져 후손을 보게 해달라고 빌면 여지없이 응답이 있다고 한다.

1천 3백 년 전에 심어놓은 의상 대사의 말뚝을 가슴에 껴안고 툭터진 전망을 바라본다. 호호탕탕이란 이걸 두고 하는 말이리라! 주변수십 리가 온통 누런빛의 황토현 들판으로 바다처럼 펼쳐져 있고 중간중간에 작은 동산들이 섬처럼 떠 있다. 그 누런 들판은 보는 사람의 가슴을 시원하게 뚫어놓는다. 그 뒤로 변산반도 의상봉의 레이더기지가 조그만 혹같이 보이는가 하면 왼쪽으로는 고창만의 바닷물이 햇빛에 반사되고 그 왼쪽으로 소요산, 다시 옆으로 가면 고창의 방장산·입암산이 연결되고 있다. 이 근방에서 '방귀깨나 뀌는 산'들은 전부 모여 있다고 해도 과언이 아니다.

두승산 유선사에서 바라보는 전망은 특이하다. 온통 황금빛 벌판이 진을 치고 있다. 앞을 봐도 들판이요, 뒤를 봐도 들판이요, 옆을 봐도 들판이다. 들판…… 들판의 연속이다. 그 들판 사이로 자리 잡은 자그만 동산들이나 인가가 모여 있는 동네는 마치 대해大海 한가운데에 점점이 떠 있는 섬 같다. 들판도 넓으면 바다처럼 보이는가 보다.

조용헌의 산사로 가는 길

두승산 유선사

이 황금빛 벌판은 한반도의 쌀 창고인 호남평야이다. 옛날 어른
들의 이야기로는 전남 장성에서부터 시작해 충청도 강경에 이르기
까지는 온통 들판으로만 이어져 있어, 전망이 탁 트인 지역이라고 한
다. 그러니까 국토의 70퍼센트가 산으로 돼 있는 산동네인 한반도에
서 가장 넓은 평지에 해당하는 지역이다. 익산의 미륵산도 들판 가운
데에 솟아 있어 이와 비슷한 전망을 연출하고 있긴 하지만, 두승산이
훨씬 더 시원한 전망을 지니고 있다. 미륵산은 뒤쪽으로 산줄기가 연

결돼 있지만, 두승산은 뒤쪽으로도 들판이 뻥 뚫려 있다. 이른바 호남 평야의 피라미드가 두승산이다. 높이는 비록 4백 미터 남짓하지만 우습게 보면 큰코다친다.

산이라는 게 자기 혼자 높다고 꼭 좋은 것은 아니다. 주변과의 역학 관계를 살펴봐야 한다. 두승산처럼 앞이 터져 있는 산은 공부(수행)하기에 좋은 터이다. 공부라는 것이 포용력에 비례한다고 할 수 있을 만큼 포용력은 수행의 척도가 된다. 도가 깊어질수록 포용력도 넓어진다. 도가 깊어지면 이 세상에 이해하지 못할 일이 없다. 포용력을 키우는 방법의 하나는 앞이 툭 터진 터에서 공부하는 것이다. 앞의 지형이 멀리 터져 있을수록 사는 사람의 마음도 멀리 툭 터지게 된다. 앞이 훤히 트이게 되면 저 아래의 풍경들이 눈에 들어오게 되고, 눈에 들어온다는 것은 포용한다는 것을 의미한다.

인걸은 지령地靈이라고 하듯이 주변 풍경과 거기에 사는 인간은 같이 돌아간다. 인간은 주변 풍경에 동화되게 마련이다. 그래서 터진 터에서 오래 살다 보면 거기 사는 사람의 마음도 덩달아 시원하게 터진다. 이 원리를 우리가 생활하는 아파트에 대입해보자. 수십 동이 들어서 있는 빽빽한 아파트 숲에서 사는 현대인들은 마음 씀씀이가 답답하고 옹졸해질 것이 뻔하다. 앞이 보이지 않는데 어떻게 마음을 열수 있을 것인가. 보이는 만큼 열린다고 하지 않는가! 환경과 인간은 둘이 아니기 때문이다. 더군다나 쓰레기를 매립해서 그 위에 지은 아파트에서 사는 것하고 땅속에 금이 많이 묻힌 곳에다 아파트를 지어서 사는 것하고는 상식적으로 생각해도 차이가 날 수밖에 없다. 앞으로 아파트에서 인물 나오기는 힘들 것 같다는 게 내 생각이다.

그래서 선승들은 도를 통한 이후의 수행터를 잡을 때는 앞이 툭 터진 곳을 선호했다. 오도하기 전까지는 한 지점만을 응시하면서 자기를 통제하는 긴장의 연속이 필요하다면, 오도 후의 보림이란 이제까지의 긴장을 풀어내면서 천변만화 세상사를 수용하는 과정이기 때문이다.

도학자인 정명도 선생은 그의 「도통시道通詩」에서 이것을 "사물을 고요히 관찰하면 그 이치가 얻어지고, 생각은 풍운의 변화 속에서 얻어진다萬物靜觀皆自得 思入風雲變態中"고 표현했다. 이 말을 풀이보면 고준한 형이상학적인 이치가 정관靜觀(마음의 눈으로 진리를 바라봄)해서 얻어지는 것이라면, 인생사 경험에서 나오는 형이하학적인 이치는 세간의 변화를 관찰해야 얻어진다는 뜻이다. 즉 오도 후의 보림이란 정관보다는 풍운 변태의 과정에 해당하므로 보림에 적당한 터는 주변이 확 터진 곳이어야 한다는 뜻이다. 낙산사 홍련암, 여수의 향일암, 김제의 망해사, 신태인의 정토사가 그렇다. 홍련암은 동해, 향일암은 남해, 망해사는 서해로 터졌고, 정토사는 유선사와 마찬가지로 너른 들판으로 터졌다. 의상 대사가 유선사에 머물렀다면 아마도 오도 후의 보림과 관계가 깊을 것이다.

그러나 유선사처럼 앞이 트인 도량이 모든 사람에게 좋은 것만은 아니다. 여기저기 돌아다니기를 좋아하는 체질이거나 아직 수행의 기초를 잡지 못한 사람에게는 맞지 않는다. 그런 사람들이 이런 곳에 있으면 마음을 잡지 못하고 안절부절못하게 된다. 오히려 앞뒤로 산이 둘러싸고 있는 곳이 좋다. 그래야 마음의 안정을 얻어 돌아다니지 않고 가만히 앉아 있을 수 있다. 붙박여야 공부가 되는 것이리라.

유선사에 가면 종각터를 주목해볼 필요가 있다. 사연이 깃들어 있는 자리이기 때문이다. 유선사의 종각이 들어선 터는 옛날부터 3~4미터 크기의 평평한 바위가 있던 자리로, 바로 그곳이 지금으로부터 1천 6백 년 전에 백제의 왕과 일본의 사신이 맹약을 맺었던 장소였다.

원래 두승산은 곡창지대 한복판에 솟아 있어 옛날부터 전략적 요충지였다. 그래서 백제의 오방성五方城(다섯 개의 거점 도시) 가운데서도 가장 비중 있는 중방성中方城에 속했다. 즉 중방고사부리성中方古沙夫里城이 두승산에 있었던 것이다. 이 고사부리성의 정상인 유선사 종각터에서 신라를 정벌하고 돌아온 백제와 일본의 연합군이 맹약을 맺었다는 기록이 『일본서기日本書紀』 9권 「신라정토新羅征討」 조條에 나온다. 맹약 당사자는 백제의 근초고왕 부자父子와 일본의 사신 치쿠마 나가히코千熊長彦이다.

고사산(두승산)에 함께 오른 백제의 왕과 일본의 사신이 바위 위에 앉았을 때, 근초고왕은 "만약 풀을 깔고 앉으면 두렵건대 불에 타버릴 것이다. 또 나무를 잘라서 앉으면 두렵건대 물 때문에 떠내려갈 것이다. 반석 위에 앉아 맹세하는 것은 영원히 썩지 않는다는 것을 나타내므로 지금 이후부터 천추만세에 끊어지지 않고 무궁할 것이다"라며 맹세했다.

신라를 공격한 백제와 일본, 즉 당시의 형님과 아우는 영원히 썩지 않는다는 의미에서 유선사 종각터의 너럭바위를 골라서 우의를 다지는 기념 파티를 열었던 것이다. 아마도 날씨 좋은 어느 날 백제와 일본의 장군들은 번쩍번쩍 빛나는 갑옷을 차려입고 두승산 주변 수십 리의 너른 들판을 가슴에 품으면서 호기롭게 술잔을 부딪쳤으리라. 그 장면이 눈에 선하게 들어오는 것만 같다.

그때 그 자리에 있던 유선사의 너럭바위는 말이 없다. 하지만 1천 6백 년 전 그때의 그 장면을 잊지 않고 있겠지! 그렇다! 나도 앞으로 동지와의 회동은 카페나 사무실이 아닌 단단한 암벽 위에서 하는 풍류를 가져야겠다. 그 이후로 660년 무렵 나당연합군에 의해 백제의 사비성이 함락되었다는 소식을 들은 일본은 백제를 구하기 위해 170척의 함대를 이끌고 부랴부랴 달려온다.

두승산의 약속은 헛되지 않았다. 일본에서 달려온 지원군과 백제 저항군은 함께 모여 변산의 우금산성에서 나당연합군과 혈전을 벌인다. 두승산에서 바라보면 변산의 암봉 한가운데에 자리한 우금산성은 지척이었다. 직선거리로 30리나 될까! 불에 타버릴까 두려워, 물에 떠내려갈까 두려워 풀도 나무도 아닌 굳은 암반 위에서 맺은 언약은 3백 년 뒤에도 그 효력을 발휘했다.

이처럼 두승산과 변산은 백제와 일본의 동맹 사연을 간직한 유적지이다. 백제가 망한 뒤 당나라 도독부 치하에서는 고부古阜에 일부러 왜倭 자를 넣어 '평왜현平倭縣'으로 이름을 바꾸었던 것도 이러한 맥락에서 이해해야 한다.

그런가 하면 원효가 삼천 대중에게 설법했다는 원효방이 변산의 개암사 뒤에 자리 잡고 있는 것과 두승산의 유선사를 창건한 인물이 의상 대사였다는 구전도 그냥 넘어가서는 안 되는 대목이다. 원효와 의상은 백제 멸망 당시 신라를 대표하는 고승들이다. 이 두 고승이 두승산과 변산에 뚜렷한 자취를 남길 정도로 이 지역에 오래 머물렀던 이유는 무엇일까?

나당연합군에 의해 참혹하게 초토화된 이 지역을 달래고 교화하기 위해서였을 것이다. 백제 유민의 원혼을 천도하고 전쟁의 후유증을 치료하기 위해 신라 정부에서 두 명의 영적인 지도자를 정책적으로 파견했다고도 생각해볼 수 있다.

황토현에 잠든 동학농민군의 원혼을 달래는 종소리

두승산에서 전망을 가장 잘 만끽할 수 있는 지점은 유선사의 종각터이다. 여기 앉아서 보면 호남평야와 독대하는 느낌이 든다. 원래 이 자리는 평평한 너럭바위였는데 유선사를 중창한 성수 스님이 그 바위 위에 종각을 세운 것이다. 옛날에는 유선사에서 아침저녁으로 종을 치면 주변의 일곱 개 군에서 그 소리를 들을 정도였다고 하니 유선사의 지정학적 위치를 짐작해볼 수 있다. 현재의 종 역시 1천 3백 관이나 나가는 대종이라 웅장한 풍모를 지니고 있다. 일제강점기 때 수백만 신도들의 숟가락과 젓가락을 모아서 만든 보천교 본부의 대종 소리가 하도 커서 익산까지 들릴 정도였다고 하는데, 그 소리만큼이야 못하겠지만, 여하튼 우렁차기는 우렁차다.

유선사에서 하룻밤 머물며 새벽 4시에 치는 스물여덟 번의 타종 소리—절에서는 아침저녁으로 두 번 종을 친다. 저녁에는 서른세 번, 아침에는 스물여덟 번 친다. 28이라는 숫자는 태양이 공전하는 황도

유선사 종각

대의 28수宿를 상징하고, 33은 불교에서 말하는 33천天에 각각 들리
도록 친다는 의미다―를 들어보니 고요히 잠들어 있는 호남의 벌판
을 울리기에 충분하다. 그 울림은 중생들의 무명無明을 깨울 것이다.
왜냐하면 종소리는 보통 소리가 아니라 혼을 깨우는 소리이기 때문
이다.

　　사람이 죽으면 정신을 잃는다. 정신을 잃는다고 하는 것은 영靈·
혼魂·백魄이 따로따로 해체deconstruction된다는 의미이다. 『티베트 사자

의 서』에서 말하는 것처럼, 죽음은 일단 '해체'의 과정으로 정의할 수 있다. 흩어지는 것이다.

무엇이 흩어지는가? 우리나라의 도인들은 이를 삼혼구백三魂九魄이라고 설명했지만, 나는 이를 단순하게 영·혼·백으로 정리하고 싶다. 사람이 육신을 벗으면 영·혼·백으로 해체된다. 배추에 비유하면 배추의 씨는 '혼'이고, 배추씨를 심은 흙은 '백'이고, 배추를 성장하도록 내리쬐는 햇볕은 '영'이다. 영은 하늘에서 왔으므로 죽으면 바로 귀천歸天하고, 혼은 윤회의 주체가 되고, 백은 뼈에 들어 있다. 명당에 묘를 쓰면 후손이 복을 받는다는 풍수 원리의 핵심은 사실 백의 작용에 있다.

'백'이라는 것에 김씨 혹은 이씨 집안의 집단의식이 들어 있다. 집단의식이란 술 잘 먹는 집안이라든가 고집이 세다는 등, 그 집안의 특징적인 유전인자를 가리킨다. 화장을 하면 백이 없어져버리지만, 매장할 경우에는 그대로 남아 있다. 백을 매개로 해서 선조와 후손이 교감한다. 쉽게 비유하자면 백은 휴대전화와 같다. 선조가 휴대전화를 이용해 전화하면 후손이 백을 통해 받아보는 것이다. 그 휴대전화가 백이고 백이 들어 있는 곳은 뼈이다. 그러므로 뼈는 백이 머무는 집이다. 우리나라 사람들이 이장移葬할 때 세계 어느 나라 사람보다도 조상의 뼈를 소중히 하는 이유가 여기에 있다.『정감록』과 함께 우리나라의 양대 예언서인『격암유록』을 남긴 예언자이자, 풍수의 대가였던 남사고南師古(1509~1571)가 구천십장九遷十葬(묘지를 많이 옮김)을 할 때 열심히 들고 다닌 것도 바로 이 뼈이다. 뼈가 문제인 것이다. '뼈대 있는 집안'이라는 말은 그냥 하는 말이 아니다. 알고 보면 의미가 심중深重한 말이다.

백(뼈)을 통해 조상과 후손이 통신한다. 통신의 주제는 물론 길흉화복이겠지만, 상계점을 보면 죽은 지 백 년도 넘는 5대조나 6대조가 느닷없이 나타나 메시지를 전하는 것도 백의 작용 때문이다. 백이 오래가려면 뼈가 오래 보존돼야 하고, 풍수가에서는 뼈가 오래 보존되는 곳을 명당이라고 한다.

수백 년 된 묘를 파보니 누런 황골이 나왔다고 하는 말은 뼈가 오래 보존되었다는 것을 의미한다. 이는 명당이다. 알고 보면 음택풍수는 죽은 조상의 뼈를 최대한 활용해서 살아 있는 후손이 도움을 받자는 대단히 실리적인 노선이다. 그러나 어설픈 묏자리를 써서 조상으로부터 골치 아픈 메시지를 받기보다는 차라리 휴대전화를 폭파하는 것이 낫다고 본다. 휴대전화를 폭파해버리면 통신이 차단될 것이고, 통신이 차단되면 길흉화복의 통신도 사라진다. 이를 일러 무해무득이라 한다. 해도 없고 득도 없다. 어떻게 하면 통신을 차단할 수 있는가? 그것은 뼈를 태우는 화장법이다. 지상에서 유일하게 유를 무로 전환시킬 수 있는 방법이니까. 불은 신성하다. 구질구질한 것을 깨끗하게 정리할 수 있는 수단이 바로 불이다.

그렇다면 혼은 어디로 가는가? 혼은 중음中陰이라고 하는 이승도 아니고 저승도 아닌 중간 지대의 세계를 떠돈다. 불교에서는 그렇게 떠도는 기간을 49일로 본다. 49재는 여기에서 나온 것이다. 혼은 49일을 떠돌다가 다음에 태어날 지점으로 떨어진다. 혼이 중음에서 떠돌 때 지상으로부터 들리는 유일한 소리는 종소리뿐이라고 한다. 망자는 북소리나 피리 소리가 아닌 쇳소리만을 듣는다. 종소리를 듣고 혼미한 정신을 차릴 수 있다. 종소리를 지팡이 삼아야만 삼악도三惡道라고 하는 지옥·축생·아귀의 세계에 떨어지지 않고 좋은 세계로 환생하게 된다. 인간으로 환생할 때는 태몽으로 나타난다. 사차원에서 삼차원으로 넘어올 때 화면에 잠간 나타나는 그림이 태몽이다. 이 태몽이 어떠냐에 따라 그 사람의 인생이 결정되는데, 태몽을 좌우하는 것이 혼이다. 만약 혼이 정신을 못 차려서 개의 배를 궁전으로 착각해 들어갔을 경우에는 인간이 아니라 강아지로 환생할 수도 있다.

종소리는 정신을 잃기 쉬운 중음 세계에서 혼을 끊임없이 깨우는 자극제이다. 그러므로 불사 가운데서도 좀 한다 하는 불사는 그 공덕이 특히 심중하다고 전해진다. 두승산 바로 아래는 동학농민혁명의 발상지인 황토현이다. 세상을 바꾸려다 뜻을 이루지 못한 동학농민군의 영혼들이 몰려 있는 곳이다. 두승산 정상에 자리 잡은 유선사의 1천 3백 관짜리 종소리가 멀리멀리 울려 퍼질수록 호남 벌판에 떠도는 동학군의 영가들은 좋은 세상으로 가리라고 믿는다. 동학군의 억울한 영가들이여, 유선사의 청명한 종소리가 들리거들랑 그만 가슴에 맺힌 응어리를 풀고 광명의 도솔천으로 높이 높이 올라가소서!

유선사 삼존불과 지권인 이야기

유선사 대웅전에는 금박을 입힌 청동 삼존불이 있다. 가운데 불상은 오른손 검지를 왼 손바닥으로 감싸 안은 지권인智拳印을 하고 있는 것으로 보아 비로자나불毘盧遮那佛(지덕의 빛으로 세상을 비추는 부처)이다.

　　　　　　　　　　　　　　조용헌의 산사로 가는 길

지권인이라고 하는 수인手印의 형태는 '둘이 아니다不二門'라는 메시지이다. 부처와 중생이 둘이 아니고, 선과 악이 둘이 아니고, 진여와 생멸이 둘이 아니고, 객관과 주관이 둘이 아니고, 정신과 물질이 둘이 아니고, 너와 내가 둘이 아님을 상징한다. 중생은 이것들이 항상 둘이라고 생각한다. 둘이라고 생각하는 것을 불교에서는 분별이라고 한다.

중생의 모든 번뇌는 분별에서 온다. 분별이 사라지는 순간 도가 트이게 된다. 선종의 3조祖 승찬 대사는 깨달음의 경지를 사언시四言詩의 형태로 간결히 서술한 선서禪書인 『신심명信心銘』의 첫머리에서 "지극한 도는 어려운 것이 아니다. 이리저리 따지는 것을 피하면 된다至道無難 唯嫌揀擇"라고 설파한다.

의상 대사가 『법성게法性偈』 첫 구절을 "진리의 성질은 원융해서 두 가지로 나누어지는 것이 아니다法性圓融 無二相"로 시작한 것도 바로 분별을 때려잡기 위해서이다. 쉽게 말해 중생들이 둘이 아닌 경지를 비유적으로 체험할 방법은 성적인 오르가슴을 통해서이다. 오르가슴이란 무엇인가? 오르가슴이란 에고ego의 감옥에서 벗어나는 순간에 느끼는 극치의 쾌감이다. 감옥 중에서 가장 질긴 감옥이 자의식이다. 이 자의식이라는 것이 너와 나를 구별하게 하고 매사에 이익인가 손해인가를 끊임없이 저울질하게 만들어 인간을 끝없이 피곤하게 하는 마법의 거미줄이다. 이 마법의 거미줄에서 벗어난 상태가 지권인의 경지이자 불이문의 경지이다. 절차탁마의 도를 닦아야만 이 경지에 진입할 수 있다. 그러나 보통 사람이 도를 닦지 않고서도 살짝 맛볼 수 있는 것이 바로 섹스의 절정에서 느끼는 오르가슴이다. 적어도 그 순간만큼은 분별이 사라진다. 나를 잊을 수 있다. 범부 중생은 마법의 거미줄에 내내 붙잡혀 있다가 이때나마 잠시 마수에서 벗어나는 것이다. 눈만 뜨면 분별과 소유욕에 시달려야 하는 현대인들이 그 탈출구를 섹스에서 찾는 것도 이유가 있다.

그러나 인도의 카주라호 사원 앞에 세워진 수많은 남녀 교합의 조각들과 탄트라 문헌들은 성교육 교재가 절대 아니다. 지권인과 불이문을 통해 도달한 지극한 평화와 열락의 상태를 표현한 것이다. 그 지고한 열락의 상태를 범부에게 전달할 방법이 없어서. 성적인 극치감으로 설명하는 방법 외에는……. 그렇다면 지권인의 열락과 성적인 오르가슴의 차이점은 뭔가? 전자가 무한이라면, 후자는 유한이다. 전자는 계속해서 자가발전이 되지만 후자는 배터리가 떨어지면 끝이다.

이 지권인의 삼존불은 원래 도갑사에 있던 불상이었는데 유선사로 옮겨 왔다고 주지 스님이 설명해주었다. 옮겨 오게 된 원인은 '불상의 눈물'에 있었다. 큰스님들 이야기로는 절에서 부처가 울고 있으면 절이 잘 안된다고 한다. 천주교에서는 성모마리아상이 눈물을 흘리면 이적이 나타났다고 해서 화제가 되지만, 불교에서는 불길하게 여긴다. 그래서 유선사로 모셔와[移安] 새롭게 단장해[改金] 놓았다. 부처도 인간들처럼 인연 따라 이 절 저 절 이사 다니는 것을 보면 재미있다.

패철(나침반)을 꺼내 대웅전의 좌향을 살펴보니 사좌[巳坐]이다. 사좌는 거의 북향에 가까운 방위이자 뱀을 상징하는 좌향이다. 그래서 혹시 유선사와 뱀에 관계된 이야기가 없을까 하고 주지에게 물어보았다.

조용헌의 산사로 가는 길

아니나 다를까 불사를 벌이려 하면 뱀이 나타나는데, 똬리를 틀고 나타나면 일이 잘 풀리고, 돌아다니면 관재나 구설이 발생하더라는 것이다. 그런가 하면 개도 나타난다고 한다. 개는 십이지간에서 술戌로 표현된다. 흥미 있는 것은 사巳와 술戌은 원진살怨嗔煞이 성립되는 관계이다. 원진살은 민속에서 궁합을 볼 때 가장 꺼리는 관계이다. 즉 뱀은 개 짖는 소리만 들려도 소름이 돋을 만큼 아주 싫어한다. 개띠하고 뱀띠, 또는 태어난 날이 개날과 뱀날인 남녀가 만나면 서로 증오하거나 헤어지고 만다는 게 민속에서의 궁합이다.

호남의 삼신산의 하나인 두승산에 얽힌 이야기

두승산은 선가仙家의 풍모가 물씬 풍기는 산이다. 신선이 노닌다는 뜻의 '유선사游仙寺'의 이름에서도 두승산이 선가와 관련이 깊음을 알 수 있다. 선가라고 하면 불가에 앞서 우리 민족의 정신사를 지배했던 종교이다. '말봉'이라고 불리는 두승산 정상에는 누가 새겼는지는 모르지만 '신선을 바라본다'는 의미의 '망선대'라는 글씨가 굵게 새겨져 있다. 두승산의 원래 이름인 영주산瀛州山이라는 이름 역시 선가적이다. 영주산은 선가에서 말하는 삼신산三神山—신선이 머문다는 삼신산은 봉래蓬萊·방장方丈·영주瀛洲 세 산을 뜻한다—가운데 하나이기 때문이다.

두승산은 호남의 삼신산 가운데 하나이다. 우리나라의 삼신산으로는 금강산(봉래산), 한라산(영주산), 지리산(방장산)을 꼽는다. 여기에서 다시 호남의 삼신산으로 갈라진다. 호남의 삼신산은 고창의 방장산, 부안의 변산(봉래산), 고부의 두승산(영주산)이다. 이들을 찬찬히 살펴보면 봉래산에 해당하는 금강산과 변산은 산 전체가 바위 봉우리로 되어 있는 화려한 산이고, 방장산에 해당하는 지리산과 고창의 방장산은 엉덩이가 평퍼짐하게 퍼진 육중한 느낌을 주는 토체의 산이며, 영주산에 해당하는 한라산과 두승산은 평지에 피라미드처럼 우뚝 솟은 산이라는 각각의 공통점을 지니고 있다.

그렇다면 삼신산은 어떤 산인가? 삼신산은 선가의 이상향을 지칭한다. 신선들이 머무는 세 개의 산이다. 한자 문화권의 사람들은 이 삼신산을 바다 가운데에 떠 있는 산으로—『정감록』에서 진인眞人이 바다의 섬에서 나온다는 믿음도 이와 관련이 있다—보았다. 즉 해중산海中山으로 생각해, 바다 멀리 수평선 저쪽에 가물가물 떠 있는 산으로 보았던 것이다. 먹으면 늙지 않는 불로초가 널려 있고, 허연 수염 기른 신선들이 한가하게 바둑을 두고 있는 지상낙원이 바로 그곳이었다.

두승산의 끝자락을 보통 천태산이라고도 부르는데 여기에도 역시 선인仙人의 전설이 내려온다. 조선 중기 남궁두라는 사람이 하늘로 승천하려다가 도중에 떨어져 죽었다는 이야기이다. 남궁두는 조선 중기 전북 함열에서 살았던 실존 인물이다. 남궁두는 살인죄를 저지르고 피신 중 우연히 무주 적상산에 들어가 권진인이라는 스승을 만나 간청 끝에 제자가 된다. 7년간의 입산수도 끝에 남궁두는 어느 정도 경지에 올랐으나 마지막 불기운을 억제하지 못한 채 그만 마지막 단계에서 실패하고 만다.

『홍길동전』을 쓴 허균이 함열로 유배되었을 때 도술을 배우려는 목적에서 남궁두를 방문한 적이 있다. 허균이 축지법을 알려달라 하자 남궁두는 '당신은 그동안 주색을 너무 좋아했기 때문에 알려줄 수 없다'며 거절했다고 한다. 당시 남궁두는 여든이 넘은 고령임에도 불구하고 얼굴빛이 복숭아처럼 화색이 감돌 뿐 아니라 장시간 이야기하고 걸어 다녀도 전혀 피로한 기색이 없었다고 허균은 그의 「남궁선생전南宮先生傳」에서 밝히고 있다. 남궁두는 지선地仙급 신선이었음에 틀림없다.

　신선에도 여러 등급이 있다. 흔히 귀선鬼仙·인선人仙·지선地仙·신선神仙·천선天仙의 5등급으로 나누지만 크게 나누면 지선과 천선이 있다. 지선은 지상에서 몇백 살의 수명을 누리는 경지이고, 천선은 하늘에서 장생불사하는 경지이다. 가장 높은 단계인 천선은 지상의 부채를 다 갚은 다음 대낮에 하늘로 유유히 올라가는 백일승천 과정을 거친다. 조선 중기의 저명한 단학인으로『용호결』의 저자인 북창 정렴이 백일승천했다는 소문이 있고, 중국 청나라 때의 저명한 내단 수련가 황원길 도인도 백일승천했다고 선가의 책에 기록돼 있다.

　이렇게 볼 때 남궁두가 두승산 끝자락에서 하늘로 올라가려다가 도중에 떨어졌다는 이야기는 천선의 경지에 도전했다가 실패한 것으로 해석된다. 지상에서 영원으로 점프하려다가 그만 실족한 것이리라! 남궁두가 그의 마지막 승부수를 걸었던 장소가 바로 두승산이었다고 생각하니 고부의 도인이었던 권극중이 떠오른다.

　권극중(1585~1659) 역시 남궁두와 동시대 인물로 두승산 자락에 살았던 선인이다. 그는 단학의 바이블『참동계參同契』를 주석한 인물이다.『참동계』는 주자도 그 비밀을 해석해낼 수 없다고 고백한 비서 중의 비서이다. 내가 보기에『참동계』의 핵심은 '감리교구坎離交媾'에 있다. 여기서 '감'이란 혼을 말하고 '리'란 백을 말한다. '교구'란 혼을 백속에 집어넣는 것을 말한다. 심장의 불기운을 신장의 물 기운 속에 집어넣는 과정이다. 그래야 혼백이 흩어지지 않는다.

단학에서는 이를 일러 현빈玄牝이라 하여 '자리를 잡았다'고 표현하는데, 하여간 이를 겪어야 신선이 될 수 있다고 보면 된다.『중용』의 표현대로라면 "희로애락이 아직 시작되기 이전 상태喜怒哀樂未發之中"를 말한다. 바꾸어 말하면 몸속에서 감리교구가 이뤄지면 희로애락의 감정이 일어나기 전의 담담하고 초연한 마음 상태를 유지할 수 있다.

원광대 김낙필 교수의 박사학위 논문인「권극중의 내단사상」을 살펴보면 함열의 남궁두와『참동계』를 주해한 고부 사람 권극중은 집안 간이었을 가능성이 높다. 권극중의 외조부가 함열 사람인 남궁희라고 행장行狀에 나오기 때문이다. 그것이 사실이라면 남궁두가 두승산에서 그의 마지막 승부수를 띄웠던 것이나, 권극중이 자신의 문집인『청하집』에서「만남궁진사晩南宮進士」라는 추모 시를 남긴 것도 이해된다. 그렇다면 고부의 도인 권극중도 두승산에서 수도했을 개연성이 충분하다고 하겠다.

선적인 풍모가 짙었던 강증산도 두승산과 관련이 깊다. 우선 태어나기를 두승산 자락에서 태어났다.『대순전경』에 보면 그가 20대 중반에 두승산에서 열린 시회詩會에 참석한 적이 있었는데 거기에서 백발이 성성한 노인 하나가 증산에게 비서를 한 권 전했다는 기록이 있다.

시회가 열렸던 장소는 아마도 두승산 정상 부근의 망선대인 듯 싶고, 증산이 이름 모를 노인으로부터 전수받은 그 도서는 『수심정경修心正經』이라는 책으로 추측된다. 『수심정경』은 조선 후기 전라도 지역에 유행했던 내단 수련서이다. 증산이 죽은 뒤 이 책은 방 안의 천장에 보관돼 있다가 외동딸 강순임을 통해 정산 송규—원불교 2대 종법사로 원광대학교 송천은 전 총장의 부친—에 전해지는 우여곡절 을 겪는다.

풍경 소리

호남을 지키는 산신과 호랑이 이야기
유선사 산신각

나는 신선지락神仙之樂의 비원을 가슴에 품고서 오늘도 산에 오른다. 누렇게 벼가 익은 호남 벌판의 한가운데에 불쑥 솟은 두승산을 오른다. 한 발짝 한 발짝 오르면서 소나무를 쳐다보고 구름을 쳐다보고 산 냄새를 맡아본다. 한 걸음 한 걸음 산을 오를수록 솔 향기가 코를 간질이고 탁해진 머리는 시원해진다. 산이 팔을 벌려 나를 껴안고 당신은 그동안 어디서 무엇하고 이제야 오느냐고 묻는다. 온몸에 쩌릿쩌릿 전기가 온다.

나는 산은 하나의 독립된 우주이자 세계라고 생각해왔다. 산에는 산마다 독립된 공화국이 있다. 그 공화국의 대장은 산신령이다. 백두산에는 백두산의 산신령이 있고, 지리산에는 지리산의 산신령이 있고, 두승산에는 두승산의 산신령이 있다. 산신령은 그 산에서 일어나는 일을 총괄하는 결재권자요, 책임자요, 독립된 신격神格이다. 그러므로 산에 오르는 사

조용헌의 산사로 가는 길

람은 산신령한테 잘못 보이면 재미없다.

그런가 하면 산은 외부와 격절隔絶된 공간이다. 속세의 지 겨운 삶을 단절할 수 있는 공간이 산이다. 여기서 전반전을 마감하고 새롭게 후반전을 시작할 수 있다. 골짜기마다 바윗돌마다 소나무 하나하나마다 자기감정을 절실하게 이입하고 꿈을 가꿀 수 있다. 그것뿐만이 아니다. 산에는 가지가지 사연들이 깃들어 있다. 신화와 전설 그리고 역사와 구전이 있다. 아득한 과거에서부터 현재까지. 과거가 현재 속에 들어 있고 현재가 과거 속에 녹아들어 있다. 과거와 현재가 서로서로 삼투돼 있다고나 할까.

이를 설명하자면 불교 철학의 총체라고 하는 화엄 철학을 끌어들여야 한다. 화엄 철학의 핵심은 '일미진중함시방一微塵中 含十方'이다. 티끌 하나에 시방세계 그러니까 모든 우주가 들어 있다는 말이다. 부분 속에 전체가 녹아들어 있다. 중심이라는 게 어디 따로 없다. 이대로라면 내가 곧 우주이고, 우주가 곧 나이다. 여기에 이르면 시간과 공간 그리고 존재의 구별이 녹아버린다. 과거 현재 미래가 동시에 얽혀 있고, 이곳저곳이 한 공간에 중복돼 있고, 너와 나의 사연이 얽혀 있다.

나는 두승산의 한적한 숲길을 한 걸음씩 올라갈 때마다 점차로 그 모습을 드러내는 주변의 황금빛 풍광을 음미하면서, 산은 독립된 공화국이자 하나의 만다라—우주의 총체성을 하나의 도면에 회화적으로 표현한 것—임을 깨닫게 되었다. 두승산은 화엄 만다라의 중앙에 우뚝 솟아 있는 중심 같다는 생각이 들었다. 들판 한가운데 홀로 솟아 있는 독특한 산인 두승산은 그 주변 전망이 호쾌할 뿐만 아니라 수천 년 전부터 구구절절한 '이야깃거리'를 지닌 산이라는 사실이 직감으로 와 닿기 때문이다.

먼저 두승산의 내력을 보자. 덕유산의 맥이 진안, 장수를 거쳐 마이산으로 왔고, 마이산에서 다시 순창 갈재를 거쳐 내장산으로 왔고, 내장산의 소맥이 와서 고부의 들판 속으로 잠적했다가 갑자기 우뚝 솟은 산이 바로 두승산이다. 문자를 쓰면 돌작일대산突作一大山이다.

개천에서 용이 날 때 드라마가 만들어지고, 평지에서 돌출할 때 볼 만한 건더기가 생기는 법이다. 두승산은 평지에 돌출한 산이라서 높지 않아도 위용이 있다. 과연 물건이다. 광주 쪽으로 내려가는 호남고속도로에서 보면 두승산은 오행이 갖춰진 모습이다. 수·화·목·금·토의 형상을 한 봉우리들이 완비돼 있다. 세계를 구성하는 다섯 가지 요소인 오행이 모두 갖춰져 있는 형상이니 거기에서 나오는 묘용妙用도 대단하리라. 알파에서 오메가까지 모두 있는 셈이니까 외부에서 보충할 것이 없는 자기 완결적인 산이다.

그런가 하면 신태인 쪽에서 보면 두승산은 일곱 개의 봉우리로 형성돼 있다. 마치 일곱 개의 노적을 쌓아놓은 것처럼 보인다. 호남평야에서 추수한 나락을 쌓아놓은 일곱 개의 노적가리 두승산. 그 일곱 봉우리 중에서 끄트머리 북쪽에 있는 봉우리에 두승산의 기운이 뭉쳐 있고 여기에 유선사가 자리

조용헌의 산사로 가는 길

잡고 있다. 이름도 멋지다. 놀 유遊 자에 신선 선仙 자이니.

유선사에는 두 개의 혈 자리가 전해 내려온다. 하나는 비룡망해혈飛龍望海穴이고, 다른 하나는 연소혈燕巢穴이다. 용이 하늘에서 바다를 내려다본다는 비룡망해혈엔 현재 대웅보전이 자리 잡고 있고, 제비집 자리인 연소혈에는 요사채가 자리 잡고 있다. 두승산 일곱 개의 봉우리를 용의 형상에 비유해, 이 용의 머리가 변산반도 쪽의 서해를 바라보고 있는 형국이다.

범인이 볼 때는 봉우리 일곱 개에 지나지 않지만, 도인이 볼 때는 꿈틀거리는 용이 바다를 향하고 있다. 선인들의 작명 솜씨에서 풍기는 미학과 경륜에 그저 감탄할 뿐이다. 나는 언제나 저 경지에 도달할 수 있을 것인가! '자기'라는 소아병에서 벗어난 사람은 대자연 속에 자신을 넣어 동화시킬 수 있고, 그 동화는 거대한 풍경을 다시 자신의 손바닥 안에 축소시켜 볼 수 있는 능력으로 이어지는 것이니, 대자연과 자신을 하나로 합일시킬 수 있는 경지에 도달해야만 이와 같은 시적인 작명을 할 수 있으리라. 비룡망해의 용머리에 올라타고 있는 유선사. 그 오른쪽 날개에는 커다란 호랑이 한 마리가 입을 벌리고 내려오고 있다.

그 호랑이는 대웅보전 쪽에서 보자면 오른쪽 방향에서 내려오고 있다. 길이가 족히 4미터는 넘어 보일 성싶은 대호이다. 꼬리를 추켜올린 채 입을 쩍 하니 벌리고 포효하고 있는 당당한 형상이다.

'아니 웬 호랑이가 절에 다 있지? 절에 무슨 호랑이야?'

나는 많은 절을 다녀보았지만 경내에 이처럼 커다란 총천연색의 호랑이상이 세워져 있는 경우는 처음 보았다. 대웅보전 오른쪽의 백호 맥이 약해서 이를 보강하기 위해 세워놓은 것이란다. 그러니까 좌청룡 우백호 할 때의 우백호 줄기에 해당하는 부분이 시원찮아서 그 약한 부분을 인위적으로 보태고 채우기 위한 방편으로 호랑이상을 만들어놓은 것이다. 백호가 약하니 호랑이를 만들어 튼튼하게 해놓은 것은 이치로 보아서는 당연하다. 비보 한번 제대로 한 셈이다.

그러나 한국의 사찰 경내에 이처럼 원색적으로 호랑이상을 만들어놓은 경우는 웬만해서는 찾아볼 수 없다. 파격적이라 할 만큼 대담한 발상이다. 이처럼 담대한 발상을 한 인물이 누구일지 궁금했다. 그 인물은 주지 성수 스님이었다. 장비의 모습은 아니었지만, 첫눈에 여걸이라는 느낌이 왔다.

비구니 스님들은 대체로 처음 보는 남자 거사를 만나면 약간은 긴장하는 법인데, 성수 스님의 얼굴에서는 그러한 긴장이 없었다. 거침새가 없다고나 할까. 보통 스님이 아니다. 불교에서는 이것을 무외無畏의 경지라고 표현한다. 두려움이 없는 마음, 탕탕蕩蕩한 마음. 이것이 수도자들에게서 풍기는 공통적인 분위기이다.

성수 스님에게 그 비결을 물어보니 "오랫동안의 염불과 기도 때문이 아니겠냐"고 하면서 웃는다. 1980년대 초반 유선사에 부임한 이래로 1차로 관음기도 3년, 2차로 지장기도 3년, 3차로 약사기도 3년, 도합 9년을 하루도 안 빠지고 지극

유선사 대웅보전과 호랑이상

정성으로 염불과 기도로 밀어붙인 승려이다.

염불과 기도는 따지고 보면 '자기'라고 하는 게 없고 또 없다는 것을 계속해서 확인하는 작업이다. 내가 없는데 무서울 건더기가 무엇이 있겠는가! 건더기가 있어야 무서움을 느끼는 주체가 있는 법인데, 그 주체를 깨끗하게 비워버리면 처처處處가 부처요, 사사事事가 불공으로 변한다. 두려움이라는 건 건더기가 많은 사람이 갖게 마련이다. 그래서 우주의 대차대조표는 한 치의 어긋남도 없이 공평하다.

나는 성수 스님과 이런저런 법담을 즐기다가 질문을 하나 던졌다.

"스님, 호랑이를 만들어놓고 정말로 효험은 보았습니까?"

"보았지요."

"어떻게 보았습니까?"

"절에 우환이 없어졌습니다. 그전까지만 하더라도 여러 가지 예기치 못한 일이 있었는데 만들어놓은 후로는 사라졌습니다."

"어떻게 호랑이상을 만들어놓을 생각을 내셨습니까?"

"선몽이 있었지요."

"그 선몽에 대해서 이야기 좀 해주십시오."

"꿈 이야기를 자주 해버릇하면 사람이 천해집니다. 그쯤에서 짐작하시지."

그러고 나서 주지는 나에게 무심코 한마디 던진다.

"조 거사님은 염불을 좀 하시면 좋겠습니다."

나는 수행자들과 이야기를 나눌 때, 지나가는 말처럼 한마디 툭 던지는 말에 주의를 기울여야 한다는 사실을 경험을 통해 체득했기 때문에 이 부분을 놓치지 않았다.

"왜요?"

"아상我相이 강해 보여서 드리는 말씀입니다."

나는 이 말에 가슴이 뜨끔했다. 아상이 강하다는 건 자기 고집에서 못 벗어난다는 말 아닌가. '껍질을 좀 벗으라'는 지적이다. 이 대목에서 그 말을 수용하지 않는 기색을 보이거나, 또는 얼굴이 굳어지면 대화는 끝나는 법. 과감하게 인정할 건 인정하고 다시 질문을 던져야 한다.

"제가 그렇게 아상이 강해 보입니까?"

"강하지요. 하지만 한편으로 보면 그것이 있으니 거사께서 고집스럽게 이러한 공부를 할 수도 있는 겁니다."

　일방의 경고와 일방의 격려가 동시에 함축돼 있는 초식이다. 고단자들이 즐겨 사용하는 방법이다. 죽이기도 하고 살리기도 하는 살인도와 활인검을 양손에 쥐고 휘두르는 초식인 것이다. 이름하여 살활자재殺活自在의 검법, 살인도를 가지고 범부의 너덜너덜한 자존심을 단칼에 쳐버리고 활인검으로는 앞길에 놓여 있는 가시덤불을 쳐준다. 그렇다! 돈 버는 것하고는 거리가 먼 공부를 하게 된 내력도 그놈의 아상이고 똥고집 때문이 아니겠는가! 하지만 이것을 해야만 속이 편한 걸 어떡하겠는가!

　유선사의 호랑이상을 쳐다보면서 나는 호랑이가 갖는 의미를 생각해보았다. 우리 선조는 호랑이를 영물로 보았다. 아무리 담력이 센 포수라도 산길에서 호랑이와 정면으로 부닥치면 그 눈에서 나오는 형형한 영기 때문에 선 채로 오줌을 줄줄 싼다고 한다. 앞발에서 나오는 힘은 아주 강해서 일격이면 황소의 목뼈가 부러질 정도이다. 어지간한 짐승은 이 한 방에 날아간다. 언젠가 텔레비전에서 호랑이와 사자가 싸우는 모습이 방영된 적이 있었는데, 그때 보니 호랑이가 선 채로 두 앞발을 들고 사자의 귀싸대기를 좌우 연타로 때려 대니, 사자가 그만 얼이 빠져 맥을 못 쓰고 주저앉는 장면을 본 적이 있다. 앞발에 실려 있는 가공할 힘 때문이다. 그런가 하면 점프력도 대단하다. 한 번 날면 10미터 거리는 간단하게 넘는다. 촌로들의 목격담에 따르면 초가집 한 채는 거뜬히 넘을 정도라고 한다. 비호飛虎는 그냥 나온 말이 아니리라.

총이 등장하기 이전까지는 호랑이야말로 한반도 육상 동물의 제왕이었던 것이다. 제왕이란 지존이고 지존은 신격화된다. 그래서 호랑이는 신격화되었다. 그 신격이 산신이다. 산에 살기 때문에 산신이다. 사찰 산신각의 산신도에서 수염이 허연 노인 옆에 반드시 호랑이가 엎드려 있는 것은 그 때문이다. 여기서 수염이 허연 노인과 호랑이는 하나일 수 있고 때로는 둘일 수도 있다. 하나라는 것은 호랑이를 인격화해 표현할 때는 수염이 허연 산신이 되는 것이고, 실물 그대로의 동물로 표현할 때는 호랑이와 산신이 따로따로이다. 이때의 호랑이는 산신의 심부름꾼이다.

산에서 산신 기도를 드려본 적이 있는 할머니들의 경험담을 들어보면, 산신각에서 한밤중에 정성으로 기도를 드릴 때는 접시 등만 한 눈을 가진 호랑이가 나타나 옆에 앉아 있다고 한다. 이때 놀랄 필요는 없다. 어두컴컴한 길을 혼자서 내려올 때는 길 안내도 해준다는 것이다. 기도 드리는 할머니들은 이때의 호랑이는 그냥 호랑이가 아니고 산신이 화한 것이라고 믿는다. 그뿐만 아니라 산에서 신선도를 닦는 수행자들도 수행을 처음 시작할 때는 반드시 전국 20~30개의 명산을 유람하면서 산신 기도부터 드리는 전통이 있다. 백두산에서부터 지리산에 이르기까지. 명산의 산신령들에게 후배를 부디 잘 봐달라고 인사를 올려야 한다. 산신령들은 앞서 도를 닦은 선배들이니까. 산신 기도는 신선도 수행자들에게는 교양 필수과목이라고 봐도 무리는 아니다.

주지의 말에 따르면 유선사의 산신은 여산신이란다. 산에는 남자 산신만 있는 것이 아니다. 여자 산신도 많다. 어떤 곳은 부부 산신이 같이 있는 곳도 있다. 유선사에서도 매년 3월 16일에는 호랑이상 앞에서 산신제를 성대히 지내고, 매달 16일에는 법당 안에서 조촐하게 산신제를 지낸다. 선도와 불교를 막론하고 산신제는 공통적인 제사이다. 호랑이는 이처럼 한민족에게 산신으로까지 신격화된 영물이므로, 옛날 장군의 집에는 반드시 호랑이 그림이 있었다고 한다.

어찌 그림뿐이겠는가! 가죽에서부터 뼈다귀까지 약 안 되는 것이 없다. 한국 사람들이 유난히 호골환虎骨丸을 좋아하는 것도 소이연이 있는 것이다. 하지만 요즘 시베리아의 그나마 남아 있는 호랑이들이 이 호골환 수요를 감당하느라 씨가 마를 지경이라니…….

김제 승가산 흥복사

고구려 승려인 보덕이
백제로 망명해 창건한 사연 깊은 절

백제와 고구려, 불교와 도교의 사연이 깃들어 있는 곳이 흥복사이다. 흥복사의 역사는 깊다. 물경 1천 3백 년을 거슬러 올라간다. 김제군 백산면 흥사리 승가산에 자리잡은 흥복사는 백제 때 창건된 사찰이다. 창건할 당시의 원래 이름은 승가사였으며, 650년인 백제 의자왕 10년에 고구려의 고승 보덕 화상이 창건했다고 전해진다. 백제 땅인데도 불구하고 고구려 승려인 보덕이 와서 창건했다. 어떻게 고구려 승려가 백제 땅에까지 와 사찰을 창건했을까?

욕심 사납게 백성의 고혈을 쥐어짜던 원님 흥복

조선 인조 때 김제 고을에는 '흥복'이라는 이름의 아주 욕심 사나운 원님이 살고 있었다. 남이 가진 좋은 물건은 무엇이든지 자기 것으로 만드는가 하면, 세금을 두 배로 거두고 날마다 기생들과 어울려 술타령을 일삼았다. 착취와 수탈이 심해지자 고을 백성들의 원성은 높아만 갔다. 그러던 어느 해 가뭄으로 큰 흉년이 들어 배고픈 백성들은 나무껍질과 풀뿌리로 겨우 목숨을 이어갔다. 그러나 욕심 많은 원님은 곳간에 쌓여 있는 쌀을 한 톨도 나눠주지 않았다. 보다 못한 흥복의 아내는 남편 대신 배고픔에 허덕이는 백성들을 구해야겠다고 마음먹었다. 그것이 남편의 죄를 용서받을 길이라고 여긴 것이다. 그래서 흥복의 아내는 남편이 잠시 이웃 고을로 출타한 틈을 타 곳간 문을 열고 고을 사람들에게 쌀을 나눠주었다.

"곳간 문을 열어라. 쌀을 나누어줄 것이니라."

"마님, 사또가 아시는 날이면 살아남지 못할 것이옵니다."

"책임은 내가 질 것이니 어서 시키는 대로 하라."

흥복의 아내는 곳간에 가득 쌓여 있던 쌀가마를 남김없이 나눠 주었다.

"마님은 선녀시옵니다. 하늘 같은 은혜 평생 잊지 않겠사옵니다."

"마님, 옥체를 보존하십시오."

동헌 앞마당에 모였던 사람들은 코가 땅에 닿도록 절을 하고 뿔뿔이 흩어졌다.

이때, 사또 흥복은 일을 마치고 돌아오다 들판을 건너 갯다리에 이르렀는데, 몸이 으슬으슬하고 한속마저 들었다. '고뿔이 들었나?' 하며 아무 생각 없이 다리 밑을 바라본 흥복은 까무러칠 듯 놀랐다.

다리 밑에 우람한 기둥만큼 커다란 먹구렁이가 머리를 치켜들고 금방이라도 흥복을 덮칠 것처럼 혀를 날름거리고 있었던 것이다.

"사람 살려, 사람 살려!"

흥복은 있는 힘을 다해 외쳤지만, 마음뿐 도무지 말소리가 입 밖으로 나오지 않고 그 자리에 달라붙은 듯 발걸음도 떨어지지 않았다. 한참 동안 흥복을 노려보던 먹구렁이가 똬리를 풀고 숲속으로 사라지자 그제야 발을 움직일 수 있었다. 다리를 건너고 이랑 긴 논밭을 지나 주막 앞에 다다랐다.

'후유, 살았다. 여기서 좀 쉬어 가야지.'

흥복은 땀에 젖은 옷을 벗으며 주막에서 살짝 잠이 들었는데 꿈 속에 노인 하나가 나타났다.

"네 이놈 홍복아! 아직도 정신을 차리지 못했느냐?"

그 노인은 머리에 구렁이 탈을 쓰고 검정 옷을 입고 있었다. 홍복은 질겁했다.

"당신은 누구요?"

"나는 조금 전 네놈이 보았던 구렁이니라."

"구…… 구렁이라고요?"

"그렇다. 이제 이 탈을 내 대신 네놈이 써야겠다. 네가 지은 죗값이니라."

노인은 머리에 쓴 구렁이 탈을 벗으려고 했다. 그러나 구렁이 탈이 벗겨지지 않았다.

"아니, 이럴 수가. 억울하다. 네놈의 부인이 이 탈을 벗지 못하게 만들었구나! 죄 많은 네놈과 모습을 바꿀 때가 되었는데, 억울하다. 억울하다……."

꿈에서 깬 홍복은 자신이 그동안 저질러놓은 업장이 얼마나 두터운가를 비로소 깨달았다. 그 뒤로 홍복은 아내에게 감사하면서 자신의 전 재산을 털어 불타버린 승가사를 다시 지었다.

이런 사연으로 정유재란 때 불탄 고찰 승가사가 인조 3년인 1624년에 '흥복사'라는 이름으로 다시 세워지게 되었다. 홍복이 지은 절이라 하여 흥복사라 불렀다. 1980년대 중반까지만 하더라도 김제 사람들은 흥복사 경내에 있는 천 년이 넘는 아름드리 느티나무 속에 수백 년 묵은 커다란 뱀이 살고 있다고 믿었다. 그 뱀은 다름 아닌 홍복과 몸을 바꾸려 했던 먹구렁이었다.

흥복사를 방문하는 신자들은 아름드리 느티나무를 보면서, 먹구

홍복사 대웅전 목조삼존불좌상

렁이를 생각하고 홍복의 참회를 떠올렸을 것이다. 사찰에서는 매년 한 차례씩 막걸리 서 말 정도의 분량을 이 느티나무에 붓곤 한다. 나무에도 영양분이 되고, 나무 밑동에 사는 먹구렁이도 먹으라는 뜻에서이다. '이야기 속으로'에나 들어맞을 법한 이야기이지만, 선인선과善因善果 악인악과惡人惡果의 이치를 생생하게 전해주는 사례임이 틀림없다.

'콩 심은 데 콩 나고 팥 심은 데 팥 난다'는 인과의 이치를 언급하면, 당연히 "그렇게 나쁜 짓만 하던 놈도 떵떵거리면서 잘만 살더라!"라는 반론이 나오게 마련이다. 왜 악한 사람이 잘사는가?

복은 복대로 가고, 죄는 죄대로 간다. 전생에 쌓아놓은 복은 이생에서 그만큼 복으로 받는 것이고, 다른 사람 가슴 아프게 한 죄업

조용헌의 산사로 가는 길

은 그만큼 받는다. 악인이 잘사는 것은 악인일지라도 전생에 쌓아놓은 복이 있기 때문이고, 현생에 저지른 악업은 살아생전에든지 아니면 내생에든지 꼭 받게 마련이다. 마음씨 착한 사람이 지지리 고생하면서 사는 이유는 그 사람이 전생에 악한 일을 많이 하다가 마지막 죽는 순간에 잘못을 뉘우치고 깊은 참회를 했기 때문이라고 들은 적이 있다.

우주의 대차대조표는 정확하다. 우주의 돌아가는 이치는 마치 용수철과 같아서 구부린 만큼 상응해 퍼지려 히는 작용이 반드시 있다. 주먹으로 한 방 때리면 언젠가 어느 장소에선가는 자기도 그에 상응하는 대가를 치르게 마련이다. 시공에 관계없이 결과가 나타난다.

중국 북경 상공에서의 나비 날갯짓 한 번의 파장이 미국 캘리포니아의 상공에서는 태풍으로 변한다는 물리학의 이론도 인과의 이치가 아니고 무엇이겠는가! 원인에서 시작해 결과로 넘어가는 중간 과정에는 시간과 공간이 엮어내는 방정식이 작용한다. 그 방정식이 어디 한두 개인가!

인간의 이성으로서는 인과의 그물이 엮어내는 천변만화의 과정을 도저히 이해할 수 없다. 신산神算이 아니면 불가능하다. 하수들이 어찌 신산의 고차방정식을 이해할 수 있을 것인가! 기껏해야 구구단이나 외우고 있는 중생이 어찌 중중무진重重無盡(끝이 없이 얽혀 있음)의 화엄 도리를 간파할 수 있단 말인가!

하수들은 그저 고수들의 말을 믿는 수밖에 없다. 우주의 이치를 깨치든가 아니면 믿어야 한다. 둘 중 하나이다. 자질이 우수한 상근기上根機는 자기가 깨쳐서 알고, 자질이 모자라는 하근기下根機는 둔하고 순진해서 믿고 들어가지만, 중간치들은 이것도 저것도 아니다. 중간치가 골치 아픈 부류들이다. 깨치기가 어디 쉬운가! 차선책이 믿음이다.

믿음이야말로 도에 입문하는 기초이다. 그래서 도가에서는 도를 닦으려는 사람이 오면, 그 사람의 사주를 뽑아보는 것이 관례이다. 겪어보기 전에 알자는 취지에서이다. 사주에서는 토土가 중요하다. 토는 중앙을 상징하고, 신심을 상징하기 때문이다. 토가 없으면 신심이 부족해서 도 닦기 어렵다고 본다. 신심이 부족하면 끈기가 부족하게 되어 자그마한 의심만 나타나도 스승을 믿지 못하고 쉽게 포기해버린다. 무엇이 토인가? 천간으로는 무기戊己가 토이고, 지지로는 진술축미辰戌丑未가 이에 해당한다. 자기 사주의 일주日柱가 무술戊戌인 사람은 수행에 한번 도전해볼 만하다.

고구려 고승이 백제로 망명해온 사연

이번에는 역사 쪽으로 방향을 틀어보자. 백제와 고구려, 불교와 도교의 사연이 깃들어 있는 곳이 흥복사이다. 흥복사의 역사는 깊다. 물경 1천 3백 년을 거슬러 올라간다. 김제군 백산면 흥사리 승가산에 자리잡은 흥복사는 백제 때 창건된 사찰이다. 창건할 당시의 원래 이름은 승가사였으며, 650년인 백제 의자왕 10년에 고구려의 고승 보덕 화상이 창건했다고 전해진다. 백제 땅인데도 불구하고 고구려 승려인 보덕이 와서 창건했다. 어떻게 고구려 승려가 백제 땅에까지 와 사찰을 창건했을까?

보덕은 고구려의 영토인 평양 부근의 반룡사에 머물던 고승이었다. 당시 보장왕은 재상인 연개소문의 건의를 받아들여 중국 도교 일파인 오두미교五斗米敎를 고구려에 수입하려 했다. 연개소문이 보장왕에게 굳이 도교의 수입을 주장한 것은 당시 고구려의 정치·사회적 환경 때문이었다. 연개소문은 혁명적인 개혁을 부르짖었고, 개혁을 위해 기득권 세력과 깊은 관계가 있는 불교를 견제해야 한다고 판단했다. 즉 불교를 견제하기 위해서는 중국에서 새롭게 부상하고 있는 도교를 받아들이는 것이 유리하다고 생각한 것이다.

국가에서 정책적으로 도교를 수입하려는 기미가 보이자 당연히 불교계는 강력하게 반발할 수밖에 없었고, 가장 강력하게 반발한 불교계의 인물 중 하나가 바로 보덕 화상이었다. 급기야 보덕 화상은 고구려에서 백제로 종교적인 망명을 감행하기에 이른다. 종교의 자유를 찾아서 백제로 온 것이다. 일연 스님이 『삼국유사』에서 「보장봉노寶藏奉老 보덕이암普德移庵」조라는 항목을 할애할 만큼 보덕 화상의 백제 망명 사건을 크게 취급한 것을 보면, 당시 이 사건은 고구려·백제·신라 삼국의 이목을 집중시켰던 사건임이 틀림없다.

보덕은 백제 어디에 정착했는가? 『삼국유사』에 따르면 완산주의 고대산이었다. 지금의 전주 고덕산이다. 조선 시대에 폐사되었지만 고덕산에 있던 경복사는 보덕이 망명해 살던 절이었다. 경복사 내에는 '공중으로 날아서 온 암자'라는 뜻의 비래방장飛來方丈이란 유명한 암자가 있었는데, 이름이 그렇게 붙은 이유는 보덕이 고구려의 반룡사에서 완주의 고대산으로 방장을 옮길 때 신통력을 발휘해 공중으로 날려 옮겼기 때문이다. 보덕 화상이 백제로 망명한 때가 650년이다. 그러니까 사료를 참고해볼 때 흥복사(승가사)가 창건된 시점은 바로 이때이다.

고구려의 승려 보덕이 조국을 떠나 머나먼 타국 땅 백제에 정착하면서 지은 절이 흥복사였다. 이 절 외에도 보덕 화상의 제자 11명이 세웠다고 하는 금동사·진구사·대승사·대원사·유마사·중대사·개원사·연구사도 마찬가지이다. 이 중에서 현재 위치가 밝혀진 곳은 금동사와 진구사 정도뿐, 다른 사찰들은 정확한 소재지를 알 수 없는 상태이다.

금동사는 진안 마이산에 있고, 진구사는 현재 우리나라에서 가장 잘생긴 석등이 자리를 지키고 있는 곳으로 임실 용암리에 있고, 지금은 중기사中基寺로 바뀌어 있다. 이들 확인된 사찰들에 한해서 풍수적인 조건을 살펴보면 고지대가 아닌 저지대에 자리 잡고 있는 점이 공통적이다. 흥복사가 그렇고 금동사·진구사가 그렇다.

어찌 됐던 흥복사는 경복사·금동사·진구사와 함께 그 위치가 확인된 보덕 화상 계열의 열반종 사찰이다. 현재는 조계종의 금산사 말사에 속해 있다. 흥복사를 포함한 이들 사찰의 입지 선정과 건축은 당연히 고구려인 보덕의 취향을 어느 정도 반영하고 있었을 것이다. 아마도 흥복사는 백제 양식과는 다른 고구려 냄새를 물씬 풍기는, 백제 속의 고구려 사찰이었을 것으로 추측된다. 그러나 흥복사에서 그 옛날 보덕 화상 시절의 분위기를 느껴볼 수 있는 유적은 남아 있지 않다. 정유재란 때 건물이 전부 불타버렸다고 한다. 그놈의 임진왜란, 정유재란, 6·25전쟁이 참으로 원망스럽다. 다행히 석조 미륵입상은 돌로 만들어져서 그나마 오늘날까지 남아 있는 것이 많다. 남는 것은 돌이더라!

　흥복사에서 옛 체취를 맡아볼 수 있는 것은 지명이다. 희미한 옛사랑의 추억처럼 이름만이 남아서 그때의 추억을 전하고 있다. 흥복사의 뒷동네 이름이 '승방僧房'이다. 뒷동네에 스님들이 거처하던 건물이 있었다는 증거이다. 앞산 이름도 '승방산'이다. 모양이 승방처럼 생겼다는 말이다. 대웅전이 기대고 있는 산 이름도 승가산이고, 보덕 화상 당시의 절 이름도 승가사이다. '승가'는 인도 산스크리트어의 'samgha'에서 유래한 단어인데, 이는 스님들이 모여 사는 공동체를 가리킨다.

　이처럼 흥복사 주변의 지명에는 유달리 스님을 가리키는 '승' 자가 많다. 불·법·승 삼보 가운데 유독 '승' 자가 많은 까닭은 무엇일까? 그 까닭을 밝혀줄 수 있는 기록도 없고, 구전도 없다. 기록도 없고 구전도 없을 때, 나는 용기를 내어 돌진하는 수밖에 없다. 추리에 기대는 수밖에.

　제1선이 기록이고 제2선이 구전이라면, 제3선은 추리이다. 추리는 제1선과 제2선이 무너질 때 사용하는 마지막 카드이다. '승' 자가 많은 이유는 흥복사에 그만큼 스님들이 많이 살았다는 증거가 아닐까! 스님들이 시글시글 많이 살아서 그랬을 것이다. 흥복사 주위는 우리나라에서 쌀이 가장 많이 생산되는 김제·만경의 곡창지대라는 점을 간과할 수 없다. '둠벙 파놓으면 개구리 뛰어든다'는 옛날 속담처럼 쌀이 있는 곳에는 문화가 발달하고 사람이 모이게 마련인가 보다.

지혜의 고수 전강 스님이 던진 화두

삶은 화려한 것인가, 뻔한 것인가, 아니면 고생만 실컷 하다가 가는 것인가? 가슴 설레는 그 무엇이 있는 것인가? 알 수 없는 신비가 우리 인생에 아직 남아 있는가? 남은 인생이 뻔하다고 여겨질 때 그것같이 사람 힘 빠지게 하는 것도 없다. 수수께끼 없는 인생보다는, 있는 인생이 훨씬 활력이 있다는 게 내 생각이다. 기쁨도 수수께끼이지만, 고통마저도 수수께끼이다. 그 미스터리를 찾아 나선 사람들이 직면하게 되는 것이 화두가 아닐까.

화두…… 글자 그대로 말의 머리만 있지 꼬리는 감추고 없다. 머리만 힐끔 보고 몸통과 꼬리를 한눈에 파악해야 한다. 언어를 가지고 언어를 파괴하는 것이 화두이다. 비논리를 가지고 논리를 깨는 것이 화두이다. 원효가 역작 『기신론소起信論疏』에서 제시한 의언진여依言眞如(언어에 의지해 진리를 표현함)의 세계에서, 이언진여離言眞如(언어를 떠남으로써 진리를 표현함)의 세계로 안내하는 것이 화두이다.

흥복사는 목천포 다리에서 김제 가는 방향의 광활한 평야 지대에 자리 잡고 있다. 산세가 장엄한 것도 아니요, 주변에 시원한 폭포가 있거나 볼 만한 절경이 있는 것도 아니다. 그저 평범한 들녘의 밋밋한 야산 기슭에 자리 잡았을 뿐이다. 이 평범함으로 인해 흥복사는 일반인의 눈에 띄는 절이 아니다. 무심코 지나치기 쉬운 절이다. 필자도 그동안 무심코 지나치기만 하던 절이었다. 그러다가 어떤 화두 때문에 이 절에 관심을 두게 되었다. 화두로 인해 흥복사와 나의 인연은 시작된 것이다. 그 화두는 이렇다.

어떤 사람이 넓은 벌판을 걸어가고 있는데 사방에서 불길이 일어나 불 속에 포위되었다. 그곳에 미친 코끼리 한 마리가 잡아먹을 듯이 사납게 덤벼드는 바람에 도망을 치다가 마침 큰 나무 한 그루가 있어 그 나무에 올라갔다. 코끼리는 나무 위로 올라오지 못하고 물끄러미 쳐다보고만 있었다. 그는 나무에 얽혀 있는 칡넝쿨을 잡고 매달렸는데, 그 아래에는 크고 깊은 우물이 있고, 우물 속에는 용이 되려다 실패한 이무기 세 마리가 입을 벌리고 있었다. 게다가 우물가에는 뱀 네 마리가 사람 냄새를 맡고 눈을 부라리며 잔뜩 노려보고 있다. 칡넝쿨을 오래 붙잡고 매달려 있으니 점점 힘이 빠지고 손이 저려서 마침내 떨어질 듯 말듯…… 설상가상으로 흰 쥐와 검은 쥐가 번갈아가며 칡넝쿨을 한 가닥씩 갉아 먹고 있다. 이렇게 절체절명의 상황에서 마침 칡넝쿨이 얽혀 있는 나무 사이로 구멍이 나 있어 벌이 그곳에 꿀을 쳐 그 꿀 방울이 똑똑 떨어지니 말할 수 없이 두려운 가운데서도 달콤한 꿀 한두 방울 받아먹는 재미에 무서움도 잊어버리고 매달려 있는 지경이다. 이 상황에서 너는 어떻게 하겠는가?

이것이 선객들 사이에서 자주 이야기되는 안수정등岸樹井藤 화두이다.

이 화두와 흥복사가 인연이 된 까닭은 불교 강연으로 유명한 박완일 선생 때문이다. 나는 이 화두를 대학 초청 강연에서 박완일 선생께 들었다. 박완일은 환속해 동국대학교 교수를 지냈지만, 젊었을 때는 스님이었다. 그는 고등학교 때 해인사로 수학여행을 갔다가 우연히 효봉(1888~1966) 스님의 설법을 듣게 되었다. "도를 닦으면 생사를 마음대로 좌우할 수 있다"는 효봉 스님의 말에 감명을 받아, 그 자리에서 머리를 깎고 스님이 되었다.

효봉 스님의 제자로는 구산(1909~1983) 스님, 법정 스님, 박완일, 고은 시인 네 명을 꼽는데, 이때의 인연으로 박완일은 효봉의 상좌가 되었다. 통영의 미래사에서 효봉 스님을 시봉하면서 화두에 몰두하던 박완일은 전강(1898~1975) 스님 얼굴도 한번 보고, 자신의 공부가 어느 정도인가를 시험할 겸해서 흥복사를 찾아갔다.

흥복사 마당에서 풀을 뽑고 있던 전강 스님은, 키가 작달막하고 눈빛이 빛나는 젊은 승려가 마당에 성큼 들어서자 그 모습만을 보고도 대번에 그가 자신에게 한판 붙으러 온 선객임을 간파했다. 그만큼 전강 스님의 선기禪機는 전광석화였다.

당대 제일의 검객 전강을 찾아가 겁 없이 결투(?)를 신청한 박완일을 향해 한 방 날렸던 초식이 바로 '안수정등' 화두였다. 박완일 선생 나이 23세였던 1958년의 일이었고, 선문답이 이뤄졌던 장소가 바로 김제 흥복사였다.

전강 스님은 이때 흥복사에 잠시 머물던 승려였다고 한다. 전강 스님은 누구인가? 해방 이후 한국의 선승 중에서 지혜로 명성을 휘날리던 당대의 고수였다. 전광석화 같은 지혜는 누구도 당할 자가 없다던 전강. 그가 휘두르는 지혜의 칼날은 너무도 예리하고 정확해서 아무리 복잡한 실타래라도 그의 칼에 걸렸다 하면 끝장이었다. 그는 지나치게 화두에 집중한 나머지 머리에 피가 몰리는 상기증에 걸려 피를 토하기까지 한 처절한 수행자이기도 했다.

조용헌의 산사로 가는 길

전강은 어느 날 곡성 태안사 입구의 돌다리를 건너면서 문득 흐르는 냇물을 보다가 깨친 것으로 전해진다. 그는 선승으로서 경허 스님 못지않은 파격으로 수많은 기행과 일화를 남긴 인물이었다. 그 전강에게 애송이 승려 박완일이 겁도 없이 한판 붙자고 찾아갔던 것이다.

"누구인가?"

"안녕하세요. 처음 뵙겠습니다."

"방으로 들어가지."

이런 상황에서는 여러 말이 필요 없다. 한마디를 뱉으면서 전강은 박완일을 방으로 데리고 들어갔다. 박완일도 아무 말 없이 방으로 뒤따라갔다. 방에 들어와 좌정하자 전강은 그에게 대뜸 '안수정등'의 화두를 내밀었다.

"자네 같으면 어떻게 하겠는가?"

"꿀만 먹겠습니다."

박완일은 반사적으로 답변했다. 선문답은 반사적으로 나와야 한다. 박완일 나름대로는 그동안 연마한 내공을 총집중한 답변이었다.

"십 년 참선한 수좌보다도 낫구나! 하지만 아직 부족하네. 자네가 다시 나한테 이 화두를 묻는다면 나는 이렇게 답하겠네. 달다."

안수정등 화두에 대한 전강의 답변은 '달다' 이 한마디였다.

"달다……."

전강이 휘두른 이 한마디는 지혜 제일의 검객이 보여준 초식이다. 이렇게도 할 수 없고, 저렇게도 할 수 없는 진퇴양난의 딜레마를 한칼에 해결해버린 것이다. 이 화두는 중생의 삶을 비유한 이야기이다. 가없이 너른 들녘은 태어나서 죽어가는 생사의 광야이니 그곳으

흥복사 대웅전과 석조미륵불입상

로 사방에서 붙어오는 불길은 생로병사의 불이요, 우물은 황천이며, 미친 코끼리는 무상한 살귀殺鬼요, 나무는 사람의 몸이며, 칡넝쿨은 사람의 목숨이고, 검은 쥐 흰 쥐는 해와 달이요, 세 마리의 이무기는 탐·진·치 삼독심三毒心이며, 네 마리의 뱀은 지·수·화·풍 사대이다. 꿀은 오·욕·락을 상징한다.

나는 얼마 전에 이 화두를 절친한 친구에게 말해주었다. 그 친구는 연대보증을 서주었다가 집도 날리고 월급도 차압당하고 아내도 도망간 채 어린 자식 세 명을 데리고 찬바람 부는 황량한 벌판에서 어찌할 줄 모르는 상황에 처해 있었다. 칡넝쿨은 끊어지려 하고 밑에

조용헌의 산사로 가는 길

는 뱀이 혀를 날름거리고 있을 때 자네는 어떻게 하겠는가?

"어이 하다 하다 못하면 삼십육계를 놓아야 하네. 15층 옥상에서 뛰어내리는 것보다 이 방법을 택해야 하네."

말은 이렇게 해놓았지만, 글쎄다. 자식새끼, 부모 형제 등으로 굴비 엮듯이 얼키설키 얽힌 것이 인생살이다. 이 실타래같이 엮인 인연을 다 끊고 삼십육계를 놓기란 쉽지 않다.

수십 년 전 전강과 박완일이 문답을 주고받았던 흥복사 경내에서, 눈이 부시도록 활짝 핀 목련을 하염없이 쳐다보면서 '달다' '달다'를 입속으로 한참 동안 중얼거려보았다. 인생은 그래도 달단 말인가!

흥복사 주지의 거처에 들어가니 처소에 어울리는 멋진 글씨가 걸려 있다. 방을 보면 그 사람의 품격이 나타난다. 스님들 방에는 명필들이 쓴 의미심장한 글씨들이 많이 걸려 있다. 나는 글씨를 볼 때마다 글씨의 외형적인 필법을 감평하기보다 그 내용이 무엇인가에 관심을 둔다. 글씨에 대해서 문외한이다 보니 취향이 그렇게 정해진 것 같다.

스님 처소의 글씨 중 액자 속에 가지런히 있는 '주문부동심朱文不動心'과 '백문조주선구취아시구白文趙州禪句取我是垢'가 나의 눈길을 사로잡았다. 가만히 들여다보니 주문과 백문이라는 서두의 글자는 붓으로 쓴 글씨가 아니라 도장으로 새긴 글씨라서 더욱 궁금했다. 주문과 백문이라! 이게 무슨 뜻인가? 아무리 생각해도 모르겠다. 의심이 생길 때는 염치불구하고 무조건 묻자. 묻는 것이 고수(?)의 방법이다. 물을 용기가 없으면 고수가 아니다. 겁날 일이 뭐 있는가.

"주문이란 붉은 글씨라는 뜻이죠. 붉다는 것은 양각을 의미합니다. 돋을새김을 한 부분에 붉은 인주를 묻혀서 이를 종이에 찍으면 글씨가 붉게 나옵니다. 반대로 백문은 음각입니다. 음각이므로 글씨 주변에만 붉은 인주가 묻고 글씨 자체에는 인주가 묻을 수 없죠. 그러므로 종이에 찍어보면 글씨는 희게 나옵니다. 희다는 의미에서 백문이라 합니다."

결론적으로 양각은 주문이고 음각은 백문이다. 산다는 것은 끝없이 배우는 것이라더니 흥복사 주지 처소에서 오늘 또 하나를 배웠다. 음양오행의 견지에서 볼 때 주문은 돌출된 글씨이니까 양이고, 백문은 속으로 들어간 글씨이니까 음이라는 뜻이다. 양으로는 '부동심'을 강조하고, 음으로는 '취아시구'를 강조한 문장이다. '취아시구'라는 백문의 내용도 흥미롭다.

어떤 제자가 조주 선사에게 물었다.

"무엇이 더러운 것입니까?"

"나를 취하는 것, 이것이 더러우니라."

선사들은 오직 자기만 생각하는 이기적인 삶을 더럽다[垢]는 말로 표현했다. 취아시구…… 우리는 죽을 때까지 세상이라는 사냥터에서 '취아시구'만 하다가 가는 것인가!

조용헌의 산사로 가는 길

완주 서방산 봉서사

민중의 삶 속으로 뛰어든
진묵 대사의 이유 있는 선택

1986년 제작된 영화 〈미션〉은 문명사회가 폭력에 저항하는 방식에 대한 통찰을 담고 있다. 임진왜란 당시 승병으로 나라를 건진 서산 대사와 민초의 삶을 보듬는 데에 일생을 바친 진묵 대사의 선택은 영화 〈미션〉에서처럼 여전히 우리에게 풀기 어려운 화두를 던지고 있다. 고승 진묵 대사의 행적은 완주 서방산 봉서사에 고스란히 남아 있다. 서산은 현실에 참여함으로써 위대한 고승의 반열에 올랐고, 진묵은 민초 속으로 '은둔'함으로써 이름을 얻었다. 서산이 옳았을까, 진묵이 옳았을까. 과연 진묵은 현실과 역사를 외면한 승려였을까.

국난 위기에서 갈린 서산 대사와 진묵 대사의 길

봉서사鳳棲寺가 자리 잡은 완주 서방산西方山은 4백 미터 정도의 높지 않은 산이다. 그러나 '서방정토'를 상징하는 '서방西方' 그리고 봉황이 머무른다는 '봉서鳳棲'라는 이름에서 알 수 있듯이 고승이 살 만한 바위산이다. 자세히 보면 바위도 아주 밀도가 강한 화강암이다. 밀도가 강할수록 기운도 강하게 마련이다. 봉서사의 좌우로 청룡·백호 자락이 겹겹이 둘러싸고 있어 기운을 함장含藏하기에는 안성맞춤의 지형이다. 거기에다 전망마저 탁 트여 있어 호방한 포용력을 기르기에도 좋다. 대체로 청룡·백호가 두텁게 둘러싸면 답답한 감을 주기 쉬운데 봉서사 자리는 그렇지 않다. 봉동 지역의 널따란 벌판이 눈에 들어오는 시원한 터이다. 특히 진묵 대사震默大師(1562~1633)가 선을 닦았던 암자터에 올라서면 멀리 만경 들판은 물론 서해가 가물가물 보일 정도이다. 터질수록 포용력도 크다. 그래서 그런 걸까. 진묵 대사가 남긴 일화들에는 시원하게 터진 내용이 많다. 진묵은 누구였는가.

영화 〈미션〉은 1980년대 후반 한국의 민주화운동에 시사하는 점이 있었다. 그것은 상대가 이쪽을 폭력으로 짓눌러올 때 같이 맞대응을 할 것이냐 말 것이냐의 문제였다. 로드리고 신부(로버트 드 니로)는 폭포에 집어던졌던 칼을 다시 찾아서 무력으로 맞대응하는 인물로 나온다. 반대로 가브리엘 신부(제레미 아이언스)는 십자가를 들고 평화 행진을 하다가 총에 맞아 죽는다. 어느 쪽이 정답인가?

이 의문은 조선 중기 임진왜란이라는 난세를 살았던 고승 진묵 대사의 행적과도 연결된다. 그는 우리 불교사에서 원효와 함께 가장 고단자로 꼽힐 만큼 도력이 높았던 고승이다. 고단자이면서도 세간에 잘 알려지지 않은 채 소리 없이 살다간 인물이다. 특히 임진왜란 때 승병으로 나라를 건진 서산 대사西山大師(1520~1604)의 행적과는 대조적인 삶을 살아서 더욱 각별하다.

서산이 선배이긴 하지만 두 사람 모두 임진왜란을 겪은 동시대 사람이다. 서산은 불가에서 목숨보다 귀하게 여기는 불살생의 계율을 어기면서까지 승병을 조직해 전쟁에 적극적으로 참여한 반면, 진묵은 초연했다. 승병이 당대의 보편적인 시대 조류였음에도 전장에 전혀 나타나지 않았다.

그렇다면 서산이 옳은 것인가, 진묵이 옳은 것인가? 동포가 왜놈의 칼날에 처참하게 살육당하고 있는 상황. 그렇다면 진묵은 저 혼자 살자고 산속에 숨어버린 도피주의자란 말인가? 〈미션〉에서 평화의 십자가를 들고 행진하는 제레미 아이언스와 칼을 잡고 돌격하는 로버트 드 니로……

나의 머릿속에는 서산과 진묵의 극단적인 인생행로가 한꺼번에 몰려들었다. 서산은 칼을 들고 산에서 내려온 셈이고, 진묵은 그냥 청산에 머물렀다. 시뻘건 피를 튀게 하는 칼이 색이라면, 청산은 공이라고 할 수 있다. 색과 공이 이처럼 확연하게 구분되는 경우는 전쟁이 일어날 때이다. 피와 칼과 목숨이 왔다갔다 하는 상황이다. 눈앞에 칼이 들어오는데 과연 이것이 환상이고 공인가. 칼이 들어오는 현실에서 초연해질 수 있는가, 아니면 도망갈 수밖에 없는가.

『팔만대장경八萬大藏經』을 긴딘하게 압축하면『반야심경般若心經』한 페이지이다. 『반야심경』을 다시 한마디로 압축하면 '색즉시공 공즉시색色即是空 空即是色'이 아닌가 싶다. 공이 색이 되고 색이 공이 되는 이치. 우주의 가장 신비한 비밀이다. 그런데 하필이면 왜 '색'이라는 표현을 썼는가? 색이란 현실 세계를 말한다. 현실 세계는 눈을 통해 감지되는 울긋불긋한 세계이다. 공이 곧 색이요, 색이 곧 공이라는 불교의 경지가 치열하게 검증받았던 사건이 임진왜란이었고, 승병들의 행로였고, 서산과 진묵의 행로였다. 서산은 색이었고, 진묵은 공이었을까. 과연 진묵은 현실과 역사를 외면한 승려였는가.

민중 속으로 숨어든 진묵 대사, 민중의 여래가 되다

진묵은 숨었다. 실력 있는 고승이었음에도 불구하고 숨었다. 어디로 숨었나? 민중 속으로 숨었다. 가난하고 힘없고 별 볼 일 없는 민초들 속으로 숨어들었다. 서산 대사는 나라를 구한 공으로 임금으로부터

진묵 대사 진영(봉서사 진묵전)

'국일도대선사선교도총섭부종수교보제등계존자國—都大禪師禪教都摠攝扶
宗樹教普濟登階尊者'라는 긴 이름의 작위를 받았지만, 진묵은 역사에 자신
을 전혀 드러내지 않았다. 서산이 나라를 위해 진리를 버렸다고 한다
면, 진묵은 진리를 위해 나라를 버린 것이리라. 그 결과 서산은 나라

조용헌의 산사로 가는 길

에서 존경받는 고승이 되었지만, 진묵은 이름 없는 민초들 사이에서 단편적인 행적 몇 가지 정도만 전해지는 재야의 신승이 되었다. 진묵 대사의 행적에 얽힌 설화는 이 일대의 민초들 사이에서 매우 다양하게 전해져온다. 공식적인 저술이나 기록을 일체 남기지 않았음을 감안할 때 이러한 전승은 매우 이례적인 현상이다.

왜 이렇게 진묵 대사에 관한 설화들이 많이 전해져오는 것일까? 이는 그만큼 이 지역 사람들이 진묵 대사를 깊이 존경하고 있다는 표시가 아닌가 싶다. 때로는 존경을 넘어서서 '신앙'으로까지 사람들의 가슴속에 각인돼 있다는 느낌이 들 정도이다.

나의 판단으로는 이 지역의 승려들과 불교 신도에게 진묵 대사는 불도를 닦은 고승에 머무르지 않고, 불가사의한 위력을 지닌 부처로 숭배되는 '진묵 신앙'으로 존재하고 있는 것이 아닌가 싶다. 어떤 신도는 "진묵 스님 훈증 덕택으로 지금까지 우리가 먹고산다"라는 말을 하는가 하면, 어떤 절에서는 "진묵 스님 기운이 지금도 우리 절에 남아 있다"라는 말을 서슴지 않게 하고 있다.

왜 재야의 고승이 이 지역 민초들에게 '진묵 신앙'이라는 종교적 차원으로까지 자리 잡았는지 그리고 왜 그가 철저하게 출세간적인 노선을 걸었는지를 다시 묻지 않을 수 없다.

그래서 나는 당시의 시대 상황을 겹쳐보았다. 그리고 진묵의 행적에 결정적 영향을 미쳤을 커다란 사건 하나를 접할 수 있었다. 임진왜란 3년 전, 그러니까 기축년(1589)에 김제 금구에서 발생한 '정여립 역모 사건'이 바로 그것이다. 정여립과 관련돼 걸려든 사람이 수천 명이고, 그들 중 사형되거나 고문으로 죽은 사람만 해도 대략 1천 명 정도였으니, 그야말로 엄청난 사건이다. 누구의 표현대로 '조선의 광주 민주화운동'이었던 것이다.

전주 태생인 정여립이 서울에서 벼슬하다 낙향해 살던 지역은 모악산 금산사 바로 아랫동네인 김제 금구였다. 당연히 인근 지역 사람들의 피해가 컸으리라. 진묵 대사는 1562년생이니, 정여립 사건이 발생한 1589년은 그의 나이 28세 때이다. 20대 후반이라면 세계관이 정립될 나이이고, 알 건 다 알 만한 나이 아닌가. 모악산 주변에서 활동했던 진묵은 죄 없는 수천의 중생들이 덤터기를 쓴 채 억울하게 죽거나 상하는 비극의 참상을 바로 옆에서 생생하게 목격했을 것이다. 그러면서 정치라는 것의 메커니즘을 충분히 간파할 수 있었을 것으로 짐작된다.

이렇게 보면 진묵의 행보에서 발견되는 '탈역사적' 경향과 '정치 무관심'은 정여립 사건으로부터 직간접으로 영향을 받았을 가능성이 높다. 그러나 좀 더 따지고 들어가면 진묵 혼자만 그랬겠는가? '정여립 사건'이라는 시뻘건 인두로 몸을 지지는 체험을 하게 된 전주와 완주 일대의 사람들도 마찬가지였을 것이다. '정여립을 보니까, 정치라는 것은 절대 옆에 얼씬거릴 일이 아니더라'라는 인식이 가슴속에 자리 잡았을 것이다. 아니면 성공하지 못한 혁명에 대한 좌절감이 역으로 이 지역 사람들로 하여금 종교에 대한 관심으로 방향을 돌리게 했을 수도 있다. 정치는 난로와 같아서 너무 가까이 있으면 화상을 입을 수 있고, 너무 멀리 있으면 춥기 때문에 적당한 거리를 유지해야 한다.

이렇게 본다면 진묵의 은둔적 성향이나 호남 사람들이 진묵 대사를 열광적으로 숭배하는 '진묵 신앙'의 배경에는 정여립 사건이 자리 잡고 있다고 생각해볼 수 있다. 정치적 좌절의 후유증이 사람들의 관심을 종교적 신앙으로 이끌었다고나 할까. 정여립이 실패하자 진묵으로 방향을 돌렸다고나 할까. 마치 동학혁명의 실패 후에 강증산이라는 인물이 등장해, 이 지역에 '증산 신앙'이 유행했던 것과 같은 맥락이다.

정치적 좌절은 종교적 천재를 낳았다. 진묵이라는 천재가 없었다면 상처받은 민초들은 어디로 가서 위안을 얻었을 것인가! 임금에게서 위안을 받을 것인가, 사또에게서 위안을 받을 것인가, 아니면 미쳐 버려야 한단 말인가? '진묵 신앙'은 상처 치유의 산물이었다. 한국의 승려들 사이에 전해 내려오는 '경상도는 정치인이 많이 나고, 전라도는 도인이 많이 나온다'라는 말은 이런 맥락에서 음미할 가치가 있다.

술 경계에 술이 없고, 색 경계에 색이 없는 지고의 경지

내가 조사한 바로는 서방산의 봉서사를 중심으로 청량산 원등사, 모악산 대원사와 수왕사, 김제 망해사와 성모암 등지에는 진묵 대사와 관련된 일화들이 한두 개씩은 근방 사람들 사이에서 회자되고 있다. 신승의 면모를 나타내는 재미있고 음미해볼 만한 설화들이다.

어린 진묵이 봉서사의 사미승으로 있었을 때의 소임은 매일 나한전에 공양하는 일이었다. 어느 날 주지의 꿈에 절의 신중神衆들이 나타나 하소연하는 것이었다.

"부처님이 올리는 공양을 어찌 우리가 황송하게 받을 수 있겠느냐? 받을 수 없다."

잠에서 깬 주지는 당장 나한전의 공양 소임을 다른 스님으로 교체했다. 주지는 진묵 스님이 부처의 후신이라는 사실을 눈치챘던 것이다.

진묵 대사는 술을 아주 좋아했다고 한다. 하지만 '술'이라고 주면 먹지 않고, '곡차'라고 말해야만 마시는 습관이 있었다. 차는 마실 수 있지만 어떻게 술을 마시겠는가. 술은 곡식에서 우려낸 물이니까 곡식 곡穀 자를 써서 곡차라고 한 말이 틀리지 않다. 어느 날 아들을 낳지 못한 인근의 여성 신도가 진묵 스님을 찾아와 아들을 낳게 해 달라고 부탁했다.

"공양을 올려야 할 것 아닌가?"

"무슨 공양을 올릴까요?"

"곡차를 가져와야지."

이 말을 듣고 보살은 며칠 있다가 술을 담가 가져왔는데, 곡차를 마시려고 보니 그 곡차 속에 쌀겨 하나가 둥둥 떠 있었다. 스님이 술을 먹는 데 대한 반감으로 보살이 일부러 쌀겨를 띄워서 가져온 것이다. 그러나 진묵 스님은 이에 아랑곳하지 않고 홀홀 마셔버렸다. 1년 후에 과연 그 보살은 아들을 낳았는데, 아들의 눈동자에 쌀겨 크기만 한 흰 점이 박혀 있었다.

"아들을 주시려면 제대로 된 아들을 주셔야지 왜 눈에 점이 박혀 있는 아들을 주셨나요?"

봉서사 진묵 대사 부도

　"보살이 곡차를 가져올 때 거기에다 쌀겨를 띄워서 가져오지 않았느냐. 곡차를 가져온 것에 대한 보답으로 아들을 점지해주었고, 곡차를 가져오려면 제대로 가져와야지 쌀겨를 띄워서 왔으니까 그에 대한 과보로 눈이 그렇게 되었느니라."

　『능엄경』을 읽다가 깊은 삼매에 들었다는 설화도 전해진다. 대사가 변산 월명암에 계실 때이다. 승려들은 모두 탁발을 나가고 대사만이 사미승과 더불어 절을 지키고 있었다. 대사는 방장에서 창문을 열고 문지방에 손을 얹고서『능엄경』을 읽고 있었다. 사미승이 밖에 나갔다가 이튿날 암자에 돌아와보니 대사는 어제와 같은 자세로 문지방에 손을 얹고 앉아 있었다. 그동안 바람에 수없이 문이 열리고 닫혀서 손등에는 피가 엉겨 있었고 거기에는 파리까지 붙어 있었다.

대사는 능엄삼매楞嚴三昧에 들었기 때문에 밤이 이미 지난 줄도, 피가 흐르는 줄도 몰랐던 것이다.

진묵 스님이 모악산 대원사에 있었을 때 가끔 전주의 장날에 나갔다 오곤 했다. 온갖 장사꾼들과 인파로 북적거리는 장날의 풍경을 둘러보고 와서는 시자에게 '오늘은 장을 잘 보았다'라고 하는가 하면, 어떤 때는 '오늘은 장을 별로 잘 보지 못했다'라고 하는 것이었다. 그 의미를 알지 못한 시자는 "스님은 물건도 전혀 사지 않으시고는 왜 잘 보았다 또는 못 보았다고 하십니까?" 하고 물었고, 진묵 대사의 대답은 이랬다. "사람들이 북적거리는 장에 가서 내 마음이 전혀 흔들리지 않으면 장을 잘 본 것이고, 하찮은 물건 하나라도 내 마음에 들어오면 그날은 장을 잘못 본 것이니라." 화투 놀이를 하다가 피박만 당해도 마음이 흔들리는 나의 경지와 비교하면 너무나 차이가 난다는 사실에 서글프지 않을 수 없다.

생가에 누님이 있었는데 하도 가난해 식량을 얻으러 봉서사에 있는 동생 진묵 대사를 찾았다. 마침 석양의 해가 거의 넘어가려 하는데 진묵은 누님에게 쌀 몇 되를 주면서 말했다.

"이걸 가지고 가 잡수시라."

"집까지 40리 길인데 어두워져서 어떻게 가나!"

"아닙니다. 누님이 집에 도착할 때까지는 어두워서 못 가지는 아니할 것입니다."

그 말을 듣고 누님이 40리 되는 동네에 도착하니 비로소 해가 넘어갔다. 이 지역 사람들은 진묵 대사가 축지법을 쓰게 했거나, 아니면 해를 붙들어 매는 신통력을 발휘했던 것이라고 믿고 있다. 이곳에서

조용헌의 산사로 가는 길

활동을 많이 했던 강증산과 소태산의 어록에도 진묵 대사에 대한 이야기가 있다. "지난 임진 난리에 정란靖亂의 책임을 최풍헌이 맡았으면 사흘 일에 지나지 못하고 진묵이 맡았으면 석 달이 넘지 않고 송구봉이 맡았으면 여덟 달을 끌었으리라." 최풍헌이라는 미지의 인물은 도가 계통의 인물로, 송구봉은 유가, 진묵은 불가를 대표하는 인물로 설정돼 있다. 원불교 경전인『대종경』을 보면, 한 제자가 소태산대종사에게 진묵 대사도 주색에 끌리는 바가 있는 듯한데 사실이냐는 질문에 이렇게 답하고 있다.

내 들으니 진묵 대사는 술을 좋아하시되 하루는 술을 마신다는 것이 양잿물을 한 그릇 마시고도 아무 일이 없었다 하며, 한번은 감나무 아래에 계시는데 한 여자가 사심을 품고 와서 놀기를 청하는지라 그 원을 들어주려 하시다가 홍시가 떨어지매 무심히 그것을 주우러 가시므로 여자가 무색하여 스스로 물러갔다는 말이 있나니, 어찌 그 마음에 술이 있었으며 여색이 있었겠는가. 그런 어른은 술 경계에 술이 없고 색 경계에 색이 없으신 여래시니라. (『대종경』,「불지품」7장)

여자를 품고 있다가 감나무의 홍시가 떨어지자 동작을 멈추고 홍시 주우러 갔다는 '무주착'의 이야기는 오늘날에도 승려들 사이에서 자주 입에 오르내리는 법문이다. 주와 색을 자유롭게 넘나들되 걸리지 않았던 진묵 스님, 선방에서 회자되는 "술을 먹고 여색을 가까이해도 반야의 지혜가 방해받지 않는다飮酒房人 無防般若"라는 경지를 몸

봉서사 나한상

으로 보여준 분이다. 하지만 하수들이 함부로 흉내 냈다가는……

　윤기 없는 사찰, 봉서사. 개인적으로는 특별한 의미가 있는 사찰 중의 하나이다. 나의 절친한 친구이자 동시에 선생인 석두 혜공 스님이 특별한 체험을 한 곳이기 때문이다. 마도로스로 바다를 누비던 혜공이 갑자기 사표를 쓰고 아프리카에서 곧바로 들어온 곳이 봉서사이다. 당시에는 전기도 들어오지 않아서 밤에는 촛불을 켜야 하는 정말로 조용한 절이었다.

　요사체도 흙으로 지은 헛간 같은 집이었고, 매일 장작으로 아궁이에 불을 때야 하는 재래식 온돌방이었다. 그는 20대 후반의 한창나이에 스스로 청해서 이 산골의 헛간으로 들어왔다. 인도양에서 봉서사의 냄새 나는 헛간으로 이동한 셈이다. 산에 사는 것이 좋아서 젊

　　　　　　　　　　　　　　　　조용헌의 산사로 가는 길

은 나이에 직장도 버린 채 퇴직금만 싸 들고 봉서사에 들어온 석두. 그는 여기에서 하는 일 없이 지냈다. 누웠다가 앉았다가, 서방산 주변을 거닐다가 했다. 바야흐로 그동안 꿈꾸던 무위의 삶, 아니 완벽한 백수건달의 삶으로 진입한 것이다.

석두는 아침마다 골짜기를 따라 거닐었다. 어느 날 우연히 목 없는 석불상이 눈에 들어왔다. 대웅전 우측의 돌로 만든 제단 앞에 있는 20센티미터 크기의 자그마한 석불이었다. 지금은 계곡으로 옮겨져 있는 상태이다. 그런데 그 석불은 머리는 없고 몸통만 남아 있는 불상이었다. 석두는 아침 산책 때마다 마주치는 그 불상이 측은하다고 생각했다. 동시에 한 가지 의문이 생겼다.

'만약 내 머리를 저 불상에다 갖다 붙이면, 저 석불이 나인가, 아니면 내가 석불이 되는가?'

석두는 한 달 가까이 골똘하게 이 의문을 품고 다녔다. 그러던 어느 날 아침 그 석불을 보다가 번개 같은 통찰이 머리를 때렸다.

"저 석불과 나는 둘이 아니다."

머리는 없고 몸통만 남아 있는 석불, 돌 하나를 머리 대신 올려놓았다.

깨달음이었다. '둘이 아니다'라는 소식을 깨닫는 순간 혜공은 자신의 가슴을 싸고 있던 두꺼운 막 같은 것이 한 꺼풀 벗겨지는 느낌이었다고 했다. "나의 머리를 석불에게 얹어놓으면 석불이 나인가, 내가 석불인가?" 이것은 화두였고, 석두는 한 달 만에 이 화두를 타파한 것이다. "석불의 머리가 자신의 머리이다"는 깨우침. 이런 계기로 법명이 돌 석石에 머리 두頭, '석두'가 된 것이다.

순창 영구산 구암사

개화기 선각자들을 키워낸 교학의 중심지,
구암사 이야기

이광수 · 최남선 · 신석정 · 조지훈 · 서경보 · 청담 · 운허…… 개화기와 일제강점기 한국의 문화사에 이름을 남긴 이들의 공통점은 구암사과 관련이 있다는 점이다. 구암사는 순창군 복흥면의 영구산 중턱에 있다. 구암사가 이름을 날리기 시작한 시기는 조선 후기의 대강백 설파와 그의 제자인 백파 때부터이다. 이후로 구암사는 조선 불교의 내로라하는 강맥을 배출하면서 명실상부한 교학의 중심지가 된다. 백파의 뒤를 이어 정관 · 설두 · 설유 · 학명 · 석전 그리고 최근의 운기 등의 강백이 배출되었다. 특히 석전 박한영의 가르침 속에서 개화기를 빛낸 유명한 제자들이 배출되었다.

궁핍할 때 홀로 도 닦을 수 있는 고즈넉함

한국의 종교 지도를 크게 그려보면 경상도는 불교가 번창하고, 전라도는 교회가 많다. 부산의 자갈치 시장에 가보면 부잣집 유한마담들일지라도 회색의 '몸빼(일명 보살 바지)'를 입고 장을 보러 다니는 모습을 자주 목격할 수 있다. 길거리에서 아주머니들의 보살 바지가 많이 목격되는 것은 불교 세력이 강하다는 증거이다. 그런가 하면 전라도의 의식 있는 유한마담은 성경책을 옆에 들고 YWCA에 나간다. 여기는 일요일 하면, 성경책이다.

전라도의 사찰들은 교회에 비해 신도도 적고 살림살이도 옹색하다. 그래서 나타난 현상이 경상도 불교 신도들의 전라도 원정이다. 경상도의 불자들은 먼 길을 마다 않고 원정 와서 힘든 불사에도 앞장서는가 하면 스님들 아플 때 보약도 지어오고, 추울 때 내복도 사오는 등 자질구레한 시봉을 기꺼이 한다.

불교는 정해진 지역구가 따로 없다. 마음에 드는 도량이 있으면 방방곡곡 전국 어디라도 찾아간다. 불교의 사상이 무주공산 사상이라 어디 따로 임자가 있는 것이 아니다. 특히 1980년대 중반 이후 자동차가 많이 보급되면서 이 현상은 더욱 강해졌다. 전국 어디에 있는 사찰이라도 가고 싶으면 간다. 신심 있는 사람에게 자동차로 5~6시간 거리는 문제가 되지 않는다. 경상도 지역의 신도들은 신라 불교 이래로 천 년을 지속해온 '말뚝 신심'을 가진 사람이 많아서인지 아주 열성적이다. 한때 이름난 전라도의 사찰에 가보면 마당에 주차된 대부분 관광버스에는 부산이나 대구와 같은 경상도 번호판이 붙어 있었다. 그러다 보니 '전라도 사찰은 경상도 사람들이 전부 먹여 살린다'라는 말이 불교계에서 공공연히 나돌 정도였다.

순창에 있는 구암사도 바로 그러한 경우의 사찰이다. 내장사와 백양사 중간 위치의 산골에 있는 구암사는 방문객이 거의 없다시피 한 적막강산의 배고픈 사찰이다. 오로지 자연의 새소리와 바람 소리만 존재하고, 인공적인 쇠붙이 소리는 전혀 없는 구암사. 자동차 소음에 익숙한 도시인들에게는 이 자연의 적막함이 뭉클한 감동으로 다가온다. 무음의 공간이다. 그 고요 속에서 대웅전 앞뜰의 수선화는 노랗게 피어 있다. 무음의 공간에 피어 있는 노란 수선화, 노란색 수선화가 가슴속에 이처럼 파고든다. 사실 절은 이래야 한다. 수행터는 배고프고 고독해야 한다. 그래야 공부가 되는 것 아니겠는가.

나는 외롭고 힘들 때마다 『맹자』「진심장盡心章」에 나오는 "궁색할 때는 홀로 자신을 돌보는 데 힘쓰고窮則獨善其身, 잘 풀릴 때는 세상에 나가 좋은 일을 한다通則兼善天下"를 마음속에서 새기곤 했다.

궁핍할 때 홀로 자신을 돌볼 수 있는 절이 바로 구암사이다. 세상사라는 게 잘 나갈 때보다는 잘 안 나갈 때가 문제인데, 이때 도연명처럼 과감하게 시골집으로 돌아가 고생스럽지만 농사라도 지으면서 자존심을 지키고 살 것인가, 아니면 무슨 수를 써서라도 세간에 붙어서 비비고 살아야 할 것인가? 구암사의 노란 적막함을 보면서 '독선기신獨善其身'을 떠올리는 것은 세상사가 뜻에 맞지 않기 때문이다.

구암사는 순창군 복흥면의 영구산 중턱에 있다. 구암사를 품고 있는 영구산靈龜山은 멀리서 보면 거북을 닮았다고 해서 붙여진 이름이다. 영물로 여기는 거북 두 마리가 역대 구암사의 강맥講脈을 힘 있게 떠받치고 있다고 전해온다. 실제 이 산에는 신령스런 거북바위가 두 개 있다. 암거북바위는 법당 밑에 자리 잡고 있고, 수거북바위는 절 입구에 있다.

구암사는 백제 무왕 25년(624)에 창건되었다고 전해지나 『동국여지승람』「불우」조條에 구암사에 대한 이야기가 없는 것으로 보아 고려나 조선 중기에 이르기까지 특별히 이름난 사찰은 아니었던 것 같다. 구암사가 이름을 날리기 시작한 시기는 조선 후기의 대강백大講伯 설파雪坡(1707~1791)와 그의 제자인 백파白坡(1767~1852) 때부터이다. 이후로 구암사는 조선 불교의 내로라하는 강맥을 배출하면서 명실상부한 교학敎學의 중심지가 된다.

백파의 뒤를 이어 정관正觀(?~1813), 설두雪竇(1824~1889), 설유雪乳(1858~1904), 학명鶴鳴(1867~1929), 석전石顚(1870~1948) 그리고 운기雲起(1898~1982) 등의 강백이 배출되었다. 이들은 조선 후기 이래로 한국 불교의 강맥을 주름잡은 강타자들이다. 그렇다면 이와 같은 구암사의 쟁쟁한 강

영구산 구암사 가는 길

맥이 한국 불교사에서 차지하는 비중은 어느 정도일까. 그리고 이들을 어떻게 평가해야 하는가.

18세기에 들어서면서 조선 불교는 임진왜란으로 인한 물질적·정신적 피해에서 벗어나 불교 이론의 재정립 기회를 맞이했다. 그 중심에는 호남 지역의 사찰들이 자리하고 있었다. 순창의 구암사를 비롯, 해남의 대둔사(대흥사)와 승주의 선암사가 중심 사찰인데, 이 사찰들은 삼각 편대를 이루면서 조선 후기 불교를 주도해나갔다. 지금

조용헌의 산사로 가는 길

내가 서 있는 구암사는 이 삼각 편대의 제일 앞쪽에 위치한 절이라 하니 그 비중을 짐작하기 어렵지 않다.

화엄에 정통해 화엄 종주라 불렸던 설파 대사는 18세기 중반 구암사에서 천여 명의 대중을 모아놓고 강의를 할 정도였다 한다. 설파의 바통을 이어받은 백파 대사는 구암사를 조선 후기 불교의 중심으로 자리 잡게 한 중흥조이다. 전라도 관찰사였던 이경상은 백파 스님의 학식과 인품에 감동해 인근 전답 350마지기를 구암사에 기부했다고 전한다.

주지 지공 스님이 나에게 구암사 이야기를 많이 해주었는데 기억에 남을 만한 게 많다. 지공 스님이 전한 바로는 설유 스님의 뒤를 이은 제자가 천재라는 소리를 들었던 석전 박한영이고, 이 석전 밑에서 유명한 출가, 재가의 제자들이 배출되었다고 한다. 이름만 들어도 알 수 있는 이광수·최남선·신석정·조지훈·서경보·청담·운허와 같은 인물들이 그의 영향을 받았다. 근대의 일급 지성들이 직간접으로 구암사의 강맥과 끈이 닿고 있음을 알 수 있다.

이처럼 찬란한 전통을 가지고 있던 구암사가 폐허가 된 것은 6·25전쟁 때문이다. 여기도 역시 국군이 불을 질렀다. 당시 북쪽 지역은 어떤지 몰라도 이남 지역의 사찰이 불타게 된 계기를 보면, 단연 국군 쪽에서 불을 많이 질렀다는 사실이 발견된다. 공비 토벌이라는 명목 아래 무차별로 싹쓸이했다. 당시 상황이 불가피했다고 하더라도 수백 년 내려오던 문화재들을 소진해버린 업보를 누군가는 책임져야 할 것이다. 백파를 비롯한 역대 스님들의 제사를 지내던 2층 건물 조사전이 이때 불타면서, 백파 제사와 그때까지 구암사에서 보관해오던 추사 김정희가 쓴 비문까지 함께 고창 선운사로 옮겨 가게 되었다.

비우고 비우면 누구나 꽃을 피워 올릴 수 있는 이치

지공 스님은 1993년부터 이곳에 혼자 있다. 신도라고 탈탈 털어봐야 절 밑의 동네 사람 열 명 남짓이다. 전기 요금, 전화 요금 내기도 버거운 절이다. 지공 스님이 큰절 마다하고 굳이 구암사로 자청해온 까닭은 사명감 때문이다.

사명감이라는 게 무엇이길래 지공 스님은 배고픈 절인 구암사를 지키고 있는 것일까? 지공 스님의 사명감이란 무엇일까? 그 안에는 조선 후기 한국 불교를 대표하는 학승이었던 백파 대사의 법맥法脈을 이어간다는 자존심이 깔려 있다. 누가 알아주지 않는 고독한 자존심, 자존심은 이해타산을 떠나게 만든다. 시절 인연이 좋았을 때는 그처럼 들끓었던 제자들이, 세월이 흐르고 세상이 바뀌니 간데없이 사라졌다. 세상사 이런 것인가! '등 굽은 소나무가 선산 지킨다'는 말처럼 지공 스님 혼자 외로운 구암사를 지키고 있다. 외롭고 배고픈 절이 된 구암사, 구암사에는 지공 스님과 노랗게 핀 수선화 단 둘만 남아 있다. 외로움에 익숙해져서 그런 걸까! 사찰 마당 화초밭의 풀을 뽑고 있는 지공 스님은 담담한 풍모를 지니고 있다. 묻는 말 외에는 일체 말이 없는 분이다.

내가 이것저것 물어봐도 짤막한 답변뿐이다. 답변 시간이 길어야 1분이다. 스님이 관심을 가지고 열을 낼 만한 질문을 던져도 답은 역시 짧다. 말하는 시간보다 중간중간 침묵하는 시간이 더 길다. 대체로 한국 사람은 정권과 마이크는 잡았다 하면 쉽게 놓지 않는 성정을 지니고 있는데, 지공 스님의 화법에는 극도의 절제된 답변만이 있을 뿐이다. 질질 끌지 않는다.

"스님 지난번에 보이던 행자 스님은 어디로 갔습니까?"

"떠났습니다……."

"왜 요즘 젊은 스님들은 오래 붙어 있질 못하고 그렇게 쉽게 떠납니까?"

"안목이 부족하기 때문이지요."

"스님이 생각하시는 안목은 무엇입니까?"

"휴거헐거休去歇去면 철목개화鐵木開花라는 말이 있지요."

"철목개화하는 데 몇 년 정도 걸립니까?"

"한 5년만 절 밖에 안 나가면 됩니다."

휴거헐거면 철목개화란 '쉬고 또 쉬면 쇠로 된 나무에서도 꽃이 핀다'는 뜻이다. 몇 달 전 구암사를 찾았을 때 젊은 행자 스님이 밥도 하고 빨래도 하고 있었는데 이번에 와보니 어디론가 사라지고 없었다. 산중의 고독과 무료함을 견디지 못하고 절을 떠나버린 것이리라.

'안목이 부족하다'는 말의 의미는 뭘까? 도를 닦으려고 하는 사람은 반드시 혼자 있어서 고독해야만 한다. 고독해야 내면을 주시한다. 바깥의 것을 보지 않고 자기 내면을 성찰해야만 전생의 업장을 털어버릴 수 있다. 그러려면 산중의 절에서 밥하고 나무하고 빨래나 하면서 사는 단순노동의 과정을 필수적으로 거쳐야 한다. 어설픈 경전 공부보다 이 과정이 수행에 효과적이다.

그래야만 헐떡거리는 마음이 쉴 수 있다. 헐떡거리는 마음만 쉬면 공부의 반은 마쳤다고 본다. 그러나 안목이 부족한 사람은 이 단순한 삶이 주는 깊은 의미를 이해하지 못한다. 내가 도 닦으러 왔지 산속에서 밥이나 하면서 썩으려고 왔는가 하고 생각하기 쉽다. 아무 것도 하는 일이 없어야만 가라앉는다. 흙탕물을 보라. 가라앉으려고 애를 쓰면 쓸수록 오히려 혼탁해진다. 우리 마음도 흙탕물과 같다. 끊임없이 이 생각 저 생각을 한다. 이 생각 저 생각을 쉬어야 한다. 마음을 쉬게 하려면 그 방법은 단순한 생활을 하는 것이다. 나무하고 밥하고 빨래하는 생활이 바로 그것이다. 단순 반복이라는 불도저로 복잡난마의 유리 조각들을 깔끔하게 뭉개버린다. 산속의 단순한 생활은 이처럼 힘을 가지고 있다. 그것이 쉬는 것이다. 쉬는 일이야말로 의미가 있다. "쉬고 또 쉬면 쇠로 된 나무에서도 꽃이 핀다"는 선가의 경구는 이를 강조한 것이다. 마음을 쉬는 무위가 무엇보다 중요하다.

오랫동안 휴거헐거를 해서 그런 것일까. 지공 스님은 그저 담담하기만 하다. 나는 그 담담함이 참으로 부러웠다. 장광설은 피곤을 가져오고 담담함은 생기를 준다. 지성을 가진 사람들끼리 이야기할 때는 단도직입적으로 결론만 말해야 한다. 서론을 과감하게 생략하고 결론으로 직행하는 것이 지혜가 아니던가.

이날 구암사에 동행한 원불교 김도장 교무와 담백함의 조건에 관해 이야기를 주고받다, '철목개화'의 출처를 물었다. 김도장 교무의 말에 따르면 '철목개화'는 원래 임제 선사의 『벽암록』에 나오는 말이란다.

선의 핵심은 그저 마음을 쉬는 것이다. 그런데 마음을 쉬기가 쉽지 않다. 자동차, 컴퓨터, 주식 시세, 텔레비전이 우리를 쉬게 놔두지 않는다. 이것들은 이 생각 저 생각으로 끊임없이 우리를 몰고 다닌다. 몰리지 않을 장사 있나. 현대는 도통하기 어렵다.

나와 김도장 교무는 백학봉으로 가는 해장죽밭의 오솔길을 올라가면서, 지공 스님처럼 담담하고 짧은 답변을 할 수 있는 인격에 도달하기 위한 조건에 대해 이야기를 주고받았다. 시선이 조건이다. 다른 사람의 시선을 의식하지 않고 자기 자신에 충실해야 한다. 타인을 의식하는 한 인간은 진실해질 수 없다. 진실한 사람은 상대방의 호감을 사려고 하지 않는다. 또한 자기를 드러내기 위해서 노력하지 않는다. 여기에서 절제의 미학이 나온다. 나는 실례를 무릅쓰고 지공 스님의 생년월일시를 물어보았다. 사주를 뽑아보니 무자戊子 갑자甲子 병인丙寅 무술戊戌이 나온다. 양팔통陽八通 사주이다. 병인 일주에다가 여덟 글자가 양간지陽干支로만 구성돼 있다. 활달하고 통이 큰 사주이면서도 수화水火가 균형을 이루고 있는 점이 특징이다. 수 기운으로 능히 침잠할 수 있고, 화 기운으로 능히 돌격할 수 있는 사주이다. 내향과 외향을 두루 갖추었다.

절간에 사는 스님들도 속세의 사람처럼 각기 다른 취향을 지니고 있다. 그 취향은 크게 선·기도·주문·경전의 네 가지 스타일로 나누어볼 수 있겠다.

선을 많이 한 스님의 취향은 활달하고 시원해서 걸림이 없다. 그러면서도 검객 같은 날카로움이 번뜩인다. 이 스님들은 마지못해 하는 말이 거의 없다. 자기 느낌대로 생각대로 그대로 내뱉는다. 상대의

기분을 헤아려서 말하는 법이 드물다. 안과 밖이 같다. 통쾌하고 뒤에
남는 것이 없다. 처음 상대할 때는 거북해도 시간이 갈수록 편하다는
느낌을 받게 된다.

기도를 많이 한 스님은 조용한 분위기를 풍긴다. 무슨 말을 해도
그저 수용적인 태도를 보일 뿐이다. 자기감정의 표출이 매우 적을 뿐
만 아니라 상대방의 생각이 틀리더라도 반박하지 않는다. 그래서 함
께 말을 나누는 상대방도 덩달아 조용해진다. 마치 푹 삶아놓은 죽순
과 같아서 누구에게나 거부감을 주지 않는다. 기도승은 선승과 아주
대조적인 기풍을 지니고 있다.

주문을 많이 한 스님들도 분위기가 독특하다. 주문이라 하면 '옴
마니밧메훔'과 같은 육자대명진언이나, 또는 천수, 광명진언 등이 해
당한다. 이러한 주문을 오래 한 스님들은 신비스러운 분위기를 지니
고 있다. 조용하면서도 당당한 기세를 풍긴다.

그렇게 보자면 지공 스님은 선승의 자신감과 기도승의 부드러움
을 아울러 갖추고 있는 셈이다. 즉 선과 기도 사이의 가운데 노선이
다. 얼굴 안색도 불그스레한 화색을 띠고 계신다. 그 보기 좋은 화색
은 불보살의 가피加被(은혜)를 받는 사람들이 지니는 징표라고나 할까.

김천 불령산 청암사

도선 국사를 덩실덩실 춤추게 한
천하의 명당

통일신라의 대표적 고승이자 풍수의 대가였던 도선 국사는 불령산에 오르는 동안
아무 말이 없었다. 상서로운 기운을 느끼길 며칠째, 마음이 비워지길 기다리면서 참
아온 산행이었다. 도선은 불령산의 험한 계곡을 지나 능선을 탔다. 목적지도 이정표
도 없었다. 그저 오르기를 계속할 뿐, 산을 오른 지 두 시진쯤 지났을까, 막 능선을
벗어난 도선의 눈앞에 믿지 못할 광경이 펼쳐졌다. 도선 국사는 체면도 잊은 채 어린
애처럼 덩실덩실 춤을 추기 시작했다. 이렇게 세워진 절이 바로 청암사의 수도암이다.

불가와 도가의 융합과 조화가 이뤄진 명산 이야기

전국 방방곡곡 이 산 저 산의 절을 자주 돌아다니다 보니 언제부터인가 산팔자山八字가 지녀야 할 자질에 대한 생각이 홀연히 떠오른다. 그저 자질 없이 이렇게 돌아다니기도 힘든 것 아니겠는가. 특수한 길에는 특수한 자질이 필요한 법. 그 자질이란 무얼까?

먼저 돈이 없어야 한다. 돈이 많은 사람이 어찌 청산을 그리워하겠는가. 중생은 바야흐로 돈이 없어야 고독을 알고, 고독을 응시하기 시작할 때 청산이 부르는 소리가 귀에 들린다. 청산이 좋아지기 시작하면 그때부터 돈 버는 일과는 멀어지게 된다는 사실을 각오해야 할 것이다.

그다음에는 역마살이다. 역마살이 있으면 이상하게도 돌아다닐 일이 많이 생긴다. 이 산 저 산 정신없이 돌아다니다 보면 집구석에 붙어 있을 날이 없게 마련이고, 사주팔자에 역마살 많은 사람치고 일요일 날 방바닥에 누워 텔레비전 보는 사람 못 보았다. 사주의 인신사해寅申巳亥가 역마살이다.

다음 조건은 염세증厭世症이다. 도시 생활이 왠지 이유 없이 싫어야 한다. 싫어야 산속의 소나무가 어머니 품 같고 고향 같다. 염세증 환자로 분류될 수 있는 기준 중의 하나는 '범종 소리를 좋아하는가?'이다. 석양이 오렌지색으로 변해 넘어갈 무렵, 인적이 드문 절간에서 산허리를 타고 돌며 사라져가는 범종 소리를 듣고, 감정이 복받쳤던 경험이 있는 사람은 일단 염세증에 걸릴 가능성이 있다. 이들에게는 공통적으로 도연명의 「귀거래사」나 장 그르니에의 『섬』을 좋아하는 취향이 발견된다.

마지막으로 식견을 지녀야 한다. 식견이라고 하는 것은 교과서적인 이론에다가 풍부한 현장 경험이 합쳐졌을 때 생겨난다. 식견을 지녀야만 답사 현장에 섰을 때 단서를 찾아낼 수 있고, 이 단서를 매개로 해 추리가 가능해지고, 추리를 따라가면서 과거, 역사 그리고 옛사람들과의 대화가 가능해진다. 따라서 식견은 세월과 어느 정도 비례하지 않나 싶다.

일요일 아침 9시. 이번 청암사행에는 춘담 스님 차를 타고 가기로 했다. 익산에서 출발해 금마를 지나고 전주 좁은목 약수터를 지나 관촌 사선대를 거쳐 진안으로 접어든다. 마이산 말봉우리가 눈에 들어오는 진안 인삼 공판장과 무주를 비켜 나제통문羅濟通門을 통과했다. 점심으로 경상도 땅 무풍에서 된장국에 밥 말아 먹고 부지런히 달린 지 5시간 남짓, 눈발이 희끗한 가룻재를 넘어 청암사 입구에 당도하니 오후 2시가 조금 넘었다. 철마로 달렸으니 망정이지 옛날 같

불영산 청암사

으면 괴나리봇짐을 메고 아마 열흘은 꼬박 걸렸을 장정이리라.

한암 스님이 청암사 수도암에 와 경허 선사의 설법을 들은 때는 1899년 가을이었다. 그때 그의 나이 24세였다. 남자 나이 24세라면 그야말로 무서울 것이 없는 연부역강_{年富力强}(세월이 많이 남아 있고 힘은 강한 젊은 시절) 한창의 나이이다.

서울 선학원_{禪學院}에 걸려 있는 선사의 인물 사진을 보면 지성, 야성, 신비감이 골고루 풍기는 대단한 인상이다. 이러한 인물의 소유자가 무엇이 아쉬워 이렇게 첩첩산중인 불령산 골짜기에까지 들어왔을까 하는 의문이 생길 정도로 청암사 수도암은 사람들 눈에 잘 띄지 않는 오지에 있다.

　불령산 청암사 입구에서 가장 먼저 눈을 붙잡는 것은 바위에 새겨진 '불령동천佛靈洞天'이라는 글자이다. 도불회통道佛會通 분야가 전공인 나에게는 눈이 번쩍 뜨이는 대목이다. 불령이란 글자 그대로 불교를 말하고, 동천이란 도교를 의미한다. 왜냐하면 동천이란 신선들이 사는 곳을 가리키기 때문이다.

　홍콩에서 출판된 『동천복지사전洞天福地辭典』에 따르면 중국에서는 36 대동천大洞天, 16 소동천小洞天을 꼽는다. 화산華山(중국의 오악 중에서 암봉이 많아 가장 험하다), 무협지에 등장하는 여산廬山, 나부산羅浮山(포박자를 쓴 갈홍이 은둔한 산), 무단산武當山, 청성산靑城山(중국 도교의 발상지), 아미산蛾眉山, 형산衡山 등등의 명산들이 모두 대소 동천에 속하는 산들이다.

　우리나라에도 유명한 동천이 있다. 경북 상주시 화북면 용유리의 길옆에는 '洞天'이라는 2미터 크기의 초서체 글씨가 바위에 새겨져 있다. 이 글씨는 현재까지도 지리산에 생존해 있다는 소문이 무성한 개운 조사開雲祖師(1790~ ?)가 도를 성취한 뒤에 그 성취의 증거로 새겨놓았다는 글씨이다.

　그 밖에 전국 곳곳에서 무슨 무슨 동천이라고 새겨진 글씨들을 발견할 수 있다. 대체로 경치가 좋은 승지이거나 명산의 사찰 입구이다. 충북 천태산 영국사에는 천태동천天台洞天, 치악산 구룡사에는 구룡동천龜龍洞天, 하동 쌍계사에는 화개동천花開洞天, 미륵산 사자사에는 사자동천獅子洞天, 강화도 전등사에는 함허동천凾虛洞天…….

　주로 사찰 입구의 커다란 바위에 새겨져 있는 이러한 동천들은 도·불 융합의 산물이다. 이처럼 도·불이 융합된 명칭이 이름난 사찰들에 산재한 이유는 무엇일까?

내 생각으로는 불교와 도교의 결합이거나 양자의 회통을 상징하는 것으로 대략 고려 시대에 새겨진 것이 아닐까 한다. 삼국시대에서 고려까지 우리나라 사람들은 부처와 신선을 동일시하는 것이 일반적인 정서가 아니었나 싶다. 신라의 화랑을 미륵선화라고 한 것이나, 최치원의 인생행로에서 보이는 유·불·선의 섭렵 그리고 고려 시대 불교적인 연등회와 도교적인 팔관회의 성행, 묘청이 세운 팔성당八聖堂의 명칭 등에는 부처와 신선을 동격으로 보았던 편린들이 남아 있다.

그러다가 고려 후기에 들어와서 양자 간에 노선 차이가 발생한다. 불교의 독자적인 수행법이라 할 수 있는 간화선看話禪, 즉 화두에 집중하는 수행법이 고려 후기 송광사의 보조 국사(1158~1210)와 진각 국사(1178~1234)에 의해 뿌리내리면서 단전호흡을 위주로 하는 도교와의 차별화가 진행되었다고 보는 것이 나의 가설이다. 화두라고 하는 수행 방법이 등장하면서 도교와의 노선이 확실하게 갈라진 성싶다.

현재 한국 불교의 주류 입장은 화두 참구參究(참선해 진리를 탐구)만 제대로 한다면 호흡에 신경 쓰지 않아도 된다는 것이고, 도교 쪽은 호흡을 통해 정精을 다지고 몸을 만들어놓아야 수행이 제대로 시작된다는 입장이다. 호흡과 마음은 상관관계에 있다. 호흡이 고요하면 마음이 고요해지고, 호흡이 거칠면 마음도 거칠어진다. 마음을 컨트롤하는 것보다 호흡을 컨트롤하는 것이 상대적으로 쉽다. 호흡이 깊고 고요해지면 마음이 깊고 고요해지고, 마음이 깊고 고요해지면 우리 몸에 잠자고 있는 수많은 세포가 활성화됨으로써 초인이 된다.

그러므로 호흡은 도인이 되는 첫걸음이라고 보는 것이다.

　현상적으로 볼 때 양쪽 모두 부작용이 있을 수 있다. 즉 화두 참구를 무리하게 밀어붙이면 기가 머리로 솟는 상기증上氣症에 걸려 몸이 상하기 쉽고, 호흡에 주력하면 처음에 몸은 건강해지고 몇 가지 초능력도 생기지만 잘못하다가는 샛길로 빠질 위험이 있다. 샛길이란 주화입마走火入魔의 위험이다. 주화가 되면 대개 걸려드는 것이 입마이다. 입마는 마귀의 포로가 되는 것을 말한다. 마음이 완전히 비어 있지 않은 어설픈 상태에서 몸만 닦을 때 나타나는 현상이다. 주변의 수행자들을 관찰한 결과 올바른 수행은 정혜定慧를 같이 닦는 것이다. 단학에서 말하는 성명쌍수性命雙修(성은 마음을 명은 육신을 가리킨다)도 결국은 같은 말이다.

도선 국사가 발견하고 춤을 춘 천하의 명당

청암사를 뒤로하고 계곡을 지나 세 시간 정도 능선을 타니 수도암이 나타난다. 천하의 도선 국사가 수도암터를 잡고 7일 동안 덩실덩실 춤을 추었다는 구전이 결코 과장이 아니라는 것이 납득이 갈 만큼 명당이다. 우선 수도암의 중심부에 해당하는 대적광전大寂光殿 앞에서 올라오는 기운이 범상치 않다. 청량하면서도 강한 기운이다. 대체로 청량하면 약하기 쉬워 밀어붙이는 맛이 적은 게 일반적이나 대적광전의 지기는 맑으면서도 뚝심이 느껴진다. 수행자에게는 소화 잘되는 고단백의 에너지를 제공하는 도량임에 틀림이 없다.

청암사 수도암에서 바라본 가야산 정상

그런가 하면 대적광전 앞으로 바라보이는 조산도 기가 막히다. 바위로 뭉쳐진 가야산 정상 부분이 마치 한 떨기 연꽃처럼 보이는데, 일설에 따르면 선녀가 비단을 짤 때 실을 거는 '끌게돌이'에 해당한다고 한다.

주머니 깊숙이 잠긴 패철을 빼내어 들고 좌향을 살펴본다. 대적광전이 건좌乾坐이고, 가야산 꽃봉오리는 약간 왼쪽의 을방乙方에 걸리는 셈이다. 건좌는 금이고, 을방은 목木이므로 금극목金克木이 되어 이는 재물이 된다. 풍수가에서 내려오는 전통적인 해석에 따르면, 가야산 봉우리는 수도암터의 입장에서 돈으로 작용하는 셈이다. 기왕

청암사 수도암 석조비로자나불좌상

조용헌의 산사로 가는 길

이면 다홍치마라고 재물도 있어야 절이 오래가는 법이다. 과연 도선 국사가 춤출 만도 하다. 어찌 그리 귀신같이 잡았는고…….

수도암은 터만 좋은 것이 아니라 부처님도 잘생겼다. 대적광전에 모셔진 돌부처는 거구이다. 왼손 집게손가락을 오른손바닥으로 감싼 형태인 지권인을 하고 있다. 지권인을 하고 있으니 비로자나불이고, 대적광전에 모셨을 것이다. 우리나라에서 지권인을 한 불상은 철로 주조된 것이 대부분이며, 9세기 말 통일신라 후기에 선종이 들어오면서 유행하기 시작했던 것으로 보인다. 왜냐하면 지권인이라는 손 모양은 "내 안에 부처가 있다"는 선종의 이념을 강력하게 상징하는 수인이기 때문이다.

혜공 스님의 체험담에 따르면 수인이란 배의 돛대와 같은 기능을 한다고 한다. 수인의 형태에 따라서 삼매에 들어가는 속도와 위치가 판이하게 달라진다는 것이다. 이 중에서 지권인은 다른 어떤 수인보다도 내면세계로 깊게 그리고 세밀하게 들어갈 수 있는 장치로서, 초보자들은 함부로 취할 수 없는 위험한 수인이라고 한다. 초보 운전자가 시속 2백 킬로미터로 경주용 차를 모는 것과 같다.

선종이 이처럼 자력 수행 성격이 강한 지권인을 선호한 이유는 무엇일까. 아마도 이타적 보살행보다는 자력 수행에 의한 해탈 쪽에 비중을 두어서일 것이다. 다시 말하면 부처를 밖에서 구하지 않고 철저하게 안에서 구해야 한다는 것과 안에서 구하기 위해서는 깊은 삼매의 체험이 필수적이라는 사실을 선불교는 부르짖었고, 지권인은 이 메시지가 집약적으로 표현된 셈이다.

눈여겨볼 것은 타력구제他力救濟의 정토종淨土宗이 주류를 형성하고 있는 일본 불교에서는 지권인을 한 불상이 드물다는 점이다. 일본 불교는 '자기 안에 부처가 있다'는 선불교보다는, 인격적인 부처님이 나를 구원해준다는 정토종이 주류를 이루고 있다. 그래서 그런지 교토나 나라의 여러 사찰을 둘러봐도 지권인 불상은 구경하기 힘들었다. 아무튼 수도암 대적광전에 모신 불상은 석불상이면서 지권인이라는 면에서 인상적이다.

완주 대둔산 안심사

날카로운 산세를 가진 산에는
힘이 센 산신이 산다

연분홍색 산벚꽃이 만발한 춘삼월에 가는 산은 대둔산이다. 이곳에 안심사가 있다.
대둔산은 장군들하고 인연이 많다. 현재 전해지는 달래장군터나 허둔장군터는 장군
들이 공부하던 장소이다. 장군들은 이곳에서 마음과 몸을 닦았다. 그만큼 터가 센
곳이다. 터가 세다 함은 기도발이 잘 먹힌다는 이야기이다. "법보다 주먹이 가깝다"
는 말이 있듯이 부처님이 '법'이라면 산신은 '주먹'에 비유된다. 산신도 등급에 따라
힘의 차이가 있다. 1급 산신은 높고 험한 바위산에 머무르면서 인정이 별로 없고 엄
격한 반면, 2, 3급 산신은 인정이 많아 쉽게 도와준다. 1급 산신은 인간들이 어지간
히 기도해서는 들은 척도 안 한다. 그 대신 한번 도와주려 마음먹으면 크게 은혜를
베푼다.

장군의 기상을 가진 대둔산에서

가진 것 없어도 오라는 데는 많다. 오라는 곳이 어딘가 하면 다름 아닌 산신령들이 있는 명산이다. 영암 월출산에서도 오라고 손짓하고, 지리산에서도 속리산에서도 가야산에서도 대둔산에서도 오라고 손짓한다. 토요일만 되면 어느 산에 먼저 가야 하는가 하고 계산이 분주해서, 결혼식장이고 회갑 집이고 야유회고 간에 모두 사절이다. 의리 없는 인간이라고 욕할 게 뻔하지만 어쩔 수 없다.

　　나는 오늘도 산에 오른다. 옛말에 강아지 따라가다 보면 결국 변소로 간다고, 나는 산신령을 따라 산에 가려 한다. 이 생명 다하기 전에 이 산도 가고 저 산도 가고 그 산도 가고 삼천리금수강산의 명산들을 다 밟아보았으면 한다. 산 좋아하는 팔자이니 부귀영화 누리고 살기는 애초에 틀린 것 같다. 팔자가 그렇다는데, 아니 주님의 섭리가 그렇다고 하는데 포기해야지 어쩔 도리 있나. 운명에 순응하면 업혀

대둔산 안심사 일주문

가지만 거역하면 질질 끌려가는 법. 그러다 보니 오늘날까지 남들 다 가지고 있는 운전 면허증도 없이 다른 사람 차에 얹혀 다니는 '무차 거사無車居士'이다.

연분홍색 산벚꽃이 만발한 춘삼월에 가는 산은 대둔산이다. 이곳에 안심사 있다. 안심사와 인연을 맺게 된 것은 『주역』을 같이 공부한 자명사自鳴寺의 승원 스님이 알려준 덕이다. 대둔산 하면 태고사만 알지, 안심사라는 절이 숨어 있는 줄 모른다. 내가 보기에 대둔산의 앞 꼭지가 태고사라고 한다면 꼭뒤는 안심사이다. 앞이 관광지라면 뒤는 후원과 같이 호젓한 맛이 있다.

조용헌의 산사로 가는 길

승원 스님 차를 얻어 타고 처음 안심사 입구에 들어서는 순간 나는 안심사의 산세가 범상치 않음을 직감했다. 안심사 뒤로 병풍처럼 직립해서 도열한 암벽의 산세는, 산을 돌아다녀 본 사람이라면 누구나 경외감을 느낄 산세이다. 위풍당당하고 호쾌하다. 장군의 기상을 지녔다. 나는 문사文士의 고아高雅함도 존중하지만, 장군의 호쾌한 기백을 더 좋아하는데, 안심사 뒷산의 산세는 투구 끈을 턱에 조여 매고 큰 칼을 차고 있는 장군의 기운이 느껴진다.

안심사 사적비에는 이 산이 도솔산이라고 기록돼 있지만, 지금은 대둔산이라 부른다. '도솔산'이라는 이름이 미륵불이 있는 하늘 세계인 도솔천을 의미하는 불교적인 이름이라면, '대둔산'이라는 이름은 병사들이 진을 친다는 의미의 '둔屯' 자나 초목이 싹튼다는 의미의 '둔芚' 자에서 알 수 있듯, 우뚝우뚝 솟아 있는 바위들을 묘사하다 보니 생겨난 이름인 것 같다.

안심사의 앞산도 그 모습이 특이하다. 안심사에서 보면 두 시 방향으로 바위산이 하나 보이는데, 그 형상이 누워 있는 사람의 얼굴 모습과 흡사하다. 이마와 코, 입이 분명하게 보인다. 사찰에서는 부처가 편안하게 누워 있는 모습이라고 보아 열반상涅槃相(니르바나)이라고 부른다. 이 와불은 보는 사람을 편안하게 한다. 타이나 인도네시아, 미얀마를 비롯한 남방불교권에 가보면 한쪽 팔을 베고 누워 있는 와불이 유달리 많이 조성돼 있는데, 이는 긴장된 삶을 살아가는 중생에게 심리적인 안정감을 주기 위한 뜻일 게다.

안심사에 와서 앞산의 열반상을 한참 쳐다보면 마음이 편안해진다. 이제 먹고살 것 걱정하지 말고 편안히 쉬어보라는 메시지가 깃들어 있다. 서 있기보다는 앉아 있는 것이 편안하고, 앉아 있기보다는 누워 있는 것이 편안한 법이다. 그래서 절 이름을 지을 때 '안심사'라고 지은 듯하다.

뒷산은 장군의 기백이 넘쳐나고, 앞산은 열반의 편안함이 중생을 다독거리고 있다. 강과 온, 냉탕과 온탕, 채찍과 당근의 양수겸장이 겸비해 있는 절. 그러다 보니 이 산에는 안심사를 비롯해 많은 암자가 있었다. 지금은 없어져버렸지만, 옛날에 있던 암자들을 열거하면 다음과 같다. 백운암·지장암·금강대·숙정암……. 세어보니 무려 23개의 암자가 들어서 있었다.

암자마다 각기 주인이 있어 수많은 수행담과 영험담이 주저리주저리 달려 있었을 것이다. 암자에는 각자의 소우주가 존재했을 것이다. 그런데 이 암자들은 다 어디로 갔단 말인가? 과거는 사라졌지만 전해오는 암자의 이름들에서 화려했던 과거의 추억들을 주워들고서, 그 추억 속에 숨어 있을지 모를 편린을 찾아간다.

사람도 관상이 있듯이, 산에도 역시 산마다 관상이 있다. 관상에서 포인트는 눈이다. 눈에서 그 사람의 성품과 정기가 뿜어져 나온다면, 산의 관상에서 포인트는 바위와 암벽이다. 바위와 암벽에서 그 산의 정기가 뿜어져 나오기 때문이다. 바위와 암벽이 많이 노출돼 있을수록 그와 비례해 정기도 강하다고 판단하면 대체로 틀리지 않다.

설악산·월출산·가야산·북한산과 같은 산들은 뾰쪽뾰쪽한 바위산이어서 기도발이 잘 받는다. 그래서 바위가 많은 산은 도를 닦는 수행자들이 많이 거주했다. 이들 산의 바위에 올라가 오 분만 좌선해도 짜릿짜릿한 기운이 척추를 타고 몸속으로 들어온다. 스멀스멀 들어오는 기운이 척추를 타고 올라와 뒤통수를 거쳐 눈썹 사이의 양미간에 도착하면 말할 수 없는 충만감이 바람 넣은 자전거 튜브처럼 팽팽하게 온몸을 감싼다. 그 충만함은 산사람들만이 느끼는 비밀스러운 묘미이다. 이 느낌은 마약과 같아서 한번 맛을 알아버리면 만사를 팽개치고 산에 올 수밖에 없다. '마운틴 오르가슴'이 이것이다. 가슴에 산이 들어오고, 저 산에 내가 들어갈 때 느끼는 쾌감이다.

그러나 이처럼 지기가 강한 산들은 경락이 열리지 않은 보통 사람들이 장기간 거주하기에는 적합하지 않다. 왜냐하면 바위에서 뿜어 나오는 강력한 지기가 사람을 때리기 때문이다. 풍수에서는 이러한 바위를 '살기'로 본다. 그래서 집터나 묏자리 주위에 돌출된 바위나 암벽들이 있는 것을 꺼린다. 바위나 암벽들에서 뿜어 나오는 강력한 에너지가 사람을 때리기 때문이다. 경락이 열린 산사람들은 1천 볼트 정도의 용량을 지니고 있는 것과 같아서 바위에서 뿜어져 나온 기운들을 충분히 소화 흡수할 수 있지만, 경락이 닫혀 있는 일반인은 백 볼트 정도의 용량밖에 되지 않기에 1천 볼트의 전기가 들어오면 소화를 할 수 없어서 타버리는 이치와 같다.

이러한 살기에 오랜 시간 노출되면 시름시름 병을 앓거나, 성격이 흉포해져 일을 저지르거나, 정신이상이 발생하는 경우가 많다. 보통 사람은 정기가 강한 산에 잠깐 등산하는 것은 좋지만, 장기간 거주하는 것은 바람직하지 못하다. 강한 사람은 강한 산이 맞고 부드러운 사람은 부드러운 산이 적합하다. 산세와 사람은 서로 격이 맞아야 한다. 지금 내가 오르는 대둔산은 장군이 살 만한 격을 갖춘 산이다.

대둔산의 안심사 주변에 널려 있던 23개의 암자 가운데 현재까지 명맥을 이어 오고 있는 곳은 지장암·약사암·상도솔암 세 곳이다. 지장암은 큰절에서 좌측으로 고개를 하나 넘어 20분 정도 올라가면 나온다. 백 톤도 훨씬 넘을 듯한 달걀 모양의 거대한 바위가 하나 서 있고, 그 바위 밑으로는 50센티미터 높이의 동굴 입구가 보인다.

입구가 좁아서 들어갈 때는 엎드려 기어가야 하지만 일단 들어가면 일어설 수 있는 높이의 공간이 있다. 동굴 안에는 자그마한 제단도 마련돼 있고, 석간수가 흐르고 있어 혼자서 공부하기에는 안성맞춤의 기도터이다. 바위 속에 자리 잡고 있고, 먹을 물도 있고, 적절한 정도로 광선이 차단되며, 외부의 소리가 차단되어 기도하는 사람의 집중력이 흩어지지 않고 보존될 수 있는 조건을 갖춘 일급 기도터이다. 아무리 마음이 산란한 사람이더라도 이런 곳에 들어와 한두 시간 앉아 있으면 마음이 차분해질 것이다.

추측건대 이러한 장소는 불교가 들어오기 수천 년 전부터 우리 선조들이 기도를 드리던 장소였는지도 모른다. 이러한 터는 영적인 파장이 강하게 뭉쳐 있게 마련이어서 전란으로 불에 타는 참화를 입더라도 쉽게 없어지지 않고 계속 유지된다고 한다.

지장암의 주인은 60대 초반의 스님이다. 머리는 거의 대머리에 가까운 데다 그나마 남은 머리털도 깎아버려서 번들번들 윤이 난다. 화가들이 쓰고 다니는 빵떡 모자 차림에 항상 검정 개량 한복을 입고 다닌다. 얼굴도 약간 희극적으로 생겨서 『수호지』의 '양산박'에 들락거렸을 성싶은 인물 같다.

지장 스님의 주업은 지장암에서 기도를 드리는 일이지만, 큰절의 주지가 부르면 언제든지 달려가 온갖 잔심부름을 도맡아 한다. 양촌 시장에 가서 장도 보아 오고, 접수도 보고, 전자 제품이 고장 나면 고치고, 신도가 오면 그때마다 작설차도 내놓는다. 60대 초반까지의 삶을 살아온 노년의 남자가 감당하기에는 자존심 상하고 짜증 나는 일들이 분명하건만, 지장 거사는 허연 이를 드러내고 '허허' 웃을 뿐 화내는 모습을 좀처럼 보여주지 않는다.

탐·진·치 삼독심 가운데 남자들이 대체적으로 참기 힘든 것이 진심瞋心, 즉 화내는 마음이다. 노인은 탐심이 많고, 여자는 치심, 남자는 진심이 많다. 화를 내게 되면 몸의 기혈이 엉망진창으로 뒤집히기 때문에 아주 해롭다. 도가에서는 섹스보다 더 해로운 것이 성내는 마음이라고 규정할 정도이다. 대체로 몸에 불기운이 많은 사람이 화를 잘 내고 흥분을 잘한다. 물이 많으면 차분하고 능글능글하다.

불기운이 주종을 이루고 있는 나로서는 이렇게 성질을 안 내는 사람을 만나면 신기해서 유심히 관찰하는 습관이 있다. 타고나길 그렇게 타고난 것인가, 아니면 후천적인 수양으로 그렇게 된 것인가? 타고났다면 본래 태생이 그러니까 그러려니 하지만, 수양의 경우라면 주목하지 않을 수 없다. 노력으로 된 것이라면 이는 존경하지 않을 수 없다.

안심사에 갈 때마다 지장 스님의 천진한 모습을 만나면서 그것이 타고난 천성이 아니라 후천적인 단련으로 된 것임을 알았다.

"지장 스님, 인욕바라밀이 대단하십니다. 저 같으면 그렇게 못 하는데 어떻게 그렇게 하십니까?"

"살다 보면 그렇게 되지요."

허연 이를 드러내고 웃으면서 대답한다.

'살다 보면 그렇게 되지요.' 이 짧은 한마디 속에는 인생의 수많은 함축이 들어 있다. 나는 지장 거사의 과거 이력을 잘 모른다. 처자식이 있는지 없는지도 모른다. 산사람들은 본인이 스스로 말하기 전에는 상대방의 신상에 관해 시시콜콜 묻지 않는 법이다. 어떤 경우에는 10년을 같이 산에서 살아도 그 사람의 가족 상황을 모르는 경우도 있다. 상대방에 대한 무심함이 오히려 사람을 편하게 한다. 무심해야 서로 상처를 받지 않는다. 이것이 산사람들 간의 불문율이자 예의이다.

그러나 짐작건대 지장 스님은 결코 순탄한 인생을 산 사람은 아니라는 생각이 든다. 주위 사람들에게 언뜻 들은 바로는, 그는 대둔산에서 태어났지만 일찍부터 서울에 올라가 온갖 직업을 전전했고, 1991년부터야 산에서 살았단다. 결국, 자신의 할아버지와 아버지가 살았던 대둔산에 돌아온 것이다. 3대가 대를 이어 대둔산을 지키는 산신령 집안이라고 하면 과장일까.

푸른 신록이 우거진 지장암의 바위 앞에서 예불을 올리는 지장 스님의 모습을 바라보면서 삶이란 도대체 무엇일까 하고 생각해보았다. 할아버지가 살았던 산에서 손자도 살게 되는 격세유전隔世遺傳이 존재한단 말인가? 결국, 운명에 순응하면서 살아야 하는 것일까?

숨겨진 기도 명당 안심사 산신각

대둔산은 장군들하고 인연이 많다. 현재 전해지는 '달래장군터'나 '허둔장군터'는 장군들이 공부하던 장소이다. 장군들이 죽음의 공포를 극복하기 위해서 성명性命(마음과 몸)을 함께 닦던 곳이다. 그만큼 대둔산은 우리 역사에서 많은 사람의 생명을 앗아간 격전지였다. 삼국시대 백제의 국경 요충지였던 '탄현 고개'가 대둔산이며, 후백제군이 왕건과 마지막 결전을 벌인 연산 지역 역시 이 근방이고, 왜구들괴도 치열한 접전을 벌인 곳이 바로 이곳이다. 마침내 6·25전쟁 때 안심사는 폐허가 되었고, 1980년대 후반에 들어와서야 비로소 복원 불사가 시작되었다.

대웅전 뒤편에는 산신각이 들어서 있다. 깨달음을 얻고 못 얻고는 부처의 영역이지만, 그 절의 현실적인 번창과 쇠망은 산신의 영향권에 있다고 나는 생각한다. '법보다 주먹이 가깝다'는 말이 있듯이 부처가 '법'이라면, 산신은 '주먹'에 비유되므로 스님들도 중생제도를 위해 산신을 홀대하지 않는다.

소설 『단丹』의 주인공인 권태훈 선생에게 직접 들은 이야기가 있다. 산신도 등급에 따라 힘의 차이가 있다고 한다. 1급 산신은 높고 험한 바위산에 머무르면서 인정이 별로 없고 엄격한 반면, 2, 3급 산신은 인정이 많아 쉽게 도와준다. 1급 산신은 인간들이 어지간히 기도해서는 들은 척도 안 한다. 그 대신 한번 도와주려 마음먹으면 크게 은혜를 베푼다. 또한 계행을 청정하게 지키고 법이 높은 스님이 그 절의 주지를 맡으면 산신도 도와주지만, 계행도 지키지 않으면서 대충 생활하는 스님이 주지를 맡으면 쳐다보지도 않는다. 오히려 한 방 먹이는 경우가 많다. 사찰의 영험은 산신에게 달려 있고 산신의 영험은 주지 하기 나름인 것이다.

안심사의 주지는 대승의 여러 경전에 박통한 석학이자 계행 청정하고 좌선 정진해 얼굴에 속티가 보이지 않는 분이다. 그뿐만 아니라 안심사에 부임하기 전, 기도 도량으로 유명한 설악산 봉정암에서 오랫동안 수행했던 경력이 있어 산신의 능력을 충분히 파악하고 있는 스님이다. 합리와 신비 양쪽을 겸비했다. 그래서 그런지 주지는 산신각 불사를 서둘러 진행하고 있다. 안심사가 전쟁의 상처에서 벗어나 과거의 사세를 회복하려면 먼저 산신의 도움이 절실하다고 판단한 것이다.

주지의 안내를 받아서 신축 중인 산신각터를 둘러보니 감탄이 절로 나온다. 어찌 이런 명당 터를 눈 밝은 스님들이 천 년이 넘는 기간 동안 쓰지 않고 비워놓았단 말인가? 그동안 역대 안심사 주지를 거쳐 간 사람만 해도 수백 명이 넘을 텐데…….

산신각터는 바위 맥이 내려와 뭉친 자리로 좌청룡 우백호도 잘 감싸고 있을 뿐만 아니라, 정면으로 보이는 봉우리도 잘생긴 목성형木星形(삼각형처럼 뾰족 솟은 산봉우리)의 필봉이다. 풍수에서는 이러한 필봉이 있으면 문장가와 귀인이 나온다고 한다. 실제로 산신각터에 눈을 감고 서 있어 보니 과연 기가 강하다. 척추를 타고 찌르르 하고 올라오는 기운이 무겁고 중후하다. 이만하면 산신각터로서는 손색이 없는 곳이라서 앞으로 자리가 잡히면 대둔산 산신이 결코 그냥 지나가진 않을 것 같다. 인사 정도는 하지 않겠는가.

조용헌의 산사로 가는 길

안심사 산신각

　　그러나 더욱 묘한 것은 좌향에 있다. 패철을 꺼내서 재보니 산신
각 자리는 24방위 중에서 인좌寅坐에 해당한다. 24방위는 1년의 24절
기를 상징하는데 방위마다 독특한 상징과 해석을 함축하고 있으며,
'인'이 상징하는 것은 호랑이이다. 범은 산왕대신 즉 산신을 상징하는
영물이 아닌가? 흥미롭게도 산신각 불사를 하던 해는 1998년 무인년
범의 해이다. 그래서 일부러 산신각 불사의 착공을 인월寅月 인일寅日
인시寅時에 감행했다. 호랑이가 거주하는 산신각에다 인좌·인년·인
월·인일·인시를 맞춘 것이다. 무려 여섯 개의 '인'이 일렬로 관통하

고 있다.

참으로 절묘한 관통이자 배합이 아닐 수 없다. 아울러 그 배합이 내포하는 우주적 질서를 깨닫고는 어린애처럼 경탄을 금할 수 없었다. 천·지·인 삼재의 오묘함이여! 강호 동양학자의 희열은 이럴 때 나타난다.

내가 이렇게 감탄하는 이유는 이 같은 배합이 시공일여時空—如를 나타내기 때문이다. 시간과 공간이 하나의 차원에서 꺾쇠처럼 서로 맞물려버린 것이다. 여기서 인좌는 하나의 방향, 즉 공간을 나타낸다. 인년·인월·인일·인시는 시간이다. 다시 말해서 시간이라는 X 좌표와 공간이라는 Y 좌표가 '인'이라는 한 지점에서 서로 만난 것이다. 그러니까 시공일여이다.

거기에다가 산신각의 주체는 범이니까 인이다. 이렇게 놓고 보면 시간을 나타내는 천과, 공간을 나타내는 지, 그리고 주체인 산신이라는 존재가 한 줄로 꿰어지는 것이다. 시공일여이자, 천(시간)·지(공간)·인(존재) 삼재의 회통이다. 시간과 공간이 따로 놀지 않고 하나로 맞물리게 되면 시간도 공간도 사라지는 차원에 진입한다. '상즉相卽'이라는 맞물림의 과정을 통해 공간과 시간의 분별이 해소돼버리는 차원에 도달하는 것이다. 시간도 없고 공간도 없는 신화적 시공인 영원회귀 삶으로 진입하는 것 아니겠는가! 우리는 과연 시간을 거슬러 올라가 태초의 출발 지점에 다시 서는 행복을 누릴 수 있을 것인가. 언제나 이 도리를 깨달아 활연관통豁然貫通의 광달락曠達樂을 누릴 수 있을 것인가.

우리와 한 시대를 사는 칠갑산인七甲山人 소진 거사는 이렇게 말한다. "공간이 가만히 있듯이 시간 또한 정지되어 그냥 그 모습 그대로 있는데 흘러가는 것처럼 혼란을 일으킨다. 사람들은 살아 있는 모든 것은 시간이 흐르는 것이라고 착각하면서 애달파 한다. 다만 시간의 단위인 영겁이라는 공간에서 우리는 이렇게 만나고 이렇게 이별을 서두른다."

어떻게 하면 우리는 영원한 현존에 머무를 수 있는가? 어떻게 하면 우리는 역사 시에서 벗어나 우주 시에 합류할 수 있는가? 어떻게 하면 현재 속에 과거와 미래를 잡아서 집어넣을 수 있단 말인가? "과거의 마음도 잡을 수 없고, 현재의 마음도 잡을 수 없고, 미래의 마음도 잡을 수 없는데過去心不可得 現在心不可不得 未來心不可得"나는 기껏 어느 때 점심을 먹을 것인가를 고민한다.

시간·공간·존재, 이것들은 도대체 우리에게 어떤 의미인가? 가장 큰 수수께끼는 시간이다.

주역 대가가 환란을 피해 숨은 대둔산 석천암

머리가 좋다는 의미는 무엇인가? 능력이 있다는 것은 결국 무엇을 의미하는가? 솔루션을 내놓는 능력이 아닌가 싶다. 어떤 문제에 봉착했을 때 올바른 해결책을 제시하는 능력이다. 이러한 능력을 갖춘 사람이 진짜 머리 좋은 사람이다. 솔루션, 해결책이라는 부분을 압축하면 결국 예측 능력이다. 앞일이 어떻게 돌아갈 것인가를 예측하는 능력이다. 특히 상황이 혼돈일 때가 더 그렇다. 여러 가지 변수가 총체적으로 엉켜 있어서 도저히 앞을 내다보기가 힘들 때 '어디로 가야 한다'는 이정표를 제시하는 사람이 진짜 능력 있는 사람이고 지도자가 아닌가 싶다. 그런데 이 예측 능력을 갖추기가 어렵다. 아무나 갖는 능력이 아니다.

주역의 대가였던 야산也山 이달李達(1889~1958) 선생을 떠올릴 때마다 '이 양반이야말로 혼돈 상황일 때 어디로 가야 살 수 있는가를 제시해준 선생님이다'라는 생각이 든다. 전염병이라는 병겁病劫이 닥친 세상을 살아가려고 하니 야산 선생이 더욱 그리워진다. 이 전염병이 거대한 사회 변화를 일으키고 있는 것은 분명한데, 그 변화의 귀결이 어디로 가고 있는지를 잘 알지 못하는 데서 오는 답답함이다. 세계적 석학들이 내놓는 변화 예측을 들어봐도 시원찮다. 추상적인 이야기이다. 별로 와 닿지가 않는다. 그런 이야기는 나도 할 수 있겠다 싶다.

한국 현대사에서 극심한 혼란을 겪었던 대목은 어디일까? 일제 강점기 36년이 끝나고 맞았던 해방정국이다. '식민지 상황은 과연 끝날 것인가'도 큰 의문이었다. 8·15광복을 맞기 하루 전날인 8월 14일. 야산 이달은 제자들을 이끌고 여행을 갔다. 문경군 문경읍 문경리의 어느 시골 동네였다고 전해진다. 문경聞慶이라! 지명이 범상치 않은 동네이다. '경사스러운 소식을 듣는다'는 의미가 아닌가. 이 문경이라는 단어가 3개나 겹치는 동네로 제자들을 이끌고 갔다. 이 동네에서 14일 저녁에 야산은 제자들로 하여금 닭춤을 추게 했다. 닭춤이란 '꼬끼오!' 소리를 내면서 추는 춤이었다. "꼬끼오를 더 크게 외치거라" 하는 야산의 주문이 계속되었다. '왜 우리 선생님은 느닷없이 우리로 하여금 꼬끼오를 외치도록 한단 말인가?' 다음 날 날이 밝자 광복이 되었다.

8·15광복은 축복이었지만 축복이 아니었다. 엄청난 혼돈으로 진입하는 게이트였다. 그동안 짓눌려 있었던 온갖 사회문제가 수면 위로 떠올라 폭발하는 상황으로 들어간 셈이다. 좌우익의 폭력과 테러⋯⋯. 광복이 되고 나서 혼돈으로 들어가는 조짐이 보이자 야산은 다시 제자들을 이끌고 대둔산 석천암石泉庵으로 들어갔다. 충남 논산시 벌곡면 수락리이다. 해발 878미터의 대둔산 바위 자락의 중간쯤에 자리 잡은 조그만 암자. 아주 가파른 바위 절벽 사이에 있는 옹색한 암자이다. 그야말로 네댓 명이나 생활할 수 있는 좁은 공간이다. 주역의 대가였던 야산은 왜 이런 궁벽진 산속의 암자를 거처로 정했는가? 광복이 되었으니 활동을 시작해야지 왜 산속으로 숨는단 말인가?

일제의 압박으로부터 벗어나 모든 사람이 설레고 있을 때 야산은 대둔산으로 왔다. 이는 은둔하기 위해서였다. 광복 이후의 상황을 주역의 64괘 중 하나인 천산둔天山遯 괘로 해석했던 것이다. 천산둔 괘는 후퇴하고 물러나고 숨는다는 의미를 품고 있다. 그렇다면 어디로 숨는단 말인가? 이 판단도 어려운 부분이다. 숨어야 한다는 것도 어려운 판단이지만, 그다음에 어디로 숨어야 하는지도 고도의 판단이 필요하다. 야산은 대둔산의 석천암을 선택했다. 그렇다면 대둔산大芚山이 어떤 산인가? 풀 초艸를 떼어내면 둔屯이 된다. 둔屯은 군대가 창검을 들고 진을 치고 있는 형국을 가리킨다. 말하자면 창과 칼이 빽빽하게 꽂혀 있는 모습과 비슷한 산이라는 이야기이다. 산세가 그만큼 날카롭다. 전북 완주군과 충남 논산에 걸쳐 있는 대둔산은 칼과 창처럼 뾰쪽한 바위 봉우리들이 솟아 있는 모습이다. 근처에 있는 계룡산과 높이도 비슷하고 온통 바위산으로 이루어진 점에서는 공통점이 있지만, 암봉의 모습은 계룡산보다 훨씬 더 날카로워 보인다.

야산 선생은 해방정국의 혼란스러운 상황을 이 석천암에서 은둔하며 보냈다. 은둔이라고는 하지만 제자들도 출입하는 은둔이었다. 제자들이 선생 계신 곳에 와서 주역 공부도 하고 경전도 보고, 인생사 어려운 부분을 물어보기도 했다. 나는 대학에서 시간 강사를 하던 시절인 30대 초중반에 틈만 나면 대둔산에 갔다. '이 보따리 장사를 언제까지 해야 하나' 하는 걱정이 올라오면 대둔산에 올랐다. 이 산에 오면 이상하게도 걱정이 줄어들었다. 김제의 모악산 품에서 청소년이 재롱을 떨다가 힘을 길러서 이제는 골산의 기가 강한 대둔산으로 옮겨왔던 셈이다.

전북 완주군 쪽에서 접근하면 대둔산 약사암이 나온다. 약사암 뒤로 올라가면 그야말로 창검이 겹겹이 서 있는 듯한 암벽들이 나온다. 나는 이 위태로운 암벽에 올라가서 저 아래 세상의 마을 지붕들을 내려다보곤 했다. 그러다가 시간이 좀 나고 의욕이 생기면 대둔산 주 능선을 넘어가는 등산을 했다. 서너 시간 험한 바위 암봉들을 손으로 잡고 발을 조심스럽게 디디면서 넘어가면 골짜기의 튀어나온 바위 널빤지 같은 지점에 석천암이 보이기 시작한다. '둔'은 은둔한다는 둔遯으로도 읽힌다. 세상과 맞지 않는다고 생각한 30대 초반의 필자가 은둔했던 산이 대둔산인데, 석천암은 그 대둔산 가운데서도 아주 깊숙한 지점에 숨겨져 있는 암자였다. 서너 시간 땀을 흘리며 암산을 타고 올라간 필자를 반겨준 것은 시원한 물맛이었다. 돌 사이에서 흘러나오는 샘물이 일품이었다. 그야말로 석천石泉이었다. 샘물 옆 바위에는 '枕石침석'과 '漱泉수천'이라는 글씨가 새겨져 있다. '돌을 베개 삼고 샘물로 양치질한다'는 뜻이다. 은둔자의 생활 철학임을 알 수 있다. 돌에서 나오는 샘물 말고는 뭐가 있겠는가. 그러니 돌을 베개 삼는다. 돌베개를 베고 누워 있는 사람의 심정은 무엇이겠는가. 완벽한 무소유가 아니겠는가. 가진 것은 돌베개뿐이다.

장준하가 일본 학도병으로 끌려갔다가 탈출하는 과정을 그린 책의 제목이 『돌베개』이다. 돌베개를 베고 자야 하는 인생은 완벽한 낭인의 상태이다. 완벽한 백수라야만 돌베개를 벨 수 있다. 이 배고픈 바위산에서 무슨 먹을 것이 있다고 양치질은 한단 말인가. 먹을 것이 없어서 배를 곯고 사는 인생이 양치는 왜 하는가. 그럼에도 샘물로 양치질한다고 새겨놓았다. 침석과 수천이라는 글자는 인적이 없고 산새 소리만 들리고 흰 구름만 보이는 이 첩첩산중에서 밥 곯고 사는 단독자의 생활을 보여주는 글씨이다. 해방정국의 혼돈 상황에서 야산 이달이 은둔하며 제자들을 양성했던 석천암. 내가 인생의 갈피를 잡지 못하고 낙담하던 시절에 나를 달래주던 대둔산과 석천암이다.

완주 수봉산 홍련암

보면 볼수록 빠져드는
법력 높은 선승의 매력

완주 홍련암에는 대선 스님이 계신다. 그 나이 열아홉 되던 해에 출가해 계룡산 갑사
에 든 때가 1958년이었다. 10년을 공부한 뒤, 망월사에서 10년을, 해인사에서 10년
을 살았다. 갑사 위쪽의 북사자암에서 3년 동안 불 안 땐 방에서 온몸이 언 채로 화
두를 잡고 참선에 열중한 뒤, 도봉산에 있는 망월사에서는 3천 일 동안 솔잎, 쌀가
루, 콩가루만으로 생식했다. 법력 높은 선승의 매력은 어디에 있는가? 단순함에 있
다. 군더더기 없는 단순함이 이야기를 나누는 상대에게 편안함을 주다가 어떤 때는
엄청난 부담으로 작용한다. 선을 많이 한 스님일수록 단순하다. 배고프면 밥 먹고,
졸리면 자고, 일없으면 앉아서 가만히 있다. 혼자 있을 수 있는 사람이 바로 선승이
다.

내월리 월곡의 보름달 아래, 마음으로 주고받는 선문답

동양화의 주제는 항상 명산과 대천의 절경들이다. 물이 졸졸 흐르는 계곡과 기암괴석의 절벽에는 천 년이 넘는 소나무가 자라고 그 위에는 하얀 자태의 학이 앉아 있게 마련이다. 어떤 그림을 보나 산수가 안 들어간 그림이 없다. 다른 것도 좀 그리지, 어째서 동양의 화가들은 그림을 그릴 때 이처럼 산수만을 고집했는가?

한·중·일을 비롯한 한자 문화권의 문인과 관료들, 그러니까 동양의 지식층이 추구하던 인생의 궁극적 가치는 대자연과 자기의 합일이다. 분리가 아니라 합일이다. 대자연에다 자기의 에고를 합치함으로써 영원한 생명과 자유, 평화를 얻는다고 믿었다. 그래서 항상 산을 동경했다.

산이 너무 좋은 사람은 프로가 된다. 머리 깎고 승려가 되거나 도사가 되는 것이다. 그러면 산에서 한평생을 살 수 있다. 그러나 뿌

수봉산 홍련암

려놓은 인연이 많아서 세속에서 살 수밖에 없는 사람들, 처자식을 부
양하고 생업에 종사해야만 하는 사람들은 산에 자주 갈 수 없다. 대
신에 그림을 그려놓고 보았다. 산에 못 가는 대신 방 안에다 그토록
그리운 자연의 모습을 그려놓고 대리만족을 느꼈다. 산천에 대한 회
귀, 대자연과의 합일, 이것이 동양 식자층의 구원관이었고, 그 구원을
간접적으로나마 충족하는 수단이 바로 산수화였다.

　　동양화(한국화)를 볼 때 유심히 볼 대목이 하나 있다. 바로 사람
이다. 웅대한 산수 속에는 반드시 사람이 조그맣게 그려져 있다. 사람

　　　　　　　　　　　　　조용헌의 산사로 가는 길

이 없으면 그림이 완성되지 않는다. 산수도 중요하지만 사람도 중요하다. 산천이 객관이라면 사람은 주관이다. 주관이 없는 객관은 성립될 수 없다. '일이이—而二'인 것이다. 산천과 사람, 주관과 객관은 하나이면서도 또한 둘인 법. 전국의 수많은 명산과 사찰을 둘러보러 다니면서 어느 순간엔가 산에는 사람이 있어야 한다는 생각이 퍼뜩 들었다. 산수화에 보일 듯 말 듯 작긴 하지만, 반드시 사람을 그려놓은 의도를 비로소 이해했다고나 할까.

명산에는 명인이 있어야 감칠맛이 난다. 그렇다면 명인이란 한마디로 어떤 사람인가? '자유인' 아니겠는가! 가을바람에 순채와 농어가 생각나 선뜻 멀리 떠나버리는 사람이 아니겠는가! 진나라 때 장한張翰은 낙양에 들어가 벼슬을 하다가 가을바람이 이는 것을 보고는, 자기 고향인 오나라의 순채국과 농어회가 생각나 "인생은 자기의 뜻에 맞게 사는 것이 귀중하다"라고 말한 뒤 당장에 벼슬을 버리고 고향으로 돌아갔다 한다.

완주군 비봉면 내월리 홍련암의 대선 선사를 찾은 이유는 사람이 그리워서이다. 둥그렇게 잘생긴 봉산 아래의 홍련암. 봉황새가 알을 품고 있는 명당터에서 옥토끼가 달을 보고 있는 형국이다. 내월리는 주변에 암산, 즉 살기가 보이지 않고, 수봉산의 청룡 백호 자락에 둘러싸여 있어 소음이 들리지 않는 터이다. 비승비속, 비산비야의 내월리에 정갈하게 자리 잡은 홍련암, 덕지덕지 치장이 없어서 좋다.

7월의 홍련암은 지극히 동양적인 격조가 어우러져 있다. 홍련·청죽·오동 그리고 한가하게 앉아 있는 대선 선사의 모습이 어우러져 한 폭의 탈속한 그림을 보여주고 있다. 그대로가 그림이다. 암자 앞

연못에는 수백 송이의 홍련이 만발해 있고, 뒤에는 청죽이 푸른 목기를 내뿜고 있는가 하면, 뜰에는 한 그루 벽오동이 봉황을 기다리고 있다. 그 고즈넉한 풍경을 푸른 눈의 선승이 대청에 앉아서 무심히 바라보고 있다. 밤이 되면 수봉산 너머로 떠오르는 달을 본다. 보통의 달이 아닌 내월리 월곡의 유명한 달이다. 내월리 월곡은 선사의 고향이기도 하지만, 그는 밤에 떠오르는 월곡의 달이 좋아서 이곳을 떠나지 못하고 있다. 먹고살기 바쁜 세간의 중생들아, 달의 정취를 아는가!

나는 스님과 도사들을 만날 때마다 두상의 형태, 눈동자, 목소리 등을 살펴본다. 대선 선사의 얼굴과 두상은 둥그렇고 입체적이다. 앞에서 보나 옆에서 보나 뒤에서 보나 죽은 데 없이 잘생겼다. 앞면만 잘생기고 옆이나 뒤가 편편하면 속인의 상호이지만, 도인들일수록 옆과 꼭뒤가 통통하게 튀어나와 있는 법이다. 두상이 둥그렇고 커야 도인의 상호이다.

외람됨을 무릅쓰고 선사의 눈을 자세히 살펴본다. 약간 푸른빛이 도는 독특한 안광이다. 내가 이제까지 만나본 도인 중에서 가장 강렬한 눈빛을 지닌 분이다. 선사는 사람을 대할 때 상대방의 눈빛을 정면으로 강렬하게 직시하므로 어지간한 사람은 그 눈빛을 정면으로 받기가 힘들 것 같다. 그러나 강렬하다고 꼭 좋은 것은 아니다. 강렬한 눈빛은 자존심과 에고가 강하다는 것을 나타내기 때문이다. 선사의 눈빛은 펄펄 끓는 용광로에 한 번 들어갔다 나온 눈빛이다. 보통 강렬한 눈빛이 아니다. 용광로에 들어가 불순물을 떼어버리고 순금만 정제되어 나온 눈이라고 판단했다. 다른 사람이 가보지 않은 세계, 즉 종교적 체험을 한 사람의 눈빛인 것이다. 그래서 맑다. 강렬하면서 맑아야 일급이다.

선사의 목소리는 어떤지 들어보자. '관상이 불여상이다(관상이 목소리만큼 정확하지 못하다)'라는 말이 있다. 관상이 표층의 상징이라면, 음상은 심층의 울림이다. 목소리는 그 사람 오장육부의 공명을 타고 나오므로, 목소리를 알면 그 사람의 오장육부를 알 수 있다. 오장육부의 크고 작음에 따라서 성격과 기질이 각기 다르다. 그래서 목소리는 아주 중요하다. 관상은 좋은데 목소리가 시원치 않으면 문제가 있다. 옛사람들은 사람을 보지 않고 문지방 너머로 그 사람의 목소리만 들어도 그 사람을 알 수 있다 했다. 목소리만 듣고 그 사람을 아는 경지, 이것을 지음知音이라 한다. 선사의 목소리는 텁텁하다. 뚝배기에 담긴 막걸리 냄새가 난다. 눈빛의 형형함과는 다소 차이가 있는 목소리이다. 곧은 성품이 밴 목소리이자, 서민의 목소리이다. 이 텁텁함이 사람을 포용할 것 같다.

스님이 열아홉 되던 해에 출가해 계룡산 갑사甲寺에 든 때가 1958년이었다. 여기서 10년 살았다. 그다음에 도봉산 망월사에서 10년을, 해인사에서 10년을 살았다. 갑사 위쪽의 북사자암北獅子庵에서 3년 동안 불 안 땐 방에서 온몸이 언 채로 화두를 잡고 참선에 열중한 뒤, 의정부 도봉산에 있는 망월사에서는 3천 일 동안 솔잎, 쌀가루, 콩가루만으로 생식했다. 그가 이제까지 그 흔한 감기 한 번, 잔병치레 한 번 앓은 적 없이 기운찬 건강을 지킬 수 있었던 것은 다 그때의 생식 덕분이라 한다. 망월사에서 무애도인으로 유명한 춘성 스님을 시봉한 뒤, 대중처소를 원해 해인사에 머물렀다.

본무일물의 경지를 생각하며

선사의 매력은 어디에 있는가? 단순함에 있다. 군더더기 없는 단순함
이 이야기를 나누는 상대에게 어떤 때는 편안함을 주다가 또 어떤 때
는 엄청난 부담으로 작용한다. 선을 많이 한 스님일수록 단순하다.
배고프면 밥 먹고, 잠이 오면 자고, 일 없으면 앉아서 가만히 있는다.
혼자 있을 수 있는 사람이 바로 선승이다. 고독이 가능하다고나 할
까. 대선 선사는 처절한 고독이 배어 있는 그런 사람인 것 같다.

"스님이 좋아하시는 경전은 무엇입니까?"

하고 어설픈 질문을 던졌다.

"별로 없어."

"평소 존경하는 분은 어떤 분입니까?"

"별로 없어."

"좋아하시는 선구가 혹시 있습니까?"

"별로 생각이 안 나네."

이런 식으로 이야기가 진행되면 묻는 사람이 할 말이 없어진다.
별 볼 일 없는 질문만 하고 있다는 증거이다. 질문하는 사람의 수준
이 낮으면 대화가 어렵다는 법칙은 여기에서도 역시 적용된다. 양쪽
수준이 비슷해야 주거니 받거니 하는데, '주거니'가 안 되니까 '받거
니'도 진행되지 않는다. 그런다고 인사치레 또는 상대방을 생각해서
하는 의례적인 발언도 전혀 없다. 일체 생략이다. 그럴 때는 한참 동
안 침묵이 흐른다. 마주 앉은 둘 사이에 침묵이 10분 넘게 흐를 때도
있다. 침묵이 방문자를 갉아먹는다. 이 어색한 침묵을 견디지 못해서

쓸데없는 이야기를 먼저 꺼내는 쪽이 하수로 전락하게 마련이다. 고수들은 침묵을 단전으로 꿀꺽꿀꺽 삼키지만, 하수들에게는 그 침묵이 천근의 무게가 되어 자신을 짓눌러온다. 시간이 흐를수록 괜히 위축된다. 고로 하수들은 침묵에 약하다고 교과서에 써 있다.

나는 침묵의 난국을 타개하기 위해 하수로 전락하는 줄 뻔히 알면서도 이야기를 꺼낼 수밖에 없었다.

"화두는 어떤 화두를 들어야 합니까?"

"무無 자이지."

"'이 뭐꼬' 화두에 비해 무無 자는 어떻습니까?"

"'이 뭐꼬'는 아무래도 무슨 건더기가 남는 경우가 많지. 잘못하면 상기되기도 쉽고. 그런데 무 자는 아주 시원해, 조 선생도 무 자를 들어봐."

"화두는 역시 무 자이구먼요?"

"암 그렇지, 그렇고말고. '본래 하나의 물도 없다本無一物'라는 것을 항상 명심해야 해."

무와 본무일물, 이것이 대선 스님의 삶을 관통해온 화두였다. 무의 정신이 선사의 삶을 그토록 자유롭게 만들었던 것일까?

대선 스님은 어렸을 때 신동이라는 소리를 들었다. 일곱 살 때 천자문을 뗄 정도였다. 이곳 내월리의 마을 어른들은 스님의 어릴 적 모습을 '세상에서 더 배울 것이 없는 천재'로 기억한다. 높은 지능지수에다가 저돌적인 기백까지 갖추었던 것이다. 그의 눈빛과 목소리는 어떤 사람에게도 쉽게 굴복하지 않을 불굴의 기백을 담고 있다. 이를테면 지성과 야성을 겸비했다고나 할까. 선승으로서는 안성맞춤의 자질이다. 중학교 1학년 때 『금강경』 서문에 매료돼 불교를 접하고, 열아홉 살에 계룡산 갑사의 혜원 스님을 은사로 출가하게 된다.

혜원은 수덕사 만공 스님의 제자로서, 스승인 만공을 끔찍이도 섬겼다. 스승에 남다른 애정을 갖는 가풍이 수덕사 가풍이다. 혜원 스님은 기골이 장대하고 좀처럼 자기감정을 드러내지 않는 속이 깊은 어른이었다. 전형적인 태음인 체질이었다. 헌 집 벽 털 듯이 털어버리려고 덤벼드는 대선의 기질을 충분히 감당할 수 있는 분이었다. 포용적인 스승과 저돌적인 제자의 궁합이 맞았다. 스승과 제자도 이처럼 기질이 맞아야 오래간다. 한국의 계룡산이 어떤 산인가? 수많은 도인과 술객의 본향이 아니던가! 대선은 20대를 계룡산 북사자암에서 공부하면서 기라성 같은 이 땅의 도인들과 신령스런 술객들을 접하면서 안목을 넓힌다. 초발심이 빛나던 그때 스님은 계룡산 봉우리 하나 오르지 못했다. 산속에는 도인이나 산신령이 꽉 들어차 있는 듯해서였다. 아울러 '무' 자 화두를 가슴에 품고서 치열하게 구도 정진한다. 직접 언급하진 않지만, 필자의 추측으로는 계룡산 시절에 대선 스님은 '한 소식' 경험하지 않았나 싶다.

망월사 춘성 스님과의 인연과 일화

그는 이 체험을 기반으로 전국의 선방을 순례했다. 당대의 내로라하는 강호의 고수들과 일 합씩을 겨뤄보기 위해서였다. 이 산 저 산의 고수들과 진검 승부를 거칠 때 자신의 허실이 드러나고 진짜 실력이 배양되는 법. 그 와중에 또 다른 스승도 만나게 마련이다. 또 다른 스승은 도봉산 망월사의 춘성(1891~1977) 스님이었다. 춘성당이 누구인가? 천하의 걸림 없는 무애도인 아니던가! 대선은 바로 춘성 스님을 모시고 10년을 생활한다.

나는 근래에 가장 통쾌하게 살다 간 분이 춘성 스님이라고 생각하고 있다. 그분의 무애행은 유명하다. 그 야성의 춘성을 10년이나 모셨다면 그분의 일화를 많이 알고 있을 것 같아 질문을 드렸다.

"춘성 스님 이야기나 좀 해주시죠?"

스승의 이야기를 해달라는 대목에 이르자 대선 스님은 비로소 말문이 열린 듯이 목소리에 힘을 준다.

"춘성 스님은 수행에 철저하신 분이었어. 대체로 나이가 들면 체력이 약해져 몇 시간씩 앉아 있는 좌선을 생략하는 수가 많은데, 춘성당은 여든이 넘어서도 대중과 똑같이 좌선 정진하셨지, 그 점이 참 배울 만해."

"춘성 스님은 돈에 대해 어떻게 생각했습니까?"

"그분은 돈을 몰랐지. 신도가 당신 용돈을 쓰라고 갖다 주면 꼭 주머니에 넣고 계셨어. 그러다가 누가 돈이 필요하다고 하면 주머니의 돈을 그대로 꺼내서 주셨어. 돈을 줄 때도 세어본 적이 없지. 잡히는 대로 주었어. 춘성 스님에게 돈의 종착지는 주머니였어. 돈이 통장으로 가거나 서랍으로 들어간 적이 없어."

"춘성 스님은 욕 잘하기로 유명한데, 그 대목 좀 이야기해주시지요?"

"한번은 망월사 법당을 짓느라고 소나무를 좀 베어냈지. 아, 그런데 그 소나무 베어낸 것이 산림법 위반이라 스님이 고발당했지. 그래서 검사 앞에서 조서를 받게 되었는데, 검사가 물었어. '스님 본적이 어딥니까?' '우리 아버지 자지 끄트머리.' '스님 출생지가 어딥니까?' '우리 어머니 보지다.' 이 말을 들은 검사는 얼굴이 하얘져서 그만 스님을 돌려보낸 일이 있지."

스승을 보면 제자를 알고, 제자를 보면 스승을 안다. 사자 굴에서 원숭이 그림자를 찾을 수 없고, 코끼리 다니는 길에서 여우 발자국을 찾을 수 없듯이, 이러한 춘성 밑에서 선기를 단련받은 대선 스님이니 그 스케일과 품격을 짐작할 만하다.

홍련암을 뒤로하고 대선 선사가 정진 끝에 '한 소식' 깨달을 때 쓴 시를 읊조리면서 발길을 옮겼다.

계룡산 찾아갈 제 걸음걸음 눈물이라.
3년을 하루같이 명산을 바라보며 스님을 시봉했네.
도봉산 돌고 돌아 높디높은 춘성 선사.
10년 동안 그 밑에서 마음 달을 희롱하며 모든 것을 남김없이 모두 다 바치었네.
천 년 전 원효 성사 더 좋다고 찬탄한 곳 천진하신 도천 선사 오래오래 머무신 곳.
그 속에서 무심으로 무자탑을 갈고 갈며 눈 덮인 대둔산에 원만한 보름달이 중천에 솟았더라.
그 이름도 유명한 합천의 해인사에 팔만대장경 맴돌면서 3년을 소일했네. 지나간 20여 년 허송세월 생각하면 후회막급이지마는 그래도 불법 만나 정법 속에 뛰어들어 눈 밝은 명안 종사 훈훈한 휘하에서 산 정신을 고이고이 뱃속 깊이 간직했네.

이제라도 슬금슬금 부지런히 닦아가면 머지않아 타성일편 나타나서 패침망찬할 지경에 활연히 깨달아서, 일 없는 대선당이 배고프면 밥을 먹고 졸리면 잠을 자며 일체처 일체경에 하나도 걸림 없이.

어릴 적 그때처럼 기탄없이 발가벗고 어화둥둥 춤을 추며 태평가를 부를 걸세. 어화둥둥 달동네의 복 많은 보살들아 인제부터 닦았기에 그리도 잘하는가. 요덕사嶢德寺 번성할 때 큰스님 모셔 놓고 설법 듣던 보살들아 아아 다시 묻지 않아도 삼생 인연이 분명하구나.

칼 대신 육두문자의 초식을 휘두른 춘성 스님

도봉산 망월사

천하의 무애 도인이자 걸승으로 일컬어지는 봄 춘春 자 춘성 스님. 그는 칼 대신 육두문자의 초식을 휘두른 해탈 승이었다. 춘성 스님이 오랫동안 머물렀던 곳이 서울 근교 도봉산의 망월사이다. 원래 익산 미륵사에서 수행했으나 갑자기 북쪽으로 자리를 옮긴 것은 사람이 그리워서이다. 한평생 걸릴 것 없이 통쾌하게 살다 간 사람이 춘성 스님이다. 무외의 삶을 살다 간 사람. 스스로 별 볼일 없이 초라하다고 느껴질 때마다 나는 춘성당을 생각하면서 힘을 얻는다.

  의정부행 전철을 타고 가다가 망월사역에 내리니 도봉산이 한눈에 들어온다. 서울 근교에 있지 않고, 지방에 있었더라면 대단한 명산으로 대접받을 만한 산이다. 서울에 붙어 있다는 조건 때문에 역으로 평가절하받는 산이 도봉산인 것 같다. 미끈미끈한 화강암 봉우리들의 연속이면서 그 끝에는 칼처럼 날카로운 바위들이 솟아 있다. 그 화강암 봉우리들을

춘성 스님 생전 사진(홍련암)

바라보니 겸재 정선의 화풍에서 나타나는 묵직한 힘이 어디서 나왔는가를 비로소 이해할 수 있을 것 같다.

한국적인 화강암 산의 대표적인 모델이 산이 바로 도봉산이고, 아울러 전형적인 화체산이라는 감이 온다. 화체산들은 깡패 아니면 칼을 찬 장군들이 살기에 적당한 곳이다. 그만큼 살기등등한 산이라서 칼의 날카로움을 감당하기 어려운 보통 사람은 살기 어렵다고 보는 것이 정설이다.

산이 이런 모습이라면 거기에서 오래 살았던 춘성 스님의 개성도 유추가 가능하다. 살인도와 활인검을 양손에 쥐고 횡으로 종으로 찔렀다 뺐다 자유자재로 구사하는 검객이 바로 춘성 스님이 아니었을까. 검객 춘성이 사용했던 보검은 다름아닌 육두문자였다. 쌍욕을 살활 자재로 휘두르면서 무 자르

듯이 어떤 놈의 통념을 한칼에 베어버리고, 심약한 사람에게 배짱을 심어주면서 거리낄 것 없이 통쾌한 인생을 살다 간 인물이다.

도봉산 망월사는 이처럼 양기가 펄펄 넘쳐나는 인물이 머무르기에 안성맞춤인 도량이다. 노장 스님들의 이야기를 들어보면 양 체질의 사람들은 기운이 괄괄해서 처음 수행의 단계인 고요함에 진입하는 과정에서는 음 체질의 사람보다 시간이 걸리고 불리하지만, 그 대신 들어가서 터졌다 하면 화산 폭발처럼 닥치는 대로 많은 사람을 제도할 수 있다고 한다. 도봉산의 양기와 춘성의 양기가 어우러진 지점이 망월사라고 보면 정확할 것이다. 그동안 여기저기 다니면서 수집한 춘성 스님의 일화를 소개하겠다.

스님이 서울 시내에서 버스를 타고 어딜 가고 있었다. 버스 안에서는 기독교의 맹렬 신자 하나가 주님을 믿어야 천당 간다고 외치고 있었다. 그 사람은 승복을 입고 있는 춘성 스님 앞에 서서 한참이나 우리 주 예수는 죽었다가 사흘 만에 부활하셨으니 예수님을 믿어야지 천당 간다고 역설했다. 도리가 아닌 셈이었다. 한참 동안을 말없이 듣고 있던 춘성은 마침내 일갈했다.

"뭐라고 부활했다고? 죽었다 살아났다고? 죽었다가 살아나는 것은 아침에 내 자지밖에 없는데!"

하루는 제자 하나가 스님에게 질문했다.

"스님 백척간두에서 다시 한 발 더 내디디면 그다음 경계는 어떤 것입니까?"

"야이 새끼야 내가 떨어져봤어야 알지."

통행금지가 있을 때 이야기이다. 하루는 통행금지 시간을
지나서 춘성 스님이 서울 시내를 돌아다닐 일이 있었다. 순찰
하던 방범대원이 춘성 스님 쪽을 향해 플래시를 비추면서 물
었다.

"거기 누구요?"

"나, 중대장이야!"

"아니, 스님 아닙니까?"

"아, 내가 중의 대장이지."

춘성 스님은 생전 서랍이든 문이든 잠그지 않았다. 걱정된
제자 하나가 스님에게 물었다.

"스님, 그래도 잠가야죠."

"야 이놈아! 내가 아비 어미 다 버리고 중이 되었는데, 무엇
이 그리 중요한 게 있다고 잠그겠느냐?"

춘성 스님은 일상생활에서도 항상 넓은 방에서 기거했는
데, 모든 사람이 오가다 방 안을 들여다볼 수 있는 방이었다.
대중이 잘 볼 수 없는 뒷방에서는 절대 머무르지 않았다. 그
만큼 투명하고 공개된 일상을 보냈다는 뜻이다.

김제 망해사와 변산 월명암

지는 노을에 번뇌를 던지니
바람도 불경이 되는 곳

부설 거사가 창건했다고 전해지는 김제 망해사와 그의 가족이 성불한 변산 월명암.
망해사 마당은 바다로 이어진다. 석양이 질 무렵 툭 터져 한가로운 김제평야의 들판
을 가로질러 차를 몰고 달려가다보면, 그 들판의 끝에 서해가 있고 망해사는 바로
이 서해를 지그시 관조하고 있다. 이곳에서 바라본 낙조는 장엄하고 붉다. 그 노을
빛에 마음속 번뇌를 한 움큼 던져본다. 바다는 말이 없고, 고깃배들은 갈 길을 간다.
이 풍경 앞에서 또한 침묵하고 있는 절이 망해사이다. 그런가 하면 변산의 준봉들을
한눈에 바라보는 산중 사찰 월명암은 호남 3대 기도처의 하나이다. 그곳에선 바람도
불경이 된다.

부설 거사가 642년 창건한 바닷가 수행처, 망해사

내가 좋아하는 사찰은 대략 다음의 세 가지 조건을 갖춘 곳이다. 첫째 호젓해야 한다. 사람들이 많이 찾는 절은 수선스러워서 절 맛이 안 난다. 비유하자면 동양화의 여백과 같은 기능을 담당하는 심리적 공간이 한국의 절이다. 도시의 콘크리트 상자에서 빠져나와 한번 조용히 쉬려고 절에 왔는데 절마저 오가는 인파로 북적거리면 피로에 지친 한국 사람은 도대체 어디로 가란 말인가. 그래서 절은 한가하고 호젓해야만 절의 본래 면목을 지닌다고 본다. 둘째 고승들이 많이 머무른 곳이어야 한다. 고승들이 도를 닦던 절터는 그 터에 감돌고 있는 기운이 한결같이 강하면서 상쾌하게 마련이다. 그래서 우리도 이런 곳에 단 몇 시간이라도 앉아 있으면 알게 모르게 영향을 받는다. 영적으로 진화된 고단자들이 수행하던 장소는 확실히 다른 곳과 파장이 달라서 마음이 가라앉고 몸이 상쾌해진다. 셋째 주변 풍광이 아름다워야 한다. 아름다운 풍경을 대할 때마다 나는 눈물이 난다. 눈 앞의 황홀한 풍경과 바쁘게 살아온 지난 세월이 대차대조를 이루면 서 인생에 대한 설명할 수 없는 회한이 뭉클하게 밀려들기 때문이다. 내 경우를 두고 볼 때 미美를 통해 진眞에 들어갈 수 있다는 말은 맞 는 말 같다. 망해사를 이야기하기 전에 서론이 길어진 것은 망해사가 이러한 세 가지 조건을 갖춘 사찰이라는 것을 강조하기 위해서이다.

망해사에 가려면 김제군의 '광활'이라는 지역을 거쳐야 한다. 광 활하다고 해서 이름도 광활이다. 서부영화에 나오는 지평선이 여기에 있다. 아스라이 뻗은 들판을 가로질러 가야 한다. 김제·만경 평야의 아스라한 지평선 끝자락에 있다. 우리나라의 대부분 사찰이 심산유 곡에 자리 잡고 있는 것과는 사뭇 다르다.

석양이 질 무렵 자동차로 들판을 가로질러 가다 보면 서부영화 의 한 장면에 들어서 있다는 착각이 들 정도로 망해사 가는 길은 툭 터진 한가함이 느껴진다. 그 들판의 끝에 서해가 있고 망해사는 바로 이 서해를 지그시 관조하고 있다.

부설 거사가 642년에 창건했다고 전해지는 망해사, 망해사를 창 건한 부설 거사는 인도의 유마 거사, 중국의 방 거사와 함께 세계 3대 거사에 드는 대단한 인물이다. 내 생각으로는 3대 거사 중 부설 거사 가 맨 위에 있다. 왜냐하면, 거사 자신을 포함해 부인인 묘화, 아들 등 운, 딸 월명이 모두 성불한 '페밀리 도통'이라는 희귀한 사례에 해당 하기 때문이다. 부설 거사 가족이 모두 성불한 도량은 변산의 월명암 이다. 성불한 뒤로 묘화 부인은 장흥의 보림사를 창건했고, 아들 등 운은 계룡산의 등운암을, 딸 월명은 월명암을 그리고 부설은 망해사

조용헌의 산사로 가는 길

를 창건하고 여기서 여생을 보냈다. 부설 거사가 서해 바닷가에 망해사를 창건한 이유는 아마도 '보림'하기 위해서였을 것이라고 추측된다. 수도의 세계에서 말하는 '보림'이란 밥이 된 뒤에 '뜸'을 들이는 것과 같다. 도를 통했다고 해서 곧바로 솥뚜껑을 열면 안 된다. 얼마 동안 '뜸'을 들이는 보림 과정이 반드시 필요하다고 한다.

도를 통하기 전까지의 수행 과정이 목표를 향해서 자신을 치열하게 옭아매고 조이는 과정이라면, 보림이란 이제까지 옭아맸던 속박을 천천히 어유롭게 풀어놓는 과정에 비유할 수 있다. 영화 〈쇼생크 탈출〉을 보면 주인공이 감옥을 탈출해 정착한 곳이 푸른 바닷물과 모래가 보이는 어느 해변인데, 이 장면은 보림과 관련해볼 때 일리가 있는 상황 설정이다. 쇼생크 감옥에서 오랜 시간 긴장 상태에 있던 주인공이 넓은 바다를 통해 그간의 긴장을 풀고 마음의 평화를 회복하기 위한 조치였던 것이다.

바다를 바라보며 깨달음을 얻다

동서고금을 막론하고 바다는 이처럼 인간의 긴장된 마음을 풀어주고 만사를 포용하도록 해준다. 부설 거사가 좋은 데 다 놔두고 하필 서해의 외로운 바닷가에 절터를 잡은 심중은 아마도 이런 것이 아니었을까. 부설 거사가 지은 「사부시四浮詩」와 「팔죽시八竹詩」에서 그의 이러한 심정을 간접적으로나마 엿볼 수 있다. 부설의 뒤를 이어 조선의 진묵 대사가 망해사에 머문 것도 같은 맥락이라고 생각한다. 그가 세운 낙서전樂西殿은 정녕 서해를 바라보는 즐거움을 나타내기 위한 것이리라. 부설 거사가 남긴 「사부시」는 인생의 무상함을 그리고 「팔죽시」는 달관의 경지를 노래한 오도시悟道詩의 백미이다. 우리나라 선시禪詩 가운데 내가 가장 좋아하는 시이기도 하다.

사랑하는 처자 권속 빽빽이 둘러 있고
금은보석 보배들이 산같이 쌓였어도
죽을 땐 다 버리고 외론 넋만 돌아가니
생각하면 이것 또한 부질없구나

날마다 번거로이 세상사에 바쁘고
벼슬이 이제 겨우 높아지니 머리는 이미 하얗구나
염라대왕은 벼슬아치라도 무서워하지 않으니
생각하면 이것 또한 부질없구나

비단결 같은 고운 생각, 천둥 번개 몰아치는 말솜씨
천수의 시와 경문, 만호후의 높은 벼슬은
여러 생에 걸쳐 나 잘났다는 생각만 더욱 늘어나니
생각하면 이것 또한 부질없구나

가령 설교를 하도 잘해 비구름과 같고
하늘 꽃이 쏟아지고 돌이 머릴 끄덕여도
마른 지혜로는 생사를 뛰어넘지 못하니

조용헌의 산사로 가는 길

생각하면 이것 또한 부질없구나

妻子眷屬森如竹
金銀玉帛積如邱
臨終獨自弧魂逝
思量也是虛浮浮

朝朝役役紅塵路
爵位朧高已白頭
閻王不伯佩金魚
思量也是虛浮浮

錦心繡口風雷舌
千首詩經萬戶侯
增長多生人我本
思量也是虛浮浮

假使說法如雲雨
感得天德石點頭
乾慧未能免生死
思量也是虛浮浮

_「사부시」

김제 망해사 종각

조용헌의 산사로 가는 길

이런 대로 저런 대로 되어가는 대로

바람 부는 대로 물결치는 대로

죽이면 죽, 밥이면 밥, 이런 대로 살고

옳으면 옳고 그르면 그르고 저런 대로 보고

손님 접대는 집안 형편대로

시정 물건 사고파는 것은 세월대로

세상만사 내 맘대로 되지 않아도

그렇고 그런 세상 그런 대로 보네

此竹彼竹化去竹

風打之竹浪打竹

粥粥飯飯生此竹

是是非非看彼竹

賓客接待家勢竹

市井賣買歲月竹

萬事不如吾心竹

然然然世過然竹

_「팔죽시」

망해사는 잔잔한 출렁거림만이 물결치는 보림터인 것이다. 망해
사 마당 앞의 서해는 옛날이나 지금이나 변함없이 출렁거린다. 봉급
쟁이들이여 한탄만 하지 말고 해 질 무렵 장엄하게 붉은빛이 감도는

바닷물을 보러 오라. 그 노을빛에 마음을 던져보라. 그리고 거기 돛대에 바람을 가득 안고 떠 있는 고깃배들을 보라, 고깃배들은 오늘도 떠 있지 않은가. 도를 통한 도인들은 보림하기 위해서 여기 오겠지만, 먹고사느라고 온갖 세파에 시달리는 우리 중생은 정신의 휴식을 취하기 위해서 올 필요가 있는 절이 망해사이다. 망해사에는 세상사가 순조롭게 풀려서 걱정 없는 사람들은 찾아올 필요가 없다. 직장을 잃어버린 사람들이여, 부도난 인생들이여, 돈 없는 인생들이여, 이혼의 고통을 겪는 사람들이여, 고독으로 몸부림치는 사람들이여, 인생의 실패자들이여 모두 다 망해사로 오라. 그리고 진홍색의 장엄한 저녁 노을빛에 저물어가는 바다를 보면서 난생처음인 것처럼 울어보라.

호남 3대 기도처 변산 월명암에 오르는 길

신라 신문왕 11년(691)에 부설 거사와 그 가족들이 수도한 월명암. 호남에서 3대 수도처로 꼽히는 이름난 도량이다. 3대 수도처는 대둔산의 태고사, 변산의 월명암, 백양사의 운문암을 꼽는다. 태고사가 대둔산의 날카로운 암벽들이 둘러싼 곳으로 아주 강한 기상을 지닌 도량이라면, 운문암은 어머니 품처럼 안온한 곳이다. 월명암은 그 중간으로 양쪽의 특징을 모두 지니고 있는 곳이다.

　내가 월명암에 호감을 보이는 이유는 가정이 있는 거사도 '하면된다'는 사례를 보여주었기 때문이다. 앞에서도 언급했듯이 월명암은 바로 거사인 부설 그리고 그의 부인이었던 묘화, 아들 등운, 딸 월명이 성불한 장소이다. 그러니까 일가족 네 명이 모두 성불한 도량이다.

세계 불교사에서 일가족이 모두 성불했다는 기록은 아직 보지 못했다. 물론 거사로서는 인도의 유마 거사, 중국의 방 거사가 유명하지만, 한국의 부설 거사처럼 가족 모두 도통한 경지까지는 나아가지 못했던 것으로 보인다. 따라서 월명암은 거사 불교, 나아가서는 가족 불교(?)의 성지라고 해도 결코 과찬은 아닐 것이다. 월명암에서의 일가족 성불이라는 역사는 어떻게 이뤄졌을까?

세상사 큰일 치고 어찌 사연 없이 이뤄진 일이 있겠는가. 가족 성불의 역사에는 기막힌 사연이 있다. 아버지인 부설 거사의 영향을 받아 월명은 오빠 등운과 함께 큰 발심을 일으켜 도를 닦고 있었다. 그때 땔나무를 해주는 불목한—절에서 밥을 짓고 물을 긷는 일을 맡아서 하는 사람—이 있었는데, 이 불목한이 월명의 미모에 그만 반해버렸다. 불목한이 계속 접근해오자 월명은 오빠와 의논을 한다. 성적인 요구를 들어줄 것인가 아니면 물리쳐야 할 것인가.

등운은 불목한이 그렇게 소원한다면 한 번쯤 허락해도 좋다고 했다. 그리하여 월명은 불목한에게 몸을 내맡겨 그의 소원을 들어주었다. 등운은 그 일에 대해 누이 월명에게 소감을 물었다.

"허공에 대고 장대를 휘두르는 것 같다."

얼마 후에 불목한이 다시 요구한다. 이번에도 등운은 동생에게 들어주라고 했다. 오빠는 월명에게 두 번째 소감을 물었다.

"진흙탕에서 장대를 휘젓는 것 같다."

그 뒤로 불목한은 또다시 요구해왔다. 이번에도 월명은 오빠 등운의 허락을 받고 불목한에게 몸을 허락했다. 세 번째로 오빠가 소감

변산 월명암

을 물었다.

"굳은 땅에서 장대가 부딪치는 것 같다."

처음에는 허공이었다. 그다음에는 진흙탕이었다. 다시 굳은 땅에서 장대가 부딪쳤다. 시간이 갈수록 물성이 점점 강해진 것이다. 물성이 강해진다는 것은 성적 쾌락이 강해짐을 의미한다. 월명의 이 말을 듣는 순간 등운은 마음속으로 월명을 이대로 버려둘 수 없다는 생각이 들었다. 등운은 월명에게 "깨치지 않으면 죽는다"고 결단을 요구했다.

결단이란 불목한을 죽이는 것을 의미한다. 쾌락으로 치닫느냐 아니면 성불의 길로 갈 것인가. 두 갈래의 갈림길에서 월명은 불목

조용헌의 산사로 가는 길

한을 죽이기로 결심한다. 아궁이에 불을 지피고 숯불이 새빨갛게 피어오를 무렵, 월명은 불목한에게 숯불을 골라달라고 부탁한다. 월명의 부탁을 받은 불목한은 무심코 허리를 굽혀 아궁이 안에 고개를 들이밀고 숯불을 고르기 시작했다. 바로 이때 월명이 그의 몸을 아궁이 안으로 힘껏 밀어넣었다. 불목한이 아궁이에서 나오려고 하자 등운이 발로 차서 못 나오게 다시 밀어넣었다. 그리고 등운은 월명에게 비장하게 말했다.

"살인자는 무간지옥에 떨어지는 법, 이제 우리가 제도받는 길은 깨치는 것뿐이다. 지옥이냐 깨치느냐, 두 길밖에 없다."

아궁이 살인 사건이 일어났던 곳이 바로 월명암이다. 아울러 살인자라는 배수진을 치고 치열하게 수도하여 살인을 저질렀던 남매가 모두 성불한 곳이 월명암이다. 월명암은 이런 곳이다. 그래서 월명암은 조선 반도에서 유명한 성지의 하나가 되었다.

월명암이 있는 변산은 풍수가에서 흔히 말하는 산진수회山盡水廻의 명당이다. 달려오던 산이 멈추고 물이 휘감아 도는 곳이다. 특히 월명암 주변의 변산 봉우리들은 특별히 높거나 낮은 봉우리가 없다. 수십 개의 산봉우리가 대략 4~5백 미터 정도의 일정한 높이를 지니고 있다. 주산이라고 하는 봉우리가 없다. 평등한 곳이다. 특이한 지세이다.

봉우리의 높이들이 비슷비슷해서 풍광도 일품이다. 일출이 강원도 낙산사라면 이곳 월명암은 낙조가 일품이다. 태양이 수면 위로 막 떠오르는 한순간이 일출의 묘미라면, 일몰은 석양이 바다 위를 붉게 물들이는 파노라마에 묘미가 있다. 천천히 감상하는 묘미는 일출보다 일몰에 있는 게 아닌가 싶다.

나는 일출을 시에 비유하고, 일몰을 산문에 비유한다. 월명암 뒤의 낙조대에서 칠산七山 바다 너머로 넘어가는 일몰을 바라보고 있노라면 '인생사 부질없다'는 생각이 들다가도, 다시 쌍선봉 위로 떠오르는 월출을 바라보면 '그래도 세상은 살아 볼 만하다'는 감격이 솟아난다. 일찍이 육당 최남선은 변산의 풍광을 "쳐다보고 절하고 싶은 것이 금강산이라면 끌어다가 어루만지고 싶은 것이 변산이다"라고 찬미한 바 있다.

월명암 앞으로는 북한산 인수봉보다는 약간 작지만 잘생긴 바위산들이 펼쳐져 있다. 좌측으로는 의상이 수행했다는 의상봉이 보인다. 의상봉의 깎아지른 절벽 중간에는 진표 율사가 목숨 걸고 수행했던 불사의방이 있는 줄을 사람들은 잘 모른다. 우측으로는 울금바위가 보인다. 울금바위 밑에는 원효가 패망한 백제의 유민을 모아 놓고 교화하던 원효방이 있다. 이렇게 놓고 본다면 월명암 주변은 진표·의상·원효·부설과 같은 당대의 일급 고수들이 놀던 곳이다.

나도 그냥 갈 수 없었다. 요사채에서 하루 머물며 좌선해보니 이들 앞산의 암봉들에서 뿜어져 나오는 기운이 엄청나게 강하다. 하도 강해서 가슴에 심한 통증이 느껴질 정도이다. 여기는 고단자가 머물러야지 아마추어가 멋모르고 있다가는 다치기 십상인 곳이다.

부설 거사의 예언에 의하면 월명암에서 사성四聖, 팔현八賢, 십이법사十二法師가 출현한다고 한다. 사성은 부설 거사 가족이고, 팔현 중에는 조선 중기의 진묵 대사와 근래의 학명 선사를 포함시킨다. 학명 선사는 일제강점기 때 이곳 월명암에 머물면서 원불교의 교조 소태산(1890~1943)과 상당한 인연을 맺는다. 그리하여 소태산은 자신의 수제자라 할 수 있는 송규(1901~1962)를 학명 선사 문하에 보내 선을 배우게 한다. 송규가 '명안明眼'이라는 법명으로 학명 선사에게 수업을 받았던 곳이 월명암이다. 그 뒤로 송규는 원불교의 2대 종법사가 된다. 이처럼 월명암은 학명 선사와 원불교의 인연이 숨어 있는 곳이다.

현재 남아 있는 월명암 건물들은 근래에 지어진 것들이라서 옛 자취들이 남아 있지 않다. 변산 지역이 남부군의 근거지여서 6·25전쟁 때 전부 불타버렸기 때문이다.

기장 임랑리 묘관음사

파도 소리에 몸을 맡겨
일체 잡념을 버리는 관음 수행처

불가에서는 '타성일편', 즉 '전체와 내가 하나가 됨'을 중요하게 여긴다. 이 타성일편
에 도달하는 방법 중 소리에 집중하는 것이 가장 좋은 방법이고, 소리 중에서도 파도
소리가 가장 좋다는 것이 『능엄경』의 가르침이다. 바닷가 사찰에서 느낄 수 있는 불
심, 그것은 소리이다. 바닷가에 세워진 암자에 앉아 창문으로 들리는 파도 소리를 듣
고 있다고 상상해보라. 앉아서도 듣고, 누워서도 듣고, 밥 먹으면서도 듣는다. 밤이
되어 불을 끄고 이부자리를 펴고 누워 있을 때도 귓가로는 파도 소리가 들려온다. 비
몽사몽 간에도 밖에서는 여전히 파도 소리가 들린다. 꿈속에서도 들린다. 바로 관음
의 경지이다.

풍채 당당한 향곡 스님의 자취가 남은 고요한 수행처

묘관음사는 한적한 바닷가에 있다. 부산에서 기장 고리원자력발전소 쪽으로 가다보면 일광면이 나오고 이어서 '임랑'이라는 조그만 해수욕장이 나온다. 임랑은 해수욕장이라기보다는 아담한 포구에 가까운 분위기를 풍기는 바닷가 동네이다. 그 바닷가 시골길로는 철로가 지나며, 철로 옆으로는 남해안의 따사로운 햇볕을 머금은 파란색의 바다가 옛날이나 지금이나 변함없이 한가하게 하품을 토해 내고 있다. 사찰 마당에서 몇 발짝 나오면 푸른 파도가 손에 잡힌다.

소나무와 바위에서만 놀다가 툭 터진 청록색이 물결치는 바다로 나오니 용궁에 들어가는 토끼처럼 마음이 묘하다. 모처럼 바다를 접하니 대학 다닐 때 좋아했던 말라르메의 시 한 구절이 생각난다.

오! 육체는 슬퍼라, 그리고 나는 모든 책을 다 읽었노라.

떠나버리자, 저 멀리 떠나버리자.

새들은 낯선 거품과 하늘에 벌써 취하였다.

눈매에 비친 해묵은 정원도 그 무엇도

바닷물에 적신 내 마음을 잡아두지 못하리,

오, 밤이여! 잡아두지 못하리,

흰빛이 지켜주는 백지, 그 위에 쏟아지는

황폐한 밝음도,

어린아이 젖 먹이는 젊은 아내도.

나는 떠나리! 선부船夫여, 그대 돛을 흔들어 세우고 닻을 올려

이국의 자연으로 배를 띄워라.

잔혹한 희망에 시달린 어느 권태는

아직도 손수건의 그 거창한 작별을 믿고 있는지.

그런데 돛들이 이제 폭풍을 부르니

우리는 어쩌면 바람에 밀려 길 잃고

돛도 없이 돛도 없이, 풍요한 섬도 없이 난파하는가

그러나 오 나의 가슴아, 이제 뱃사람들의 노랫소리를 들어라.

_「바다의 미풍」

바다만 보면 이 시가 생각나곤 한다. 나는 이제 모든 책을 다 읽었으니 바다로 떠난다는 시이다. 말라르메는 육지의 삶이 너무 권태롭고 식상해 바다로 나간다고 했지만, 향곡 스님은 산속의 치열했던 구도 과정을 마치고 조용하게 휴식하기 위해 이 바닷가를 찾았다.

묘관음사 대웅전

　나는 그간 묘관음사에 몇 가지 궁금증을 품고 있었다. 우람하고 야성적인 기질의 소유자로 알려진 향곡 스님이 오랫동안 주석했던 묘관음사는 어떠한 분위기의 절이었을까?

　대개 선사의 기질과 오래 머물렀던 절의 분위기는 일치하는 수가 많다. 장군 기질의 선사는 바위나 암벽이 솟아 있는 거친 도량을 선호하는 수가 많고, 반대로 조용하고 부드러운 기질의 선사는 역시 그러한 도량을 선호하는 경향이 있다. 도량을 살펴보면 그 선사를 보지 않고서도 '평소의 스타일이 어떠했을지'를 얼추 짐작할 수 있다. 이것이 바로 산을 보면 사람을 알고, 사람을 보면 산을 안다는 것이다. 그래서 묘관음사라는 사찰도 향곡 스님의 기질과 같이 우람한 풍모를 풍기는 절이지 않을까 생각하고 있었다.

왜 사찰 이름을 묘관음사라고 지었을까? 관음사면 관음사지 왜 앞에다 '묘' 자를 붙여서 묘관음사라고 했을까? 거기에는 어떤 이유가 있지 않겠는가? 끝으로 향곡 스님의 풍모가 궁금했다. 묘관음사에는 스님의 진영이 모셔져 있을 것으로 생각해왔고 꼭 한번 보고 싶었다. 향곡 스님을 특별히 보고 싶어 한 이유는 백양사의 주지를 지낸 바 있는 원공 스님에게 들은 이야기 때문이다.

원공 스님은 젊었을 때인 1960년대 후반, 통도사 극락암에서 경봉 스님을 시봉했는데, 어느 날 장군같이 생긴 승려가 느닷없이 극락암에 찾아와 경봉 스님을 만나더란 것이다. 그 스님의 뚜벅뚜벅 걸어오는 당당한 걸음걸이와 떡 벌어진 어깨 그리고 꾹 다문 입술에서 풍기는 기세가 보통 승려와 너무 달랐다. 무외無畏(어떤 두려움도 없음)의 경지에서 풍기는 도도한 기세였다. 흡사 옛날 선서禪書에 등장하는 선객의 풍모와 같았다고 한다. 천 년 전의 고서에 나오던 선승이 갑자기 극락암에 나타났다고나 할까.

얼마 있다가 경봉 스님과 이 스님은 다과상을 사이에 두고 정답게 마주 앉았다. 인생을 달관한 70대 후반의 노승과 50대 중반의 장군 같은 선객이 헤어진 지 20년 만에 만나서 법담을 나누는 장면. 원공 스님이 볼 때 한 폭의 산수화 같았다고 한다. 원공 스님은 두 고승이 극락암에서 보여준 그 그림 같은 장면이 지금도 잊히지 않는다고 나에게 털어놓은 적이 있다.

옛 도인의 용모를 지녔던 그 스님이 바로 향곡 선사이다. 나는

조용헌의 산사로 가는 길

이 말을 들은 뒤부터 한 수행자를 감동시켰던 향곡 스님이란 분이 도대체 어떻게 생긴 분인가 꼭 한번 뵙고 싶었다. 살아 계셨더라면 무슨 수를 써서라도 친견해보겠지만, 열반하셨으니 사진으로라도 한번 뵈어야 하지 않겠는가!

파도 소리 바람 소리 그리고 마음 소리

묘관음사는 자그마한 절이다. 경내에는 몇 그루의 종려나무가 서 있어 남국적인 정서를 내뿜는다. 대웅전 옆으로는 길상선원吉祥禪院이 있다. 가는 날이 장날이라고 마침 결제結制 기간이다. 입선入禪 중인 스님 여덟이 선정에 몰입해서인지 그렇지 않아도 조용한 사찰 마당이 더욱 적막하기만 하다. 누구 하나 말 붙여주는 스님도 없다.

향곡 스님 진영은 대웅전 오른쪽의 조사전에 모셔져 있었다. 가장 우측으로는 솔방울 자루를 어깨에 메고 선 채로 열반한 혜월 혜명(1861~1937) 선사의 대형 초상화가 걸려 있고, 중앙에는 중국 남종선의 거두인 백장 회해, 남천 보원, 마조 도일의 초상화가, 좌측으로는 향곡 스님의 스승인 운봉 성수 선사, 그 왼쪽 끝에 가로세로 1.5미터는 될 법한 향곡 혜림(1912~1978) 선사의 진영이 걸려 있다.

향곡 스님의 첫인상은 과연 소문대로 전형적인 호남형이다. 신뢰감을 주는 풍모이다. 힘도 장사라서 기운 좋다는 성철 스님조차도 씨름을 하면 향곡 스님에게는 꼼짝 못 했다는 소문이 있다.

이처럼 남성적인 향곡이 오래 머물렀던 묘관음사는 묘하게도 온

순하고 여성적인 도량이다. 거기에다 사찰 마당에서 몇 분만 걸어나가면 바다가 나온다. 그러니까 한적한 바닷가 옆에 있는 은둔 사찰이 묘관음사라고 보면 맞다. 향곡은 명산대찰 다 놓아두고 왜 이런 바닷가의 절로 왔을까?

그 이유는 역시 보림터라는 데서 찾아야 할 것 같다. 오도 후의 보림터는 대체적으로 이처럼 해변에 있는 경우가 많다. 조선 중기 진묵 대사의 보림터인 망해사도 서해 바로 옆에 붙어 바다를 향하고 있다. 낙산사 홍련암도 동해를 향하고 있는데, 나는 이곳이 의상 대사의 보림터라고 추정한다. 남해를 향하고 있는 여수의 향일암도 역시 마찬가지이다. 보림터는 주변이 터진 곳이 좋고, 터진 곳은 결국 바닷가이다. 바다만큼 터진 곳이 없으니까.

바닷가의 도량에는 또 한 가지 비밀이 숨어 있다. 바로 소리이다. 그 소리가 무슨 소리이냐 하면 바다에서 들리는 해조음이다. 해조음이라 하면 먼저 파도치는 소리를 가리킨다. 철썩철썩 와서 부딪치는 파도 소리를 계속 듣다 보면 마음이 가라앉는다.

바닷가에 세워진 암자에 앉아서 창문으로 들리는 파도 소리를 듣고 있다고 상상해보라. 앉아서도 듣고, 누워서도 듣고, 밥 먹으면서도 듣는다. 밤이 되어 불을 끄고 이부자리를 펴고 누워 있을 때도 귓가에는 파도 소리가 들려온다. 잠을 자다가 잠깐 잠이 깰 듯 말 듯 비몽사몽 간에도 밖에서는 여전히 파도 소리가 들릴 것이다.

그러다 보면 꿈속에서도 들린다. 꿈속에서도 들릴 정도가 되면 24시간 어떤 행동을 하든지 귓속으로는 파도 소리가 들리게 된다고 한다. 걸레로 방을 닦을 때나 양치질할 때나 다른 사람과 이야기를 할 때도 한편으로는 귓가에 파도 소리가 와 부딪친다. 의식이 온통 한군데로 집중되는 것이다. 이때야 비로소 의식의 집중이 이뤄지는 것이다. 집중이 이뤄지면 잡생각이 들지 않는다. 의식이 집중되어 잡생각이 들지 않는다는 말은 개체 의식을 넘어서 우주 의식과 합일됨을 말한다.

이 경지를 불가에서는 '타성일편打成一片', 즉 "전체와 내가 하나가 되었다"라고 표현한다. 이 타성일편에 도달하는 방법에 있어 소리에 집중하는 것이 가장 좋은 방법이고, 소리 중에서도 파도 소리가 가장 좋다는 것이 『능엄경』에서 주장하는 내용이다.

파도 소리를 꼽는 이유는 끊이지 않고 규칙적으로 들리는 소리이기 때문이다. 자연의 소리 가운데 파도 소리가 가장 규칙적이다. 파도 소리에서 한 경지 더 나아가면, 밀물과 썰물이 진행될 때 발생하는 미묘한 소리까지 들린다고 한다. 이 경지에선 '우웅' 하는 소리로 들리는데, 이 소리는 저주파의 형태이기 때문에 보통 사람에게는 들리지 않고, 어느 정도 의식의 집중이 이뤄진 사람에게만 들린다고 한다. 관음觀音이란 이 경지를 일컫는다. 소리를 관한다고 할 때, 관한다는 말의 뜻은 집중한다는 의미이다.

『능엄경』에서는 25가지 수행 방법 중 가장 좋은 수행을 '이근원통耳根圓通(소리에 집중해 잡념을 없애는 명상법)'이라고 표현한다. 관세음보살이 도통한 방법이 바로 해조음 소리를 통한 도통법이다. 묘관음사에 동행한 도반이면서 『능엄경』 전문가인 조명제 선생은 '묘관음사'라는 명칭도 이와 관련이 있다고 말한다. 묘妙한 소리를 관음하는 도량이란 뜻이다. 묘관음사가 바닷가에 바짝 붙어 있는 이유가 여기에 있다.

비로소 실마리가 풀리는 듯하다. 그러니까 향곡 선사는 천성산 내원사의 깊은 골짜기에서 수행 정진 하다가 어느 늦가을에 산골짜기의 돌풍이 창을 칠 때 문득 깨달음을 얻었고, 그 후에 바닷가의 묘관음사에 와서 보림을 한 것이다.

야성적인 기질의 향곡은 묘관음사의 창문을 열어놓고 한가하게 누워서 파도의 묘음을 관했으리라. 아무도 모르는 그 묘음에 자기를 실어서 파도를 건너고 용궁을 지나서 도솔천을 올라 다녔을까. 그 묘음의 경지는 지극한 고요와 평화 그리고 열락의 경지였을 것이다. 그 열락은 세상의 쾌락을 포기한 대가로 얻은 수행자만의 열락이 아니었을까.

묘관음사에 가거들랑 파도만 보지 말고, 소리를 들어보라. 파도 소리를 듣다 듣다가 싫증 나면 이번에는 향곡 선사가 즐겼던 해조음을 들어보라. 바닷가에서 밀려오는 해조음이 들리는가! 그래야 묘관음사라네.

물소리와 더불어 깨우침을 얻는 곳

지리산 유가대

한국의 영지는 대략 세 가지 조건을 갖추면 된다. 바위, 소나무 그리고 냇물이다. 냇가에 넓적한 바위 암반이 있고, 그 옆에 노송이 있으면 대개 그러한 장소는 옛날 신선이나 도사, 고승들이 노닐거나 수도했던 터라고 보면 틀리지 않는다.

암반에서는 기가 나온다. 기가 너무 세게 나오는 곳에서는 구안와사가 오기도 한다. 경락이 막혀 있는 일반인이 바위에서 잠을 자면 세게 들어오는 기운을 감당하지 못해 턱이 돌아가는 것이다.

하지만 도를 닦는다는 것은 기의 압력을 높이는 행위이기도 하다. 어느 차원에 도달하려면 로켓 엔진이 필요하듯, 강력한 추진 엔진이 있어야 한다. 그 추진 엔진에 해당하는 장치가 바로 바위이고 암반이다.

그다음에는 냇물이다. 바위에서 나오는 기운은 불이다. 물로 이를 식혀주거나 적절히 조절해줄 필요가 있다. 엔진이 과

열되면 물로 식혀주어야 한다. 이를 수화기제水火旣濟라고 표현한다. 화가 위에 있고 물이 아래에 있으면 적절하게 배합된 상태다. 그래서 바위 옆에 물이 있으면 안성맞춤이다. 냇물도 좋고, 강물이나 호수도 있으면 좋다. 적절하게 흐르는 냇물이 더 좋다. 왜냐하면 물소리가 들리기 때문이다. 아무 소리도 안 들리는 것보다는 물소리가 적당하게 들리는 게 좋다. 이 물소리에 정신을 집중한다. 물소리가 명상의 보조 수단으로 작용하는 셈이다. 물소리는 오래 들어도 싫증이 덜 난다. 싫증 나는 소리를 오래 들으면 스트레스가 쌓인다. 그러나 물소리는 인간에게 가장 친숙한 소리다.

불교의 『능엄경』에서는 물소리를 듣는 게 이근원통耳根圓通이라고 설명한다. 관음보살이 이 방법으로 깨달음을 얻었다는 것이다. 귀로 듣는 물소리, 낮에는 물론이고 밤에 잠을 잘 때도 꿈속에서 이 물소리를 듣고 있으면 도가 통한다는 것이다. 숙면일여熟眠一如이기도 하다. 잠을 잘 때도 물소리를 듣고 있어야 한다. 파도 소리뿐만 아니라 산속의 냇물 소리도 이근원통에 들어가는 물소리다. 침계루枕溪樓는 계곡을 베개 삼아 누워 있는 누각이라는 뜻이다. 계곡을 베개 삼아 누워 있다는 뜻은 무엇인가? 바로 계곡 물소리를 듣는 것이다. 살면서 근심 걱정이 너무 많아 자살하고 싶은 경우에도 이 물소리를 사나흘간 밤낮으로 듣고 있으면 그 걱정과 압박감이 좀 누그러지는 수가 있다. 불에 타는 번뇌를 물소리가 씻겨준다. 그러나 그 물이 너무 급박하게 흘러가면 오히려 마이너스가 된다.

급박하게 흐르면 오히려 기운을 쓸고 가기 때문이다. 기운이 그 터에 모여야 하는데 물이 빠르게 흐르면 기운을 빼앗아간다. 그래서 너무 급박하게 흐르는 냇물 옆은 피한다.

소나무가 있으면 좋다. 여름에는 그늘이 된다. 삼복 여름에 오래된 노송이 만들어주는 소나무 그늘 밑에서 바둑을 두면 신선놀음이다. 소나무는 커다란 파라솔이자 무대 장치이기도 하다. 소나무가 있으면 그 위에 하얀 학鶴이 앉을 수 있다. 신선이 나오는 그림을 보면 대부분 노송이 옆에 있고 그 노송에는 학이 앉아 있다. 신선 옆에는 차 심부름을 해주는 다동茶童도 있기 마련이다. 소나무와 학 그리고 다동. 보름달이 뜰 때에 이처럼 냇물 옆에 암반이 있고 소나무가 서 있는 터에서 술과 차를 나누고 악기 연주를 듣는 것이 풍류다. 급이 있는 풍류는 역사가 있고 족보가 있다. 그 역사와 족보에 해당하는 요소가 바로 바위, 냇물, 소나무 그리고 보름달이다.

이런 요건을 충족하는 장소 중의 하나가 지리산 함양군 휴천면의 지리산 자락에 있는 유가대瑜伽臺다. 5백 년은 됨직한 노송이 서 있다. 노송임에도 불구하고 그 모양이 아주 풍성하다. 가지가 둥그렇게 펼쳐져 있어서 커다란 화개華蓋에 가깝다. 그리고 바닥은 암반이다. 기가 뭉친 곳이다. 해발 4~5백 미터쯤이나 될까. 유가대 밑으로는 계곡 물소리만 들린다. 터 밑으로는 숲이 우거져 있어서 냇물이 눈으로 바라다보이지는 않지만 물이 흘러가는 소리는 귀로 들리는 터다. 물은 안 보이고 계곡 물소리만 들리는 이 계곡을 수잠탄水潛灘이라고 부른다. 물에 잠겨 있어서 안 보인다는 뜻이다. 그러나 탄滩은 여울물 소리가 들리는 곳이다. 이 일대를 용유담龍遊潭이라고도 부른다. 전설에 의하면 이 터에서 마적 도사馬跡道士가 도를 닦았다고 전해진다.

마적 도사가 누구인가. 기록은 하나도 전해지는 게 없고 전설만 전해진다. 불가의 고승이 아닌 지리산 토속의 신선이었을 것으로 짐작된다. 전해오는 바로는 신라 시대 인물이라고 한다. 이 유가대 위로 조금 더 올라가면 마적 도사가 장기를 두었던 자리도 있다.

마적 도사는 당나귀를 길렀다. 사람 말귀를 알아듣는 당나귀였다. 마적 도사가 생필품이 필요하면 당나귀 등에다가 쪽지를 붙여서 장날에 보내면 당나귀가 생필품을 싣고 돌아와 건너편 바위에서 울었다. 나귀 울음소리가 들리면 마적 도사가 쇠막대기로 다리를 놓아 당나귀를 건너오게 했다. 어느 날 천왕봉의 여산신인 천왕 할매와 장기를 두다가 나귀 울음소리를 듣지 못했다. 나귀는 등에 짐을 지고 울부짖다가 주인이 쇠막대기로 다리를 놓아주지 않자 지쳐서 죽어버렸다. 나귀는 죽어서 나귀바위가 되었고, 나귀의 죽음을 알게 된 마적 도사는 화가 나서 돌로 된 장기판을 던져버렸는데, 깨진 장기판 한 모퉁이가 나귀바위에 떨어져 장기판 줄 모양의 바위 조각이 되어 지금도 남아 있다.

필자가 보기에 우선 '유가대瑜伽臺'라는 이름이 심상치 않다. 불교 이름이기는 하지만 '유가瑜伽'는 화두에 집중하는 선불교 계통이 아니다. 밀교 계통이다. 밀교는 몸의 십이경락 수련을 중시하는 선도仙道 수련과 공통점이 있다. 인체의 십이경락이 열리면 불로장생한다. 신선이 된다.『유가심인수능엄경瑜伽心印首楞嚴經』이 바로 개운 조사가 수도했던 소의경전所依經典 이름이다. 여기에도 '유가'가 들어간다. 마적이라는 이름은? 유가대 앞으로 보이는 산이 금마산金馬山이다. 금대金臺라고도 한다. 유가대에서 이 금대를 보면 말안장처럼 가운데가 움푹 들어가 있다. '말의 자국'이라는 뜻의 '마적馬跡'은 이 앞산인 금대의 기운이 이쪽으로 반사된다는 의미로 해석된다. 영지는 앞산의 형태도 중요하다.

곡성 동리산 태안사

발아래로 흘러가는 냇물을 바라보다
깨달음을 얻다

곡성의 태안사는 한국 구산선문의 하나인 동리산문의 본찰이다. 동리산문은 한국 풍수의 원조인 도선 국사가 수도한 사찰이다. 고려 때는 말할 것도 없고, 조선 때는 세종대왕의 형인 효령대군이 머물던 통에 왕실의 원찰 대접을 받았다. 태안사로 들어가려면 섬진강 줄기의 하나인 냇물을 건너야 한다. 지금은 현대식 시멘트 다리이지만 옛날에는 징검다리였다. 상기증에 시달리던 전강 스님은 이 징검다리를 건너면서 발아래로 흘러가는 냇물을 내려다보다 깨달음을 얻었다. 죽곡의 다리 위에서 흘러가는 냇물을 바라보며 '담담여수'의 경지를 궁리해본다.

불교계에서 지혜가 높기로 이름 난 전강 스님 이야기

"설법 제일 동산(1890~1965)이요, 지계持戒 제일 청담(1902~1971)이요, 지혜 제일 전강(1898~1975)이다." 이는 선방에서 전해 내려오는 말이다. 근래 의 선승들은 각기 개성을 지니고 있었다. 동산 스님이 설법을 잘했다 면, 계율을 추상같이 엄히 지키기로는 청담 스님이요, 지혜로는 전강 스님을 자주 이야기한다.

지혜 제일의 전강 스님. 그는 왜 근래의 스님 가운데 지혜 제일이 라 일컬어지는가? 지혜는 흔히 전광석화에 비유되곤 한다. 스파크가 튄다. 지혜의 속성이 불꽃과 같기 때문이다. 불이란 밝은 성질을 가지 고 있다. 어물어물하지 않는다. 어떤 물음이라도 그 자리에서 명쾌하 게 답변한다. 그런가 하면 쾌도난마같이 얼크러진 실타래를 단칼에 쳐 끝내버리는 직절直切 작용을 한다. 그래서 시원하다.

오행으로 보면 지혜란 화에 속한다. 그래서 술객들이 사람의 사주를 볼 때 팔자에 화가 많이 들어 있으면 일단 머리가 좋다고 한다. 전문 용어로 목화통명木火通明, 박사 사주라고 하는 것도 같은 맥락으로 보면 된다. 나무로 불을 계속해서 때고 있으니 얼마나 활활 타겠는가! 그 활활 타는 불이 바로 지혜요, 신령함으로 작용한다.

나는 전강 스님을 뵙지는 못했지만 짐작건대 화가 많은 성격의 소유자가 아니었나 싶다. 그렇게 생각하는 근거는 우선 지혜 제일이라는 별명 때문이고, 또 하나의 이유는 화두를 지나치게 잡아서 생긴 상기병上氣病에서 이를 짐작할 수 있다. 상기병이란 화두를 잘못 잡았을 때 생기는 증상으로 기가 온통 머리로 올라와서 생기는 골치 아픈 병이다. 전강 스님이 한때 이 상기병으로 목숨이 왔다 갔다 하는 지경까지 이를 만큼 대단한 고생을 했음은 널리 알려진 사실이다. 무리하게 화두에 몰두하다 보면 기가 머리로만 솟구쳐 온종일 상기된 상태에 놓인다. 자연스럽게 화두를 잡아야 하는데 무리하게 힘으로 밀어붙이면 이런 현상이 발생한다. 병원 치료가 불가능한 병으로, 증상이 심했던 전강 스님은 목숨이 위태로울 정도였다고 한다.

그러던 중 부산에 가서 우연히 어느 한의사를 만났는데, 이 한의사로부터 화기를 아래로 내리는 수승화강水昇火降의 원리를 들었다고 한다. 확실치는 않지만 그 뒤로 이 상기증을 고쳤다고 들었다. 상기병 증상이 있는 선객들을 나는 여러 번 목격했는데, 이 사람들의 공통적인 특징이 기질상 화가 많다는 점이었다. 하단전보다는 상단전이 계발된 체질이다. 전강 스님도 역시 마찬가지였을 것이다.

수행자는 이 화를 아래로 내려야 한다. 수승화강, 물은 올라가고 불은 아래로 내려와야 한다. 백두산의 천지처럼. 백두산은 꼭대기 머리 부분에 시퍼런 물이 있고, 화산이니만큼 그 수천 미터 지하에는 마그마라고 하는 불이 잠재해 있을 것이다. 『주역』의 괘로 설명하면 수화기제격水火旣濟格이다. 수가 위에 있고 화가 밑에 있어야 상기증에 걸리지 않는다. 머리는 시원하고 아랫배는 따뜻한 것이 수승화강이다. 그렇게 하려면 물을 만나야 한다. 그래야 머리가 개운해지고 시원해진다. 물이 어디에 있는가? 전강 스님에게는 무엇보다도 물이 절실하게 필요했을 것이다. 전강 스님이 도를 통한 지점은 전남 곡성군 죽곡에서 태안사로 들어가는 징검다리라고 전해진다. 죽곡은 현재 섬진강 물이 파랗게 흘러가는 압록에서 조금 더 들어가면 나오는 면 소재지이다.

태안사로 들어가려면 섬진강 줄기의 이 냇물을 건너야 한다. 지금은 현대식 시멘트 다리이지만 옛날에는 징검다리였다. 상기증에 시달리던 전강은 이 징검다리를 건너면서 발아래로 흘러가는 냇물을 내려다보다 '한 소식' 깨달았다. 무엇보다도 물을 보고 깨달았다는 사실을 주목해야 한다. 물이다. 지자智者는 요수樂水라 그랬던가! 물을 쳐다볼 때 사람은 가라앉는다. 가라앉아야 지혜가 나온다. 열이 많은 사람은 실수가 잦을 수 있다.

섬진강 줄기의 자그마한 다리 위에서 삶을 묻다

나는 태안사 들어가는 길목에 있는, 전강 스님이 냇물을 보고 도를 깨달았다는 죽곡의 그 다리에 멈춰 서서 한참 동안 흐르는 물을 쳐다

보았다. 누구는 저 물을 보고 도를 깨달았다! 나에게는 무엇인가. 범부에게는 아무것도 아니란 말인가! 전강 스님에게는 오도의 기연을 제공하는 물이었고, 나에게는 그냥 흘러가는 냇물에 지나지 않을 뿐인가. 어떻게 하면 내 몸속에서 끊임없이 타고 있는 욕망의 불을 저 물속에 집어넣을 수 있단 말인가! 어떻게 하면 나도 내 인생에서 '담담여수淡淡如水'의 경지를 맛볼 수 있단 말인가! 물처럼 담백해지기를 염원하면서 태안사로 든다.

태안사는 이처럼 물과 관련이 있는 절이다. 대웅전까지 들어가는 데 무려 다섯 개의 다리를 건너야 한다. 다른 사찰에 비해 많은 다리를 건넌다는 점이 흥미롭다. 그 다리 중의 하나에는 돌로 조그맣게 만든 쥐·소·호랑이·토끼 등의 십이지신상이 양쪽 난간에 조각돼 있다. 벽사辟邪, 나쁜 기운을 쫓아내려는 의미로 세워진 것이리라.

십이지신상은 약사여래의 호위 신장으로, 주로 신라 왕릉 둘레에 석판 부조의 형태로 둘러쳐져 있는 신장이지만, 태안사의 경우처럼 절로 진입하는 다리의 난간에 세워진 경우도 있다. 이러한 아이디어는 아마도 태안사를 중창했던 청화 스님이 냈을 성싶다.

태안사는 한국 구산선문의 하나인 동리산문의 본찰이다. 동리산문은 한국 풍수의 원조인 도선 국사가 수도한 사찰이다. 고려 때는 말할 것도 없고, 조선 때는 세종대왕의 형인 효령대군이 머물던 통에 왕실의 원찰 대접을 받았다. 현재 남아 있는 원당완문願堂完文이 바로 그 증거이다. 그래서 다른 사찰처럼 그렇게 핍박을 받지는 않았던 사찰이다. 그러다가 6·25전쟁 때 아주 호되게 당했다. 이때 태안사는 불에 타버렸다. 이후로 태안사는 청화 스님의 중창이 있기까지 30년

조용헌의 산사로 가는 길

곡성 동리산 태안교

넘게 폐사 상태였다.

아마도 원귀들 때문이 아니었을까. 나이 든 보살들의 말을 들어 보면 몰살당한 경찰 귀신이 많았다는 것이다. 비가 부슬부슬 오는 날 새벽에 불공을 드리려고 태안사로 올라가다 보면 군복 입고 총을 든 사람들이 바쁘게 뛰어가는 모습이 1970년대 후반까지도 가끔 목격되 곤 했단다. 전쟁 중 죽은 귀신들이 자기가 살아 있는 줄 알고 뛰어가 는 것이다. 물론 이런 장면은 술 담배 좋아하는 보통 사람에게는 보 이지 않는다. 기도를 많이 해서 식識이 맑아진 보살들에게나 보이는

동리산 태안사 일주문

조용헌의 산사로 가는 길

모습이다.

청화 스님은 태안사에 머물면서 이 군복 입은 영가들을 천도하는 데 주력했다. 경찰들만 죽었겠는가. 빨치산도 군복 입고 죽었으니 피아간에 죽은 젊은 청춘들이 한둘이 아닐 것이다. 청화 스님이 천도재를 지내고 나면 다 떨어진 군복을 입은 수백의 영가가 몰려와서 큰 절을 올리고 가더란다.

"총 맞아 죽고, 굶어 죽고, 몽둥이로 맞아 죽어서 그 한이 너무나도 뭉쳐서 저승에도 못 가고 구천을 떠도는 이 불쌍한 중생들을 이렇게 닦아주고 입혀주고 먹여주어 천도해주니 고맙습니다."

태안사 경내에 들어가면 연못이 하나 나온다. 청화 스님이 일부러 판 인공 연못이다. 이 연못에 대해서 잘 모르는 사람은 이러쿵저러쿵 말이 많다. 연못을 너무 크게 파서 주변 경치와 어울리지 않는다거나, 지기를 손상했다거나 하는 등등. 그러나 이 말은 하나만 알고 둘은 모르고 하는 소리이다. 도인들은 함부로 연못을 파지 않는다. 까닭이 있어 판 연못이다.

풍수로 널리 알려진 최창조 교수의 말에 따르면 태안사의 형국은 비봉귀소형飛鳳歸巢形이라고 한다. 봉황이 둥지로 내려오는 형국이다. 그래서 태안사의 뒷산도 봉두산鳳頭山이라 해야 맞는다는 것이다. 그런데도 굳이 오동나무 동桐 자를 써서 동리산桐裏山이라 한 것은 봉황이 오동나무를 좋아하기 때문이다. "봉황이란 새는 오동나무가 아니면 앉지 않고, 대나무 열매가 아니면 먹지 않는다"는 말처럼 봉황은 오동을 좋아한다. 즉 봉황이 내려앉으려면 오동나무가 필요하듯이 오동나무 동 자를 써서 지명으로 보완한 것이라는 해석이다.

비봉귀소형의 조건은 네 가지이다. 동쪽으로는 흐르는 물이 있어야 하고, 남쪽에는 연못이, 서쪽에는 큰길이, 북쪽에는 높은 산이 있어야 한다. 그런데 만약 동쪽에 흐르는 물이 없으면 버드나무 아홉 그루를 심고, 남쪽에 연못이 없으면 오동나무 일곱 그루를 심어야 한다. 그런데 태안사의 입지는 남쪽에 있어야 할 연못이 없었다. 이를 보완하기 위해서 오동나무 일곱 그루를 심는 방법도 있지만, 내가 생각할 때 더욱 확실하고 분명한 방법은 직접 연못을 파는 방법일 것 같다. 포클레인이 없던 옛날에야 오동나무나 심고 말았겠지만 요즘 같은 시대에 이것 두었다 어디다 쓸 것인가. 확실하게 사용해야지.

그래서 청화 스님이 연못을 팠을 것이다. 이 연못은 또한 태안사의 지기를 모아주는 혈구이기도 하다. 사람에게도 입이 있고 코가 있어야 하듯이 명당자리에도 사람의 입에 해당하는 혈구가 있어야 격을 제대로 갖춘 셈이 된다. 지리와 인사는 둘이 아니라서, 명당은 사람 얼굴 모습을 닮게 마련이다. 그런고로 얼굴의 형태를 유추하면 명당의 조건이 보인다. 명당은 얼굴에 비유하면 코 위의 자리와 같다. 그렇다면 양쪽 귀는 어디에 있는가, 입은 어디에 있는가를 따져봐야 한다. 특히 혈구에 해당하는 입의 위치가 중요하다. 입에 해당하는 지점에서는 물이 나와야 한다. 혈구는 물이 질퍽질퍽 고여 있는 지점이거나, 가장 확실한 경우는 샘물이 나오는 경우이다.

산 · 들판 · 강물 3박자가 갖추어진 명당
구례 사성암

곡성 동리산의 태안사에서 섬진강 지류의 물줄기를 따라 차로 20분을 나가면 바로 구례이다. 그곳 오산에는 도선 국사가 풍수를 수학한 곳으로 알려진 사성암이 자리 잡고 있다.

'도선 국사는 풍수 공부를 어떻게 했을까?' 하는 의문을 품어볼 수 있다. 한국의 비공식 종교가 바로 명당교明堂敎다. 명당을 좋아하고 명당을 숭배하는 문화가 한국 문화의 저변에 깔려 있다. 한국사람 치고 명당 싫어하는 사람 없다. 이러한 명당교의 교주에 해당하는 인물이 바로 도선 국사다. 도선 국사는 풍수의 이치를 누구에게 배웠는가? 계보는 어떻게 되는가? 아니면 스승 없이 혼자 터득하는 무사자오無師自悟의 사례인가?

그런데 도선 국사가 지리산의 이인異人으로부터 풍수를 배웠다는 기록이 있다. 이인異人? 불교 계통의 스님은 아니고 '유니폼이 없는 인물'을 가리킨다. 이름이 알려지지 않은 어떤 도사였다고 추측된다. 아마도 선가仙家의 인물이었을 것이다. 불교가 한국에 들어오기 이전부터 한반도에는 선가仙家의 도인들이 있었고, 이 사람들은 땅의 기운과 산세의 순역경계順逆境界 그리고 물이 돌아가는 이치에 대해 이미 알고 있었다. 도선 국사는 827년에서 898년까지 살다가 간 불교 승려다. 머리를 깎은 불교 승려였지만 풍수는 불교계의 고승에게 배운 것이 아니고 어떤 '이인', 즉 한국의 토착적인 선가의 도인으로부터 배웠다는 점이 주목되는 부분이다.

도선 국사가 죽을 때까지 머물렀던 절이 광양의 옥룡사다. 광양의 백운산 자락에 있는 절이다. 백운산도 1천 미터가 넘는 고산이지만 섬진강을 경계로 하여 지리산을 마주 보고 있는 산이다. 필자가 옥룡사를 몇 번 왕래하면서 도선 국사와 관련된 촌로들의 이야기를 들은 바가 있다. 도선이 머리를 깎고 젊었을 때 백운산에 오는데, 길바닥에서 먹을 것이 없어 거의 빈사 상태에 놓인 어떤 노인을 발견하고 이 노인을 잘 간호했다고 한다. 생명을 구해준 도선에게 이 노인이 보답으로 알려준 콘텐츠가 바로 풍수였다는 이야기다. 이 노인이 도선에게 풍수를 알려주기 위해 데리고 간 지점이 바로 구례의 사도리沙圖里다.

현재 구례에는 '사도리'라는 지명이 아직 남아 있다. 모래에다 그림을 그렸다는 뜻이다. 어떤 그림을 그렸나. 바로 산천의 순역경계를 그렸다. 칠판과 분필이 없던 시절에 산의 높이와 강물이 흘러가는 모습을 그림으로 그리기에는 모래사장이 가장 적당하다. 모래성을 쌓듯이 산을 쌓아놓고, 이 높낮이에 따라 물이 어떻게 흘러가는 것이 기를 모아주는가, 아니면 기를 흩어버리는가를 보여줄 수 있다. 도표도 한두 장 가지고 되는 게 아니다. 수백 장의 도표를 그려볼 필요가 있다. 풍수는 그만큼 다양한 케이스가 많기 때문이다. 순역경계라는 말의 뜻은 바로 이 다양한 산의 모습과 물의 모습을 가리킨다.

구례는 섬진강이 완만하게 돌아나가는 지점이다. 자연스럽게 강의 모래가 쌓일 수밖에 없는 지점이다. '사도리'라는 지명은 도선 국사의 풍수 학습장 역할을 해서 붙여진 지명이다. 사도리에서 지리산의 이인으로부터 풍수 레슨을 받고 나면 오산의 꼭대기쯤에 있는 사성암으로 이동했다고 추측된다. 이동 거리는 15리쯤 될까. 왕복 가능한 거리다. 사성암四聖庵. 네 명의 성인이 여기에서 공부했다고 해서 생긴 이름이다. 원효·의상·도선 그리고 고려 후기의 진각 국사다. 사성암은 근래에 붙여진 이름이고 고문헌에 보면 이 암자는 오산사鰲山寺라고 나온다. 자라 오鰲이다. 산의 모습이 자라처럼 생겼다. 구례구역에서 오산을 바라다보면 흡사 자라가 물을 먹으려고 강가에 엎드려 있는 모습이다.

오산의 높이는 531미터. 그리 높은 산이 아니다. 사성암, 그러니까 옛날 오산사는 백제 성왕 때인 544년에 연기 조사가 창건했다고 전해진다. 백제 때 사찰이다. 화엄사도 연기 조사 창건설이 있다. 지리산 천왕봉의 법계사 그리고 산청의 대원사도 모두 연기 조사 창건설이 있다. 연기 조사가 통일신라 때 승려라는 설도 있지만 필자는 백제 때의 인물로 본다. 연기 조사 창건설이 있는 절터들이 대부분 백제 영토였기 때문이다. 전북 고창에도 인천강을 사이에 두고 선운사와 지금은 폐사되었지만 연기사가 있었다. 백제 때 연기 조사 창건설이 있었던 절이다. 사성암은 백제 때부터 화엄사와 함께 창건되었을 가능성이 높다.

연기 조사가 창건했던 절들은 모두 영험한 터다. 연기 조사 창건 터에 가보면 한결같이 강력한 지기가 올라오는 지점들이다. 자라처럼 생긴 오산도 산은 높지 않지만 지리산 전체를 맞상대하는 지점에 있다. 지리산 화엄사와 오산의 사성암 사이에는 섬진강이 흐른다. 강물이 중간에 흘러가면 그 산의 맥도 다르게 본다. 사성암의 오산은 호남정맥의 끝자락에 자리 잡은 산이다. 광양의 백운산에서 쭉 이어진 산자락이 섬진강을 보고 멈추어 선 지점이다. 지리산은 백두대간의 가운데 맥이 뭉친 지점이지만, 오산은 호남정맥의 끝자락 정기가 뭉친 결국結局인 것이다. 갈래가 다른 산이다. 물론 총론으로 크게 보면 다 백두대간이지만 각론으로 보면 갈래가 다르다.

도선 국사가 머물렀다는 사성암에서 또 한 가지 주목할 사항은 바위 절벽이다. 오산의 꼭대기는 커다란 바위들이 돌출되어 있다. 작은 석림石林에 해당한다. 중국의 윈난성에 가보면 석림이라는 명승지가 있다. 바위들이 직립으로 서 있다. 숲의 나무처럼 서 있다고 해서 생긴 이름인데, 오산 꼭대기의 이 바위들은 그 석림의 가장 오래된 고목들을 뽑아다가 놓은 것 같다. 오래된 고목 같은 바위들이 서 있는 것이다. 병풍같이 서 있는 모습이기도 하다. 이 바위숲 속에 절이 자리 잡고 있다. 강한 지기가 흐르는 곳이다. 그러니 일찍부터 정신세계의 고단자들이 선호했던 터였음이 분명하다. 이런 터를 그냥 놔둘 리 없다.

사성암에서 바라다보면 지리산 노고단 일대가 다 보인다. 사성암에서 보면 지리산이 호위 병력이 된다. 나를 지켜주는 호위 병력인 셈이다. 과장한다면 '지리산 전체와 맞짱을 놓을 수 있는' 지점이라고나 할까. '산부재고유암수즉명산山不在高有巖水則名山'이다. 산은 높다고 다가 아니다. 바위와 물이 있어야 명산이다. 여기에서 물은 먹는 샘물, 즉 바위틈에서 나오는 석간수도 있어야 하고, 그 터를 둘러싸는 강물이 있거나 아니면 호수가 있어야 한다는 말이다.

오산의 사성암을 둘러싸는 강물은 섬진강이다. 사성암에서 바라다보면 이 섬진강이 둥그렇게 감아 돌아가는 모습이 그렇게 아름다울 수 없다. 컴퍼스로 둥그렇게 원을 그리는 것처럼 섬진강 물이 감싸고 흘러간다. 이걸 풍수가에서는 금성수金星水라고 부른다. 아주 둥그렇게 터를 감싸 돌아가는 금성수, 이 금성수가 교과서처럼 흘러가는 곳이 사성암이다. 사성암 앞으로는 넓은 구례 들판이 포진하고 있고 쌀이 나온다. 정기가 뭉쳐 있는 산·들판·강물 3박자가 갖추어진 명당이 바로 사성암이다.

고성 금강산 건봉사

만해 한용운의 발자취가 남아 있는
금강산 자락의 유서 깊은 고찰

남한 땅에서 가장 북쪽에 있는 사찰인 금강산 건봉사는 만해 한용운이 머물렀던 유서 깊은 절이기도 하다. 금강산은 바위투성이 산이라 기운이 아주 강하다. 그래서 전문 수행자나 기질이 특별히 강한 사람이나 살 수 있지, 보통 사람은 장기간 머물기 힘든 곳이다. 만해가 기운이 강한 암산을 좋아했다는 것은 그의 타고난 기질이 남달리 강했다는 사실을 입증한다. 휴전선 철책으로 둘러싸인 민통선에 들어가 있어 출입이 통제되다가 1992년 여름부터 일반인의 출입이 자유로워진 건봉사는 한때 대사찰이었지만 지금은 터만 남아 있는 과거의 흔적이다. 그러나 절터에 남은 불가의 향기는 깊고도 진하다.

터가 센 사찰을 좋아했던 만해 한용운

'자고로 스타일이라는 것이 있어야 멋있는 남자'라는 이야기를 『로마인 이야기』의 작가 시오노 나나미가 쓴 『남자들에게』라는 책에서 읽은 기억이 난다. 스타일이란 곧 그 사람만이 풍기는 고유한 분위기를 말하는데, 이것이 부재한 남자는 매력 없는 남자이고, 이것이 있는 남자는 한번쯤 사귀어볼 만한 남자라는 것이다.

그렇다면 그녀가 말하는 스타일이라는 것은 어떻게 형성되는 것일까? 내가 보기에 '그 사람의 타고난 기질과 오랫동안 내면세계에서 다듬어진 신념 체계가 결합했을 때 발생하는 일종의 화학반응이 곧 스타일이 아니겠는가' 하는 생각이 든다.

나는 사람의 타고난 기질을 사주팔자로 환치하는 좌도적左道的인 취미가 있어, '사주+철학=스타일'이라는 등식에 대입해 한 사람을 파악한다. 달리 표현하면 선천적인 기질과 후천적인 사색이 결합했을 때 스타일이 나온다는 이야기이다. 만약 기질만 강하고 사색이 빈곤하면 거칠어지기 쉽고, 반대로 기질은 약한데 사색만 화려하면 결정적인 순간에 변하기 쉽다. 쉽게 변하면 스타일이 아니다.

금강산 자락, 민간인출입통제선(민통선) 안에 있는 건봉사는 만해 한용운이 머물렀던 절이다. 만해와 건봉사를 앞에 두고 뜬금없이 스타일을 논한 이유는 만해가 살았던 삶의 궤적에 모종의 스타일이 존재했다고 생각하기 때문이다. 만해는 격외도리格外道理의 오도송悟道頌을 토해낸 선승이자 조선 불교의 독립과 혁신을 부르짖은 혁명가이고,『님의 침묵』을 써내려간 시인이요,『불교대전』을 편찬한 학자였다.

한 인간이 지녔던 이러한 다양한 면모를 종합해서 한마디로 결론 내린다면 무엇이라고 해야 할까. '풍운아'라는 표현밖에 떠오르질 않는다. 사람의 기질을 사주팔자로 바꾸어놓는 것이 취미인 나는 만해의 사주를 마주하고 싶었다. 아쉽게도 그의 사주를 입수하지 못했지만, 짐작건대 만해에게는 역마살驛馬煞 · 괴강살魁罡煞 · 문창성文昌星이 들어 있는 '풍운아 사주'였을 가능성이 높다.

역마살! 출가 승려가 전공 필수로 지녀야 할 살이다. 만해 역시 젊었을 때부터 이 산에서 저 산으로 저 산에서 또 다른 산으로 시베리아로 만주 벌판으로 일본으로 안 돌아다닌 데가 없다. 역마살의 소유자임이 분명하다. 그런가 하면 만해가 한창때 주로 머물렀던 절인 설악산 백담사와 오세암, 금강산 건봉사가 대체로 골기가 어린 암산의 절들이라는 것을 눈여겨봐야 한다.

설악산과 금강산은 바위투성이 산이라 기운이 아주 강하다. 그래서 전문 수행자나 기질이 특별히 강한 사람이나 살 수 있지, 보통

금강산 건봉사

사람은 장기간 머물기 힘든 곳이다. 만해가 기운이 강한 암산을 좋아했다는 것은 그의 타고난 기질이 남달리 강했다는 사실을 입증하는데, 이러한 사람들은 대체로 사주에 괴강살이 들어 있는 경우를 많이 보았다. 괴강살이 있는 사람은 고집이 아주 세고 한 번 결정을 내리면 머뭇거림이 없는 혁명적 기질의 소유자이다. 열 명 중에서 아홉 명이 반대할지라도 자기가 옳다고 생각하면 밀어붙이는 성격이며, 이런 기운은 설사 감옥에 들어간다 할지라도 훼절毁節(절조를 깨뜨림)하지 않고 버티는 사람에게서 많이 발견된다.

문창성은 학문의 별이다. 이 별이 들어 있으면 호학하는 취향을 타고나며 학문으로 이름을 날린다. 예를 들어 최치원이 사후에 최문창후崔文昌侯로 봉해진 것도 문창성과 관계있다. 만해가 괄괄한 혁명가에 그치지 않고 난해한 『팔만대장경』을 능란하게 주무를 수 있었던 점이나, 소위 '서권기문자향書卷氣文字香'이라 하여, "책을 많이 읽고 교양을 쌓으면 그 사람의 몸에서 책의 기가 풍기고 문자의 향기가 난다"는 말 그대로 인문적인 교양이 몸에 배어 있었던 점도 문창성과 무관하지 않을 것이다.

만해가 머물렀던 강원도 고성군 금강산 자락의 건봉사는 위도상으로 남한에서 가장 북쪽에 위치한 절이다. 휴전선 철책으로 둘러싸인 민통선에 들어가 있어 출입이 통제되다가 1992년 여름부터 일반인의 출입이 자유로워졌다. 그러니까 분단으로 인해 오랜 기간 잊혀 있던 절이다.

건봉사에서 먼저 눈여겨봐야 할 것은 절의 이름이다. 520년 아도阿道 스님이 당시 고구려 땅이었던 이곳에 절을 세웠고 그 이름을 원각사라 했다가, 도선 국사에 의해서 서봉사西鳳寺로 바뀌었고, 다시 고려 말 나옹 화상에 의해서 현재의 건봉사로 개칭되었다.

원각사라는 이름을 빼고 서봉사나 건봉사는 모두 풍수적 맥락에서 지어진 이름이라는 것에 주목해야 한다. 서봉사라 한 이유는 절을 마주 보았을 때 서쪽에 봉황새 모양의 바위가 있기 때문이었고, 건봉사로 다시 바꾼 이유는 서쪽을 풍수적으로 좀 더 자세하게 표현하면 건방乾方이기 때문이었다.

실제로 대웅전을 뒤로하고 패철(나침반)로 재어보니 바위 있는 방향이 건방에 해당한다. 좌향은 자좌子坐를 놓아서 남향이고 사찰 마당 앞으로 냇물이 흐르는데 서쪽에서 시작해 동쪽으로 흐르는 서출동류西出東流(서쪽에서 시작해서 동쪽으로 흐름)의 교과서적인 명당이다. 전통적으로 '자좌에 서출동류' 형국은 우리나라 승려들이 가장 이상적으로 생각했던 절터였다. 그렇다면 왜 이러한 자리가 명당으로 각광받았던 것일까?

물이 사찰 마당을 가로지르고 있는 이유

이러한 풍수적 구도에 숨겨진 의미가 분명 있을 것이다. 먼저 건봉사의 경우를 보자. 봉황새 모양의 바위가 건방에 있다는 것은 건봉사로 유입되는 지기의 방향이 건방에 있다는 것을 뜻한다. 지기가 들어오는 방향을 풍수에서는 입수入首라고 하는데, 이 입수의 방향은 중요한 의미를 지닌다. 건봉사의 건은 입수가 건이라는 것을 나타내고, 건봉사의 대웅전이 자리 잡은 좌향은 살펴봤듯이 자좌子坐이다. 중요한 것은 입수와 좌향이 상생의 관계를 유지해야 한다는 점이다. 건은 오행으로 환산하면 금金이고, 자는 수水에 해당한다. 금과 수의 관계는 금생수金生水로 상생 관계이다. 그러므로 건봉사는 입수와 좌향이 상생의 관계에 놓여 있는 셈이다. 현대인의 상식으로는 이러한 방정식을 도저히 이해할 수 없겠지만, 현상적으로 나타나는 우리나라의 절터는 이와 같은 원리에 충실하다.

또 하나는 서쪽에서 동쪽으로 혹은 동쪽에서 서쪽으로 흐르는

건봉사 능파교

조용헌의 산사로 가는 길

냇물이 사찰 마당을 가로지르는 터를 왜 선호했는가이다. 마당 가운데로 냇물이 가로질러 흐르면 공간이 충분하지 않아서 불편할 수 있는데도 왜 이런 곳을 선택했을까? 내가 생각하기에는 우선, 물이라는 것이 지기의 흐름을 막아주기 때문이다. 절터의 입장에서는 입수에서 투입된 지기의 흐름이 사찰 마당 밖으로 빠져나가는 것을 막아 그것을 붙잡아 둘 필요가 있는데, 물은 바로 그런 역할에 적합하다.

두 번째로는 정신세계에서 볼 때 사찰 마당 앞으로 흐르는 물은 성스러운 세계와 속된 세계를 구별하는 경계 역할을 한다. 절이라는 공간은 성스럽다. 이 성스러운 공간과 세속의 공간을 구분하는 기준이 필요하다. 엘리아데M. Eliade식으로 표현한다면 냇물 밖의 세계는 속俗이고, 냇물 안의 세계는 성聖인 셈이다. 물이라고 하는 것은 잡스러운 귀신이 건너올 수 없는 철조망이다. '물'이 성과 속을 구분 짓는 힘을 가진다. 이것은 상여 나가는 것을 떠올리면 쉽게 짐작할 수 있다. 상여꾼들은 상여를 메고 가면서 냇물의 다리를 건널 때마다 상주에게 돈을 요구한다. 상여 앞쪽의 새끼에 지폐를 많이 꽂으라는 것이다. 죽은 혼이 물을 건너가려면 힘이 들기 때문에 돈을 많이 꽂아 그 힘으로라도 물을 건너게 돕는다는 말이다.

혼백이나 귀신이 물을 건너기 힘들다는 사실은 무척이나 흥미롭다. 또 하나 비슷한 경우가 죽었다가 살아난 임사臨死 체험자들의 이야기이다. 이들의 공통된 체험담은 저승에 가기 전에 삼도천三途川이라는 냇물을 건너게 되는데, 삼도천을 건너면 완전히 저승으로 가는 것이고 건너는 도중에 돌아오면 이승으로 다시 돌아온다는 것이다. 죽었다 살아난 사람들은 한결같이 이 삼도천이라고 하는 물을 건너려다 중간에 되돌아온 경우이다.

　이를 뒷받침하는 것이 '요단 강 건너가 만나리'라는 찬송가이다. 기독교에서는 사람이 죽으면 이 찬송가를 부른다. 이 노래는 요단 강을 기준으로 해 건너편의 세계는 하늘나라 피안의 세계이고 건너기 전의 세계는 육신을 가진 차안의 세계임을 말하고 있다. 다시 말하면 저승과 이승의 구분이 요단 강인 것이다. 기독교에서도 이처럼 강이라는 물을 기준으로 해 이승과 저승을 구분한다. 한편 고대 그리스신화에선 망자가 저승으로 가려면 모두 다섯 개의 강을 건너야 한다고 여겼다. 그중 슬픔의 강 아케론과 망각의 강 레테의 이야기는 중세는 물론 지금까지도 많은 예술가에게 영감의 원천을 제공하고 있다.

　그런가 하면 불교에서도 '반야용선般若龍船'이 등장한다. 열반의 피안 세계에 도달하기 위해 반야용선이라는 배를 타고 건너가는 것으로 돼 있다. 배를 탄다는 것은 결국 무엇을 의미하겠는가! 물을 건너야 한다는 사실을 전제하므로 여기에서도 역시 물이 하나의 경계선으로 등장한다. 이를 종합해보면 물이 지니는 종교적 상징은 이승과 저승 그리고 성과 속을 구분하는 경계선이라는 결론이 도출된다.

　물이 지니는 또 하나의 의미는 정화라고 할 수 있다. 절이라는 성스러운 공간에 들어올 때는 물로써 정신과 육신을 깨끗이 씻고 들어오라는 뜻이다. 그래서 명찰名刹일수록 절 진입로는 방문자가 여러 개의 다리를 건너서 들어오도록 장치돼 있다.

　몇 년 전에 국내의 종교학자들과 함께 일본의 여러 신흥 종교 단체를 방문한 적이 있다. 그중에서 '오모토교大本敎'라는 종교 단체의 본관을 들어갈 때 이색적인 통과의례를 거쳤던 기억이 난다. 건물의 복도 한가운데에 대리석으로 된 정사각형의 연못을 설치해놓고 지나가는 사람은 반드시 그 중심에 놓여 있는 조그만 다리를 건너도록 돼 있었다. 물을 지나도록 하는 장치였다. 연유를 물으니 성소에 들어가기 전에 물로 씻는 정화 의식이라고 했다.

마지막으로 물이 왜 굳이 서쪽에서 시작해 동쪽으로 흘러야 좋은가는 내가 아직 이해하지 못하고 있는 부분이다. 의산懿山 선생은 이 부분에 관해서 이렇게 해석한다. 오행으로 따져볼 때 서쪽은 금의 방향이고, 동쪽은 목의 방향이며, 물은 수의 방향에 해당한다. 그러므로 물이 서쪽에서 시작해 동쪽으로 흐른다는 것은 금과 목 사이에 물이 있다는 말이다. 금에서 수로, 수에서 다시 목으로 흐른다. 다시 말하면 금생수金生水 수생목水生木의 관계가 성립된다고 볼 수 있다. 상생의 관계가 성립되는 셈이다. 또 하나 풍수가에 떠도는 이야기로는 서출동류에서는 인물이 많이 난다고 한다.

.

건봉사 불이문의 금강저 이야기

건봉사 입구에는 물 말고도 또 하나의 정화 장치가 있다. 절 입구의 불이문을 떠받치고 있는 양쪽 돌기둥에 새겨져 있는 금강저金剛杵가 바로 그것이다. 건봉사 경내에 서 있는 십바라밀 석주에도 역시 금강저가 새겨져 있다. 금강저는 견고함과 예리함 그리고 밝음을 갖춘 지혜의 칼(절굿공이)이다. 절 입구의 불이문에 금강저를 새긴 까닭은 지혜라는 예리한 칼로 찰거머리처럼 붙어 있는 번뇌를 사정없이 잘라

내라는 뜻이리라.

불교에서 지혜를 말할 때 상징적으로 반드시 칼이 등장하는 이유가 있다. 칼은 무언가를 자르는 데 이용한다. 그러므로 지혜는 자르는 것과 관계가 있을 것이다. 수천 겹 복잡하게 엉킨 실타래를 한 올 한 올 풀기는 백년하청이다. 어느 세월에 그걸 풀고 있겠는가. 그 때는 한칼에 잘라야 한다. 오직 자르는 방법밖에 없는 경우가 있다. 자르는 힘, 그것은 지혜에서 나온다. 지혜는 명석한 판단력이다. 명석한 판단은 Yes보다 No라고 말할 때 더 많이 발휘된다고 봐야 한다.

우리와 같은 필부들에겐 잘 거절할 줄 아는 것만 배워도 지혜에 다가설 수 있다. 거절할 줄 아는 것, 그것이 지혜이고, 그 지혜는 칼날의 섬뜩함을 지닐 수밖에 없다. 지혜의 날카로운 칼만이 번뇌를 잘라낼 수 있다. 잘라낼 때는 섬뜩하다. 지혜의 칼로 번뇌라는 끈적끈적한 비곗덩어리를 사정없이 내리치기 때문이다. 불교에서 이 통쾌함이 살아 있는 종파가 선종이다. 그래서 선에는 검객의 분위기가 깃들어 있다. 지혜를 추구하는 자는 천상 고독한 검객일 수밖에 없다는 것이 건봉사의 금강저를 바라보면서 느낀 나의 소감이다.

고창 소요산 연기사

맹목적인 풍수 신앙과 명당을 둘러싼
피비린내 나는 잔혹극

우리나라에는 많은 폐사지가 생긴 이유로, 첫째, 몽골의 침략, 둘째, 임진왜란, 셋째는 억불 정책과 묏자리 쟁탈전, 넷째는 6·25전쟁을 꼽을 수 있다. 다른 것은 불가항력이었다고는 하나, 세 번째 이유는 비뚤어진 욕망에 의한 인재라는 면에서 안타까움이 크다. 조선 시대 풍수가 유행하면서 명당에 자리 잡은 수많은 절이 수난을 당했다. 사찰을 지키려는 승려 측과 이를 어떻게 해서든지 빼앗아 묏자리로 쓰려 하는 양반들 간에 밀고 당기는 공방전이 5백 년간 계속되었다. 1630년대 한 전라 감사는 아버지의 묏자리를 쓰기 위해 무력을 사용해 절 하나를 완전히 파괴했다. 바로 고창의 연기사이다.

국토 곳곳에 폐사지가 그토록 많은 이유

우리나라에는 많은 폐사지가 산재해 있다. 폐사지를 답사할 때마다 여기 있던 절들은 언제 어떻게 없어지게 되었을까 하는 궁금증이 생긴다. 내가 조사한 바로는 우리나라 사찰에 크게 피해를 준 네 가지 사건으로 첫째로는 몽골의 침략, 둘째, 임진왜란, 셋째는 억불 정책과 묏자리 쟁탈전, 넷째는 6·25전쟁이다.

몽골군이 쳐들어와서 노략질하는 통에 통일신라와 고려의 예술성 깊은 화려한 절들이 대부분 불에 타는 참화를 입었다. 이때 불탄 대표적인 사찰이 경주 황룡사이다. 황룡사가 불타면서 백제의 명장 아비지가 설계 감독한 80미터짜리 어마어마한 9층 목탑도 불에 타버렸다.

몽골군이 군이 경주에까지 내려와 황룡사와 9층 탑을 불태운 이유는 무엇일까? 그것은 사찰과 탑이 고려를 수호하는 정신적 지주라고 판단했기 때문이다. 정신적 구심점을 때려 부숴야 전쟁에서 확실하게 이긴다고 보았으므로 기를 쓰고 불을 질렀다. 몽골이 돌아가면서 고려에 남긴 것은 마산의 명물이라고 선전되는 '몽고간장'뿐이다. 몽골은 간장 하나 남겨놓고 너무 큰 피해를 주고 간 셈이다.

임진왜란 동안 우리나라 명산에 있던 대찰과 소찰의 십중팔구는 불에 탔다고 보면 틀림없다. 왜군들이 사찰에 불을 지른 이유는 절이 승군의 은신처 역할을 했기 때문이다. 절은 은신처의 몇 가지 조건을 갖추고 있다. 산속에 자리하고 있으므로 지형적인 이점이 있고, 처자식 없는 독신 남자들이 집단으로 거주하고 있기 때문에 전쟁에 곧바로 투입될 수 있는 인적자원이 풍부하고, 공양미로 들어온 비축된 식량을 군량미로—속인 천 명이 굶어 죽은 후에야 비로소 눈먼 중 하나 굶어 죽는다는 말이 있을 정도였다—사용할 수 있었다.

이러한 조건으로 조선 불교는 자의 반 타의 반 전쟁에 깊숙이 관여하게 되었고, 결국에는 유생들을 대신해 사명 대사가 조선 사람의 대표로 일본에 가 포로 교환 협상을 하는 상황까지 갔던 것이다. 임진왜란을 겪으면서 조선 불교는 고려에서 넘겨받은 인적·물적 자원을 거의 잃어버렸고 이후 몰락의 길을 걷게 된다. 오늘날 고려의 건축 양식으로 전해지는 부석사의 무량수전, 수덕사의 대웅전, 봉정사의 극락전, 거조암의 영산전은 다행히 임진왜란의 참화를 비켜 간 건물들이다.

현대에 와서는 6·25전쟁이 있었다. 산속의 절들이 빨치산의 은신처가 되었기에 국군들이 방화한 것이다. 역사의 수레바퀴가 굴러가다 보니까 승군들의 은신처가 이번에는 빨치산의 은신처로 변해버렸

조용헌의 산사로 가는 길

고, 몽골군도 일본군도 아닌 국군에 의해서 사찰이 불타는 비극도 생겨났다. 외국 군대와의 전쟁 때문에 불탔다면 명분이라도 있지만, 집안싸움 때문에 생긴 자충수이므로 할 말이 없다.

앞서 말한 세 번째 이유, 즉 묏자리 쟁탈전으로 폐사지가 된 곳이 바로 연기사다.

폐사지가 된 연기사烟起寺를 찾아가는 길 우측에는 갈대가 우거져 있다. 연기사터 앞을 흐르는 자그마한 인천강의 뻘 속에서 뿌리를 박고 자라는 갈대들이다. 줄포만의 바닷물이 밀물 때면 올라오고, 썰물 때는 산에서 내려오는 계곡 물이 내려가면서 서로 섞이는 인천강, 그 인천강의 뻘 속에는 갈대가 무성하게 자라 있고 갈대 밑에는 한쪽 발이 유달리 커다란 붉은 게들과 몸에 좋다는 풍천장어가 구멍을 뚫고 숨어 있다. 그 갈대밭 옆에는 이 근방 사람들이 먹고살겠다고 차려놓은 장어집들이 늘어서 있다. 그 광경을 쳐다보는 나그네의 심정은 역사무상歷史無常이다.

연기사터는 고창군 부안면 연기마을 골짜기에 있다. 장어 요릿집들 가운데 가장 일찍 생겨서인지 제일 초라하게 보이는 '연기식당' 앞의 콘크리트 다리를 건너야 들어갈 수 있다. 쇠줄로 엮어놓은 40미터 길이의 이 철 다리를 건너 다시 20분 정도 걸어가면 저수지가 하나 나오고, 좀 더 걸어가면 연기사터가 보인다. 연기사터는 육지 가운데에 떠 있는 섬이다.

연기사터는 소요산의 주맥이 내려와 기운이 뭉친 지점에 자리잡고 있다. 정면 안대 자리에는 작은 봉우리 세 개가 보이는데 그 가운데 봉우리가 철모를 엎어놓은 것같이 둥그렇게 생겼다. 모양이 둥그스름하게 생겨서 동행한 의산 박병필 선생께 여쭈어보니 이 봉우리들은 풍수상으로 금체金體(철모처럼 둥그렇게 생긴 봉우리)의 삼태봉三胎峰이라고 가르쳐준다. 연기사터에서 정면으로 바라보이는 이 봉우리가 백만 불짜리 봉우리라는 설명이다. 의산 선생은 경기고와 서울대 의대를 나온 소위 KS 출신 외과의사이지만 30년 이상을 천문·지리 탐구에 몰두해오고 있다. 선생은 오전에만 병원에서 환자를 받고, 오후에는 병원문 닫고 풍수를 연구하기 위해서 산으로 돌아다닌 명인이다. 병원 진료실에는 각종 고서와 대만에서 들여온 지리서가 가득하다. 밤낮으로 풍수만 생각한 인생이라고 해도 과언이 아니다. 의사라는 직업은 부업이고 남들이 미신이라고 천대해온 풍수가 본업인 셈이다.

이곳의 주위 산봉우리들은 적당한 높이로 터를 둘러싸고 있어 초심자들이 선禪을 하기에는 안성맞춤인 곳이다. 선을 하기 좋은 자리는 이곳처럼 주변이 산으로 둘러싸여 있어야 한다. 그래야 밑에서 올라오는 지기를 외부로 유출하지 않고 끌어모으면서 자기 것으로 소화할 수가 있다. 초심자에겐 일단 에너지를 모으고 저장하는 일이 관건이다. 연기사터는 절터로서는 교과서적인 자리인 셈이다.

8세기 중반 연기 조사가 창건한 고창 연기사

연기사는 언제 누가 창건했는가? 구전에 따르면 고창의 연기사는 연기 조사 창건했다고 한다. 연기 조사는 부석사를 창건한 의상 대사와 함께 당대 화엄 철학의 쌍벽을 이룰 정도였으니 대단한 도력과 학식을 지닌 인물임이 틀림없다. 의상 대사에 필적할 이 고장 출신의 고승이었음에도 불구하고 그에 대한 구체적인 기록이 남아 있지 않아 아쉬움이 크다.

한국 불교사에서 연기 조사는 미스터리의 인물이다. 그가 남긴 자취는 무수히 많지만, 그에 대한 구체적인 기록을 찾아볼 수 없기 때문이다. 연기 조사의 흔적은 지리산 화엄사를 비롯해 나주 운흥사와 영은사, 곤양 서봉사, 산청 대원사, 지리산 언곡사, 천왕봉 밑의 법계사에 남아 있다.

이들 절은 모두 연기 조사가 창건했다고 전해진다. 이로 보아서 연기 조사는 주로 지리산 지역을 중심으로 활동했던 고승임을 알 수 있다. 홍덕의 연기사는 지리산권에서는 약간 떨어져 있지만 이러한 절들과 맥락을 같이하는 사찰이다.

연기사는 8세기 중반에 창건되어 16세기 중반까지 선운사와 함께 고창 지역을 대표하는 사찰 중의 하나였다. 선운사가 잘되면 연기사가 잘 안되고 반대로 연기사가 잘되면 선운사가 잘 안된다는 말이 있을 정도로 선운사와 연기사는 비슷한 수준의 사찰이었다. 연기사에서 찍어낸『유석질의론儒釋質疑論』이 현재까지 남아 있는데, 그 연대가 가정嘉靖 16년(중종 32년)이라고 돼 있으니 서기로 환산하면 1537년에 해당한다. 적어도 이때까지는 연기사가 존재한 것이다.

폐사된 시기는 1630년경으로 추정된다. 임진왜란이 끝나고 얼마되지 않은 때이다. 폐사 원인은 아이러니하게도 연기사터가 명당이었기 때문이다. 너무나 욕심나는 명당이었기 때문에 폐사된 것이다. 조선 중기의 권력자가 힘으로 사찰을 빼앗아 승려들을 죽이고 묘를 쓰는 과정에서 연기사는 처참하게 쓰러져버렸다고 전한다.

절터 안으로 묏자리가 침범해 들어오는 시기는 조선 중기 이후부터이다. 이전까지는 신성한 사찰 내에 개인의 묘를 쓴다는 것은 상상할 수 없는 불경이었다. 고려 때만 해도 경내에 묏자리가 들어왔다는 기록은 찾아볼 수 없다. 조선의 등장과 함께 억불숭유 정책으로 인해 '스님(스승님의 준말)'은 '중'으로 격하되고, '건달바'가 '건달'로 추락한다. 인도의 간다르바Gandharva에서 유래한 '건달바'는 원래 사찰에서 예식에 참여하던 악사들을 지칭하던 용어인데, 고려 때까지만 해도 이들은 사회적으로 대접받던 뮤지션들이었다. 그러나 조선 시대에 들어와 사찰이 통폐합되면서 졸지에 직업을 잃은 이 사람들은 배운 것이 도둑질이라고 이리저리 거리를 떠돌면서 연주해주고 몇 푼 받아서 먹고사는 '건달'로 전락해버린 것이다. 건달은 '건달바'에서 유래한 말이고 조선 시대 불교 탄압의 흔적이다.

연기 조사의 원력이 서린 연기사가 폐사라는 상황으로까지 몰리게 된 직접적인 원인은 음택풍수 신봉에 기인한다. 조선 시대에 들어서면서 절터에 묘를 쓰려는 힘 있고 돈 있는 사람들에 의해 수많은 사찰이 수난을 당했다. 사찰을 지키려는 승려 측과 이를 어떻게 해서든지 빼앗아 묏자리로 쓰려 하는 유생들 간에 밀고 당기는 공방전이 5백 년간 계속되었다. 절터야말로 검증된 명당이라는 인식이 사회 전반에 퍼져 있었기 때문이다.

실제 우리나라 절터의 대부분은 명당에 자리 잡고 있다. 일반 사람들이 명당이라는 것을 잘 모르던 8, 9세기 때 승려들만이 이를 먼저 알고서 일찌감치 전국의 명당들을 선점한 결과이다. 일반인들이 명당의 가치를 뒤늦게 인식하고 명당을 구하려 할 때는 이미 한발 늦었다. 이때가 바로 조선 시대이다.

명당 신앙이 서민에까지 전파된 시기가 조선 시대였음을 주목할 필요가 있다. 그러니까 통일신라 시대까지만 하더라도 풍수는 왕족과 상층 귀족들 사이에서나 통용되던 비밀스러운 지식이었고, 고려 시대가 되면서 차츰 일반 귀족 계층으로 확대 보급되어 그 효험이 어느 정도 입증되자, 조선에 들어와서는 서민층에게까지 퍼진 것이다.

위로는 국왕에서부터 아래로는 백성에 이르기까지 전 국민이 풍수에 심취한 나머지 마치 소풍 가서 '보물찾기'하는 것처럼 너도나도 '명당 찾기'에 골몰하던 시대가 조선 시대였다. 이런 맥락에서 보자면 조선 시대 사람들을 지배한 실질적인 종교는 유교가 아니라 바로 풍수라고 해야 옳다.

풍수가 주는 매력은 죽은 후 내세에 복을 받자는 것이 아니라 지금 현세에 확실하게 복을 받자는 데 있다. 조상의 묏자리를 잘 쓰기만 하면 그 후손은 하루아침에 천석꾼이 될 수 있는가 하면 정승과 판서도 가능하다. 명당 찾기야말로 최고의 부가가치를 창출하는 사업적인 측면이 내포돼 있었다. 사업이 지나치다 보니 이를 종교적 신앙으로까지 절대화했는데, 조선 시대 민사소송 사건의 60퍼센트가 묏자리를 둘러싼 산송山訟이었다는 것이 이를 증명한다.

조선 시대 사찰의 폐사 과정을 이해하려면 이 같은 명당의 사회사를 파악하고 있어야 한다. 묏자리가 본격적으로 사찰 경내로 들어오는 시기는 조선 중기 임진왜란 이후부터이다. 조선 초기만 하더라도 조정에서 강력한 억불숭유 정책을 시행했지만, 사람들의 심성에는 여전히 불교 신앙이 자리 잡고 있었다. 천 년 가까이 의지하고 믿어오던 종교적 감성이 단번에 바뀔 수는 없는 노릇이기 때문이다. 그러므로 조선 초기까지는 신성한 사찰 내에 감히 속인의 묘를 쓸 수 있는 정서는 형성될 수 없었다.

그러나 임진왜란으로 전국의 절이 쑥대밭이 되고 전쟁으로 인한 승단의 기강이 붕괴되면서 상황은 바뀐다. 불타버린 절터는 무주공산으로 전락해 힘 있고 돈 있는 사람이면 누구나 차지할 수 있게 되었다. 이때부터 절터에 묘가 들어서기 시작했고 나중에는 멀쩡한 절을 밤을 틈타 방화한 다음 그 자리에 묘를 쓰는 상황으로까지 치닫게 되었다

전라 감사의 만행으로 불타버린 연기사

연기사의 폐사는 이 같은 전형적인 사례에 해당한다. 구전에 따르면 1630년대쯤 장성 부사를 지낸 아버지의 묏자리를 쓰기 위해 전라 감사가 연기사를 파괴했다. 당시 연기사는 절의 규모가 1백여 간이 넘는 대찰이었으며 상주하는 승려들도 수백 명이었다고 하는데, 절을 점령하는 과정에서 감사가 보낸 관군과 승려 사이에 무력 충돌이 있었다. 전라 감사가 보낸 관군의 1차 점령 시도는 승려들이 가까스로 막아냈으나, 한밤중에 인천강을 통해 2차 기습을 감행한 관군들에게 승려들은 잡혀 죽었다.

지형을 보면 연기사의 정면은 산으로 막혀 있고 좌측은 산등성이 고갯길이고, 우측은 인천강이 흘러서 배가 아니면 사람이 들어올 수 없는 곳인데, 관군들은 1차 공격에서는 고갯길로 들어왔던 것 같고 2차 공격에서는 승려들의 허를 찌르기 위해서 야음을 틈타 강물로 배를 타고 들어왔던 것 같다.

승려들이 관군들에게 잡혀 죽는 과정도 아주 참혹했던 것으로 전한다. 관군들은 커다란 쇠 솥에 물을 펄펄 끓인 다음 여기에다 승려들을 산 채로 집어넣어 튀겨서 죽였다고 한다. 잔인하게 죽인 것으로 보아서 양측의 교전이 치열했음을 짐작할 수 있다. 명당에 대한 집착이 얼마나 강했으면 사찰을 없애고 사람을 튀겨 죽이고서라도 구하려고 했겠는가? 비단 연기사뿐만이 아니다. 충청도의 남연군 묏자리도 그 자리에 있던 가야사를 대원군이 불태우고 잡은 자리임은 널리 알려져 있다.

현재 연기사터에 남아 있는 유물은 주춧돌 몇 개와 깨진 기왓장이 전부이다. 그러나 사천왕은 남아 있다. 영광 불갑사에 있는 사천왕이 바로 그것이다. 어떻게 연기사의 사천왕이 불갑사로 옮겨지게 되었는가?

연기사가 폐사되면서 사천왕만큼은 용케 파괴되지 않고 장수강 강가에 버려져 있었는데, 당시 영광 군수와 불갑사 주지에게 사천왕이 동시에 현몽해 '나를 옮겨달라'고 했다 한다. 이 현몽으로 사천왕은 해로를 통해 영광 불갑사로 이송되었다. 불갑사 사천왕은 우리나라 사천왕 중에서도 몇 손가락 안에 들 정도로 유명하다. 미술에 조예가 없는 내가 보기에도 얼굴 모양이나 형태가 아주 사실적일 뿐만 아니라 힘 있어 보인다. 몇 년 전에는 도난을 우려해서 포장을 쳐놓고 보호해 일반인이 볼 수 없었으나, 최근에 가보니 누구나 볼 수 있도록 포장이 걷혀 있었다. 공개되면서 포장 안에서 불경을 비롯한 국보급 유물들이 여럿 나왔다.

'저 정도 잘생긴 사천왕이 있을 정도라면 당시 연기사의 불상이나 탱화들은 얼마나 아름다웠을까?'

불갑사 대문 앞에서 느꼈던 소감이다. 혹 영광 불갑사에 가거들랑 사천왕을 유심히 보면서 그 숨겨진 이야기를 떠올리면 감회가 남다를 것이다.

인명을 살상하는 대가를 치르면서까지 써야만 했던 문제의 장성 부사의 묘는 어디에 있는가? 절터에서 30미터 정도 위로 올라가면 있다. 소요산의 주맥이 내려오는 지점이다. 묘석에는 장성 부사의 묘라는 글씨가 새겨져 있고 봉분의 크기도 보통 묘보다 훨씬 크다. 그러나 현재는 잡초가 무성하고 여기저기 퇴락한 모습을 하고 있다.

과연 발복發福했을까? 함께 답사한 스님들 이야기로는 발복이 안 되었을 것이라고 말한다. 인과의 법칙으로 볼 때 그렇게 많은 살생을 치른 묘가 제대로 발복할 리 없다는 것이다.

그런데 한 가지 흥미로운 이야기를 들었다. 이 묘에는 뱀 구멍이 하나 있었다고 한다. 그 구멍에는 가끔 뱀의 허물이 발견되는가 하면, 뱀이 수시로 들락날락해서 구멍 입구가 반들반들할 정도였는데, 1991년에 어느 땅꾼이 이 구멍에서 길이가 두 발이나 되는 구렁이 두 마리를 잡았다고 한다. 두 발이라고 하면 2미터 정도의 길이인데 이 정도면 아주 큰 구렁이에 속한다.

구렁이 중 한 마리가 약장수에게 팔렸는데 이 구렁이 때문에 그 약장수는 돈을 잘 벌었다고 한다. 약을 팔기 전에 구렁이를 사람들에게 한번 구경시켜 주는데 그러고 나면 꼭 약이 많이 팔렸다는 것이다. 생각하기 나름이지만 약장수는 돈이 잘 벌리는 원인을 이 구렁이 덕택이라고 여겼다.

소문으로는 이 약장수는 그렇게 번 돈으로 강원도 어디에 절을 지었다고 한다. 다른 데다 돈을 쓰지 않고 하필이면 절을 지은 이유는 무엇일까? 약장수도 뭔가를 감지했기 때문이 아닌가. 그도 이 구렁이가 연기사의 처절한 사연과 관련 있는 구렁이라는 것을 알았던 것 같다.

인근에는 다음과 같은 이야기도 떠돈다. 살생의 죄업을 쌓은 관찰사가 금사망보金絲蟒報를 받아 구렁이로 환생했고, 바로 그 업보를 갚기 위해 구렁이는 약장수에게 팔려 가 돈을 벌게 해주었고, 약장수는 그 돈으로 절을 지어서 다시 구렁이의 업보를 갚아준 것이라고.

금사망보, 어려운 말이다. 옥편을 찾아보면 '망蟒' 자의 뜻이 '이무기, 구렁이'란 뜻이니까 '금사망보'를 글자 그대로 풀어보면 "누런 금줄을 몸에 두른 구렁이로 태어나는 과보"를 의미한다. 구렁이의 몸에 체크무늬 형태의 누런 금줄이 둘러쳐져 있는 모습에서 이 말이 유래한 것 같다.

불가에서는 죄업을 많이 쌓은 사람은 다음 생에 구렁이로 환생하는 과보를 받는다고 믿는데, 죄업 가운데서도 특히 탐욕이 많은 사람이 금사망보를 받을 확률이 높다. 욕심 많은 사람은 지상에 남겨 놓은 재물에 대한 애착 때문에 임종의 순간에도 그 혼이 하늘로 올라가지 못하고 땅으로 붙기가 쉽다.

애착이란 납덩어리 같아서 혼을 붙들어 매기 때문일 것이다. 사람이 죽을 때는 혼불이 나간다는 말을 한다. 그 혼불 나가는 방향을 보아서 하늘로 높게 올라가면 그 사람의 후생길이 좋고, 낮게 땅으로 깔리면서 나가면 좋지 않다는 옛날 어른들의 말씀은 이러한 이치를 담고 있다. 간단히 말하면 업이 많은 사람은 무거워서 땅으로 가라앉게 마련이고 업이 적은 사람은 가벼워서 하늘로 비상하는 이치이다. 구렁이는 배를 땅에다 대고 사는 생물이다. 배를 땅에다 대고 산다는 것은 그만큼 업이 무거움을 뜻한다.

옛날 초가집이나 기와집에는 집 뱀이라고 해서 집 안에 사는 뱀이 있었다. 어쩌다가 이 집 뱀이 사람들의 눈에 띌 때가 있는데, 이때 흉측하다고 해서 이 뱀을 잡아버리면 그 집은 망하고 만다. 그래서 나타나더라도 잡지 않는 풍습이 있었다. 멋모르고 이러한 뱀을 잡아 솥단지에다 푹 고아서 먹거나 아니면 소주 부어 술 담가서 먹은 뒤 갑자기 사람이 다치거나 집안 망했다는 이야기를 주변에서 여러 번 들었다. 왜 망하는가 하면 집 안에 사는 뱀은 재물을 지키는 역할을 맡고 있기 때문이다. 그 집의 재물을 모아놓느라고 애썼던 혼신魂神은 죽어서도 떠나지 못하고 금사망보를 받아 자기가 전생에 모아놓은 재물 옆에 똬리를 틀고 붙어 있게 마련인 것이다.

먹을 것 안 먹고 입을 것 안 입으면서 피땀 흘려 모은 재산인데 어떻게 이걸 쉽게 떠날 수 있겠는가! 몸으로 감싸고 있어야지! 인색하게 재물을 모은 부잣집의 곳간에는 대개 구렁이가 발견되게 마련이다. 불가에서 내려오는 이야기로 한 번 금사망보를 받으면 길게는

3천 년을 간다고 한다. 3천 년 동안 구렁이의 몸을 받고 있으면서 자기가 전생에 저지른 죄업을 갚는 것이다.

그래서 옛날 사람들은 옷깃만 스쳐도 인연이라고 해 다른 사람 가슴 아프게 하는 짓을 함부로 하지 않았고, 내 집에 찾아온 배고픈 사람을 함부로 박대하지 않았다. 70~80년 전만 해도 "착한 일을 많이 한 집에는 반드시 경사가 있다"라는 인과 사상과 사람이 한 번 죽는다고 그걸로 모든 것이 끝나는 게 아니라 내생이 반드시 기다리고 있다고 믿는 윤회 사상이 우리의 가치관을 형성했다. 인과와 윤회의 소박한 믿음이야말로 요즘의 복잡한 민법이나 형법이라고 하는 법률적 강제보다도 훨씬 사회를 건강하게 정화해준 윤리적 장치였다. 그러나 합리적 지성으로 단련된 현대의 교양인들에게 이러한 이야기는 어떻게 비칠 것인가? '전설의 고향'쯤으로 여기지 않겠는가!

댐 준공으로 물속에 가라앉은 연기사

지금은 저수지에 수몰되었지만 1990년대 초반까지 연기사터에는 두 사람이 들어가 누우면 딱 맞는 아주 조그만 토굴 흙집이 있었다. 토굴이라면 바위 속의 굴을 생각하지만, 수행자가 정진할 목적으로 산속에 지은 작은 집도 토굴이다. 연기사에 있는 토굴은 1993년에 석두 스님이 정진하기 위해 지은 것이다. 잡목과 칡넝쿨만 무성할 뿐 동네 사람들 외에는 아무에게도 알려지지 않았던 폐사지에 혜공 스님이 처음으로 발을 들여놓으면서 나도 연기사의 내력을 알게 된 셈이다.

그만큼 인적이 드문 곳이었다.

연기사터는 육지의 섬과 같아서 대여섯 가구 되는 동네 사람들 외에는 출입하지 않는 외진 곳이다. 그렇다면 석두 스님은 어떻게 이곳 연기사터를 알고 들어오게 되었는가? 여기에는 특별한 인연이 얽혀 있다. 석두 스님이 나에게 들려준 이야기로 그 인연의 깊이를 짐작할 수 있을 것이다.

출가하기 전, 석두는 마도로스였다. 세계를 눈으로 직접 보고 싶어 마도로스가 되었다고 한다. 대서양과 인도양을 누비던 항해사로서 밤이면 주로 별을 보면서 항로를 관측했다. 깜깜한 밤에 대양을 떠다니면서 홀로 별을 바라보는 고독한 직업, 홀로 별을 바라보면서 그는 우주와 인생에 대해서 많은 것을 생각했다.

악은 어디에서 오고, 왜 존재하는 것인가. 왜 세상에는 선만 존재하지 않고, 악도 존재하는 것인가. 이것은 헤르만 헤세가 『데미안』에서 제기한 화두인데, 혜공은 배를 타고 다니면서 항상 이것에 의문을 품었다. 그러다가 어느 날 밤 대서양 항해 중 '순간, 홀연히' 이 의문이 풀려버렸다고 한다. 선과 악이 둘이 아니라는 것.

석두는 청년 시절의 자신을 괴롭히던 『데미안』을 비로소 바다에 던져버리고 전격적으로 회사에 사표를 낸다. 그리고 퇴직금을 싸 들고 모악산으로 들어갔다. 단지 산이 좋아서였다. 이때 머물던 곳이 모악산의 문수암이었다.

나는 문수암에서 비승비속으로 지내던 석두를 우연히 만나게 되었다. 계기도 특이하다. 당시 나는 시간만 나면 모악산을 등산했다. 월요일도 좋고 수요일도 좋고 주중에라도 시간만 나면 모악산에 올

수몰된 소요산 연기사터

랐다. 사는 것이 허해서 산에 가지 않고는 그 허전함을 달랠 수가 없었다.

그러던 어느 날이었다. 나는 꿈을 꾸었다. 꿈 역시 산으로 가는 꿈이었다. 산길을 올라가는데 커다란 바위가 있고, 그 바위 뒤에서 이마에 빛이 번쩍번쩍 나는 사람이 나에게 다가와 수수께끼를 냈다. 꿈 속에서 내가 그 수수께끼에 답하는 찰나 잠을 깼다. 참 이상한 꿈이라고 생각하면서 모악산을 올라가려고 여느 때처럼 등산 조끼를 챙기는데 밖에는 비가 부슬부슬 내렸다. 비가 오니 가지 말까 하다가 불현듯 꿈 생각이 나서 그래도 산에 가자고 마음을 굳혔다. 이날은 평소 다니던 길이 아닌 다른 길로 산을 타다가 그만 길을 잃었다.

길을 잃고 두어 시간 헤매다 보니 저녁 해가 앞산 너머로 막 넘어가려고 하는데, 저 골짜기 밑에서 연기가 보였다. 그 연기가 올라오는 쪽으로 내려가니 작은 암자가 나타났다. 석두가 머무르던 암자였다. 처음 만나 몇 마디 말을 건네자마자 우리 둘은 서로 의기투합할 수 있었고, 이내 친구가 되었다.

항상 가슴이 허전했던 나는 토요일만 되면 잡사를 제쳐놓고 어김없이 석두가 사는 문수암의 작은 골방을 찾았다. 솔가지 장작으로 아궁이에 군불을 지펴놓아서 연기가 매캐하게 들어오는 방이었지만, 우리는 행복한 마음으로 새벽까지 참으로 많은 이야기를 나눴다. 마르크시즘, 신과학, 융 심리학, 역사, 사차원, 정치, 여행, 랭보, 죽음, 산신령 등등에 이르기까지.

당시 석두는 사차원에 관련된 여러 가지 신비 체험을 겪고 있었는데, 그 이야기를 계기로 나는 '정신세계'를 자연스럽게 받아들이게 되었다. 이후로 그는 정식으로 출가해 승려가 되었고 석두라는 법명을 가지게 된다. 출가하면서부터 석두는 나의 친구이면서 동시에 선생이 되었다.

석두 스님은 한때 무등산의 약사에 머물면서 깊은 공부를 하기에 적당한 토굴 터를 물색했다. 그러던 어느 날 비몽사몽 간에 어떤 산의 풍경을 배경으로 수염이 하얀 노스님을 뵙게 되었다.

"저 산 이름이 무엇이냐?"

"소요산이요."

석두는 대답한 뒤 꿈에서 깨어났다. 엉겁결에 대답하기는 했지만 혜공 자신도 처음 듣는 산 이름인지라 정신을 차린 후 지도를 놓고 찾아보니 실제로 전북 고창에 있는 산의 이름이었다.

며칠 후에 석두는 나와 함께 소요산 답사했다. 이때 그는 '꿈에 본 풍경과 실제 소요산의 풍경이 어쩌면 그렇게 일치할 수 있는가' 하며 감탄을 금치 못했다. 그러니까 선몽으로 인해서 소요산 밑의 연기사터에 들어오게 된 것이다. 그때가 1993년 4월의 봄날이었다.

후일의 술회에 따르면 소요산과의 인연은 우연이 아니라 숙생宿生(선생의 수많은 인연)으로 그렇게 된 것이라 한다. 나는 이 일을 목격한 후부터 우리가 꾸는 꿈이 때로는 상당히 중요한 정보로 작용할 수 있다는 사실을 알았다.

석두 스님이 토굴을 지은 지점은 옛 연기사의 산신각이 있던 자리로 추정된다. 옛날 주춧돌 네 개가 놓여 있던 간격과 대웅전 자리 오른쪽 옆에 있는 것으로 보아 그렇게 생각했다. 일반적으로 산신각은 절터에서 가장 지기가 강한 곳에 자리 잡는다. 부처를 모시는 사찰이지만 그 산의 임자는 엄연히 산신령이기 때문에 대접하는 차원에서 건물을 지을 때는 대웅전보다도 산신각을 먼저 세운다. 자연히 터도 가장 센 곳에 배치하게 마련이다. 그렇지 않으면 산신령이 심술을 부린다. 인간이나 산신령이나 훼방 놓으면 좋을 것 하나도 없으니 달래야 한다.

석두 스님은 이 토굴에서 3년간 머물면서, 연기사 폐사 과정에서 희생된 혼신들과 6·25전쟁 때 억울하게 죽은 많은 영혼을 천도했다. 석두 스님이 처음 여기 왔을 때는 이러한 귀신들이 바글바글했다고 한다. 마치 나방이 등불을 보고 달려드는 것처럼, 저승으로 가지 못한 영혼들은 눈 밝은 도인들에게 달려드는 법이다. 도인들은 빛을 발하기 때문에 귀신들은 이를 보고 자기를 구제해달라고 무조건 모여드는 것이다. 도인들은 빛으로 이들 영혼을 녹인다. 녹이는 것이 천도이고, 천도라는 것은 결국 우주의 보이지 않는 엔트로피를 청소하는 작업이다.

이 외에도 수백 년간 사람이 살지 않았던 묵은 절터에는 강력한 음기가 뭉쳐 있는 경우가 많다. 연기사터도 마찬가지이다. 인근에는 '아산 처사'라고 불리던 40대 후반의 처사가 살고 있었다. 혜공 스님이 토굴을 지을 때 물심양면으로 후원해주었던 사람인데, 어느 날 연기사 토굴에 놀러 와서 낮잠을 자다가 정말 소스라치게 무서운 꿈을 꾸었다고 이야기한 적이 있다. 그 꿈인즉 아주 시꺼먼 구름이 계곡 전체를 덮으면서 몰려오는데, 그 구름 속 양쪽에는 두 개의 눈동자가 있어 자기를 쳐다보더라는 것이다. 이것이 음기의 사례이다. 처사는 태권도로 단련된 건장한 체격임에도 불구하고 그 뒤로는 여기에서 절대로 낮잠을 자지 않았다 한다.

1995년 가을에 석두 스님은 이 토굴을 떠났다. 댐 공사로 수몰된다는 사실을 예감했기 때문이다.